西南大学附属中学史

主编 欧健 张勇

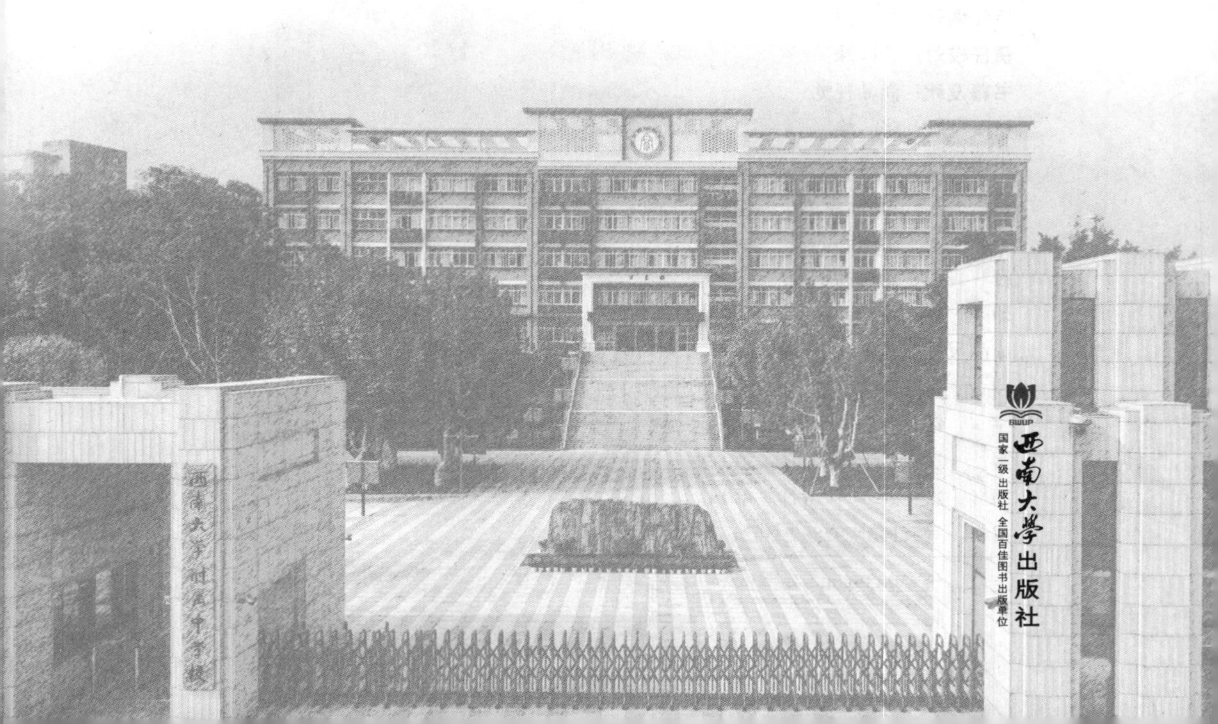

SWUP
西南大学出版社
国家一级出版社 全国百佳图书出版单位

图书在版编目(CIP)数据

西南大学附属中学史 / 欧健,张勇主编. -- 重庆:西南大学出版社, 2024. 10. -- ISBN 978-7-5621-4974-3

Ⅰ.G639.287.19

中国国家版本馆CIP数据核字第2024Y6N382号

西南大学附属中学史
XINAN DAXUE FUSHU ZHONGXUE SHI

主　　编　欧　健　张　勇

责任编辑：尹清强
责任校对：曹园妹
书籍设计：尚品视觉
排　　版：张　艳
出版发行：西南大学出版社
　　　　　地址:重庆市北碚区天生路2号
　　　　　邮编:400715
经　　销：全国新华书店
印　　刷：重庆正文印务有限公司
成品尺寸：170 mm × 240 mm
印　　张：18.25
字　　数：290千字
版　　次：2024年10月　第1版
印　　次：2024年10月　第1次
书　　号：ISBN 978-7-5621-4974-3
定　　价：98.00元

主　编：欧　健　张　勇

编委：白瑞琪　徐　川　付新民　聂义荣　杨泽新

　　　秦　耕　夏万芳　汪建华　马桂星　马彬琼

　　　谢　康　杨　森　肖鹏程　黎杨杨　许亚丽

序 言

缙云苍苍，嘉陵泱泱。西南大学附属中学走过了百余年办学历程。百余年来，虽几经起落，但其根脉延展，代代承续精神与责任。学校办学历史，可上溯至1914年成立的四川省立第二女子师范学校（1935年改名为四川省立重庆女子师范学校），1942年成为国立女子师范学院的附属中学。新中国成立后，改名为北碚市第二中学。1952年，西南师范学院迁居北碚，学校遂更名为西南师范学院附属中学。2011年，学校更名为西南大学附属中学。百余年的大部分时间里，学校在体制上是大学里的中学，又在大学氛围的熏陶下努力成为"中学里的大学"。

西南大学附属中学秉承"立人·新民"的办学理念，坚守"行己有耻，君子不器"的校训，致力于促进学生全面发展、个性发展、终身发展，为学生一生的生涯幸福奠基。多年来，学校被社会亲切地称为"学生成才的梦工场""嘉陵江边教育领域的一颗明珠"。如今，学校是全国师范大学附属中学（区域）合作体成员，全国科学教育实验基地，教育部西南基础教育研究中心课程改革实验学校，首批国家级绿色学校，重庆市文明校园，重庆市依法治校示范学校，重庆市德育示范学校，等等。正是在国家及社会的支持关注下，在大学的呵护关爱下，在北碚山水的陶冶滋养下，学校赢得了"百年办学路，桃李长芬芳"的历史业绩，并开创着"苟日新，日日新"的喜人局面。

西南大学附属中学的今天，是历史沉淀出来的今天，是历史发展而来的今天。学校今天的枝繁叶茂，离不开前人栉风沐雨的艰辛耕作，春蚕吐丝的无私奉献，心血智慧的殷勤浇灌。因此，撰写这部简明办学史，并非只为呈现当代之附中，更是为展示"活着的心灵的自我认识"之百年附中。回眸昨天，感念前人，鉴往知来，正大前行。

为撰写这部办学史，学校未雨绸缪，策划筹备，在有关各方的积极支持下，建起校史档案室，组建校史研究课题组，广搜校史资源；在纷繁复杂的各类资料和陈迹往事中，爬梳剔抉，归类整理，以史序为经，以史料为纬，秉笔而书。全书分为五编：第一编艰苦创业(1914—1949)，追述艰苦创业的附中前身，附中之路筚路蓝缕；第二编砥砺前行(1949—1978)，记述砥砺前行的西师附中，附中之路声名鹊起；第三编改革奋进(1978—1997)，概述改革奋进的西师附中，附中之路誉满渝州；第四编继往开来(1997—2018)，叙述继往开来的西大附中，附中之路缤纷多彩；第五编追逐梦想(2018—2024)，描述追逐梦想的西大附中，附中之路前程似锦。但因时历百年，其间之史料难以周全；兼之撰述者学力有限，故疏漏甚或错讹之处，恐难避免。恳请方家识者不吝赐教。

嗟夫，史之为鉴也，凛凛哉！敬畏历史，方可开启未来。坐落于缙云山麓、嘉陵江畔的西南大学附中，敬畏历史，也感恩山水。自当从历史中借鉴，在自然中感悟，感悟缙云山之厚重，感悟嘉陵江之灵动，念天地之悠悠，喜万物之荣荣，承传统而发扬蹈厉，务创新而不息奋斗！在未来之办学路上，依旧杏坛展风采，桃李满芬芳。

是为序。

西南大学附属中学史编写组

2024 年 9 月 28 日

目录

第一编 艰苦创业
（1914—1949）

第一章 鸿基初创 筚路蓝缕 ·················· 3
- 第一节 兴办"二女师" ·················· 4
- 第二节 "渝女师"迁白沙 ·················· 5

第二章 国难岁月 弦歌不辍 ·················· 7
- 第一节 "女师院"附中成立 ·················· 8
- 第二节 "国立二中"伸援手 ·················· 12
- 第三节 "女师院"附中迁北碚 ·················· 16

第二编 砥砺前行
（1949—1978）

第一章 学校革故鼎新 教育焕发新机 ·················· 21
- 第一节 喜迎新中国 学校获新生 ·················· 22
- 第二节 改名西师附中 安居杜家街 ·················· 25
- 第三节 整修扩建校舍 政府全力支持 ·················· 26
- 第四节 制定规章计划 逐步走上正轨 ·················· 30

第二章 激情燃烧岁月 艰苦奋斗前行 ·················· 33
- 第一节 苦战困难时期 度过艰难岁月 ·················· 34
- 第二节 重视基建维修 添置仪器设备 ·················· 38

第三节　狠抓教育教学　学校声名鹊起 …………42

第三章 "文革"十年浩劫　教育园地荒芜 …………49
　　第一节　开展"四清"运动　"文革"风暴来袭 …………50
　　第二节　复课兼闹革命　学工学农学军 …………51

第三编　改革奋进
（1978—1997）

第一章　躬逢改革开放　学校面貌一新 …………57
　　第一节　全面拨乱反正　定为重点中学 …………58
　　第二节　坚持"三个面向"教学质量稳步提升 …………60
　　第三节　遭遇特大洪灾　师生奋力抢救 …………62
　　第四节　修建配套教师宿舍　教师住房得以改善 …………64

第二章　践行教育体制改革决定　建立教育教学常规 …………67
　　第一节　实行校长负责制　试行三级管理制 …………68
　　第二节　改革初中招生办法　调整学校办学规模 …………71
　　第三节　筹备第一届教代会　首次评定教师职称 …………73
　　第四节　拆旧房修建科学馆　请经费建教师宿舍 …………76

第三章　强化德育工作　改善办学条件 …………79
　　第一节　把德育工作放首位　着力培养"四有"新人 …………80
　　第二节　突出教学中心位置　教学科研喜结硕果 …………83
　　第三节　拓宽办学经费渠道　建立健全规章制度 …………89
　　第四节　迁建大校门于今址　拆危房修师生宿舍 …………92

第四章　贯彻改革发展纲要　落实义务教育法 …………97
　　第一节　开展德育研究工作　促进精神文明建设 …………98

第二节　提升教育教学管理　重视科研学科竞赛 ……101
　　第三节　教职员工齐心协力　完成"普九"历史任务 …105
　　第四节　深化管理体制改革　重点中学验收过关 ……110

第四编　继往开来
（1997—2018）

第一章　制定学校发展规划　争办一流重点中学 …………119
　　第一节　制定实施意见　确定发展目标 ………………120
　　第二节　构建德育体系　一切为了学生 ………………124
　　第三节　营造教研氛围　促进教师发展 ………………130
　　第四节　改善硬件环境　打造智能校园 ………………135
　　第五节　研究性学习见成果　环境教育初显成效 ……141

第二章　肩负重托以人为本　依法依规民主治校 …………145
　　第一节　秉持"和谐教育"理念　营造育人良好氛围 …146
　　第二节　完善教学常规管理　创新研究性学习机制 …148
　　第三节　全面实施素质教育　为学生终身发展奠基 …155
　　第四节　更新添置教学设备　修建环保标准操场 ……159

第三章　大潮磅礴顺势而动　求新求变缤纷附中 …………161
　　第一节　求真务实抓好党建　制度建设强校固本 ……162
　　第二节　立足学生全面发展　教育教学捷报频传 ……168
　　第三节　名师荟萃共筑高地　青蓝汇流队伍雄强 ……183
　　第四节　校园建设与时俱进　环境育人成效凸显 ……191
　　第五节　多元合作拓展办学　社会影响日益增强 ……195

第五编 追逐梦想
（2018—2024）

第一章 筑强党建促事业兴 聚力创新开格局新 …………203
　第一节 党建引领强根基 事业融合共发展 …………204
　第二节 构建现代治理体系 稳固发展强夯基石 …………207

第二章 奠基生涯幸福路径 助推拔尖人才培育 …………215
　第一节 生涯教育启新程 砥行致远创未来 …………216
　第二节 学段贯通释潜能 助推拔尖创未来 …………221
　第三节 缤纷德育致学铸魂 不器君子尽展芳华 …………227

第三章 推进教师队伍建设 促教研一体化发展 …………231
　第一节 沃土培育园丁志 专业引领师道新 …………232
　第二节 教学改革绘蓝图 课程建设添动力 …………236
　第三节 教育探索结硕果 科研深耕获丰收 …………238

第四章 教育帮扶广赢赞誉 智慧办学熔铸品牌 …………243
　第一节 教泽广施担使命 帮扶助学显责任 …………244
　第二节 云校聚智共发展 校际共享启智慧 …………248
　第三节 国际视野拓未来 教育创新展宏图 …………250

第五章 智慧校园硬件升级 校园文化涵养精神 …………253
　第一节 硬件升级启新篇 设施焕新展新貌 …………254
　第二节 文化深耕塑品牌 品牌宣传赢信赖 …………258

附录 …………261
　附录1：西南大学附属中学大事记 …………261
　附录2：西南大学附属中学名师荟萃 …………270

后记 …………281

第一编 艰苦创业
（1914—1949）

　　1840年鸦片战争以后，古老的中华文明面临着前所未有的危机，中华民族遭受了前所未有的劫难。为了改变国家和民族的境遇和命运，无数志士和先驱前仆后继，不懈探索。中国逐渐开启向现代社会转型之路。20世纪初，中国社会在欧风美雨的强烈冲击与国人救亡图存的上下求索中，经历着前所未有的变革。尽管这一过程充满矛盾与张力，但这一系列变革深刻推动了近代中国社会的新陈代谢。西南大学附属中学的前身正是在此时代大潮下应运而生，并在历史长河中奔腾、汇聚与新生。自创办之初，学校便踏上了一条充满挑战的发展之路，历经风雨，却始终筚路蓝缕，勇毅前行。

第一章

鸿基初创　草路蓝缕

西南大学附属中学的办学历史（渊源），可追溯至1914年成立的四川省立第二女子师范学校（1935年改名为四川省立重庆女子师范学校）。

第一节 兴办"二女师"

近代以来,中国陷入内忧外患的严重局面。面临"数千年未有之大变局",一些有识之士求新求变,探索救亡图存之路。在新的时代条件下,中国传统的教育体制不断受到冲击。在戊戌维新运动中,清政府曾颁布法令,在文化教育上实行废八股、兴学校等举措,旋因戊戌政变而戛然而止。1901年《辛丑条约》签订后,为了应对日益严重的危机,清政府宣布实行"新政",在官制、军事、商业、教育等方面进行了一系列改革。1904年初,清政府颁布《奏定学堂章程》(即"癸卯学制"),规定:"中学堂定章各府必设一所,如能州县皆设一所最善",中学堂"以施较深之普通教育,俾毕业后不仕者从事各项实业,进取者升入各高等专门学堂均有根柢为宗旨"。《奏定学堂章程》的颁布及科举制度的废除,推动了各府、州、县官立中学堂的创办。

1911年10月爆发的辛亥革命,推翻了清王朝统治,建立了中华民国,结束了统治中国两千多年的君主专制制度。民国政府颁布了《普通学校暂行办法》《中学校令》《中学校令实施规则》《壬子癸丑学制》等一系列教育法令。1914年,四川巡按史陈廷杰指拨川东道(当时四川行政区划分川东、川南、川西、川北四道,川东道辖36县)库发商生息银5万两作为办学经费,创办四川省立第

省立第二女子师范学校校门

二女子师范学校(简称"二女师"),办学地点在重庆府文庙后山(俗称"牛皮函",今渝中区临江门重庆市第二十九中学处),由吴季昌任校长。学校校训是"勤、朴、宏、毅"(今学校办公楼取名勤朴楼即源于此),训育标准为"自治、自立、俭朴、

诚实、礼貌"。

"二女师"最初实行的是五年制旧制,即预科一年、本科四年。1922年,附设普通初中班。1924年,又开办了普通高中班。

1935年,四川省立第二女子师范学校改名为四川省立重庆女子师范学校(简称"渝女师")。

第二节 "渝女师"迁白沙

1939年,为躲避日机空袭,保护师生安全,"渝女师"迁至江津县白沙镇,继续艰难办学。初、高中班一直断断续续地办到20世纪40年代中期。

事实上,受制于各方因素,当时师范学校所开办初、高中班办学困难的情况并不只有"渝女师"一家。例如,原川东师范学校校长聂荣藻(原重庆市政协委员)在题为《记川东师范学校》的回忆文章中写道:"1937年以后,学校遭省教厅(即四川省教育厅)种种限制,时而命令停招高、初中班,时而又命令取消高中师范班。学校采取"一边请求,一边顶,一边拖"的办法,拖延了数年。最后,因省教厅对预算经费进行限制,高、初中班不得已停招。"这就是一个很好的例证。据重庆市档案馆史料证实,直到1941年9月,"渝女师"仍然在办初、高中班。四川省档案馆史料证实,1945年"渝女师"初、高中已停办。

"渝女师"与后来合并成立的国立女子师范学院("女师院")附中均位于白沙镇,两校距离步行不到一小时(有关"女师院"及"女师院"附中成立及办学情况,后文述之)。因为战时师资、物质短缺,两校经常互派教师,互相借用图书与教学设备,往来较多。如后来曾任"女师院"附中校长的刘英舜先在"渝女师"工作,后来转到"女师院",并于1944年8月担任"女师院"附中校长。原数学组吕雅芸老师(1926—2011)和职工周尚志(1921—2001)早年也曾在"渝女师"工作。"渝女师"初、高中班停办后,学校的图书资料、教学设备亦被转到"女师院"附中。"渝女师"和"女师院"附中关系错综复杂,你中有我,我中有你,加之历经战乱,社会动荡,几多文书档案或毁损,或散佚,无从查考,以致湮没无闻,但在抗战的艰难岁月两校关系甚密,共同铸就了一段国难间互相扶持办学、共续教育文脉的佳话。

第二章

国难岁月　弦歌不辍

1940年9月,国立女子师范学院在江津白沙成立。1942年2月,由教育部战区第三中小学服务团创办的第八中山中学班发展而来的国立第十七中学女中分校成为国立女子师范学院附属中学。

第一节 "女师院"附中成立

　　1937年卢沟桥事变爆发，日寇发动全面侵华战争。平津、淞沪相继沦陷，大片国土沦丧，中国的文化教育遭到严重摧残和破坏。"中华民族到了最危险的时候！"是年11月，国民政府迁都重庆。

　　为了适应战时的需要，为救亡图存培养合格的师资人才，1938年7月，国民政府决定筹建国立女子师范学院。1940年9月20日，国民政府教育部同意"女师院"正式成立，同时聘谢循初为院长。1940年12月25日，"女师院"隆重举行成立大会暨校舍落成典礼。各方代表欣然而来，锣鼓喧天，在欢庆热闹声中，战时国统区唯——所女子师范高等学府——国立女子师范学院正式诞生。"女师院"的成立，对中国高等教育，特别是对抗战大后方的师范教育，产生了长远而深刻的影响。

　　在筹建"女师院"的同时，国民政府教育部决定，将大批从战区和沦陷区撤退内迁、流离失所的中小学教师组成战区中小学教师服务团，协同地方政府推行国民教育，训练国民教育师资，办理地方社会教育，发扬抗战精神，以唤醒民众。1938到1940年，西部各地相继成立了10个中小学教师服务团。其中，战区第三中小学教师服务团1938年1月成立于江津县白沙镇。战区第三中小学教师服务团共办了8个"中山中学班"。其中，第八中山中学班是本校的前身。

　　1939年秋，第八中山中学班创立于江津县白沙镇红豆树，战区服务团派吴子我任班主任。1941年秋，第八中山中学班奉令改为国立第十七中学女中分校，原班主任吴子我任校长。1942年2月，第十七中学女中分校奉令改为国立女子师范学院附属中学，简称"女师院"附中，吴子我续任校长。"女师院"附中校址设在距江津县白沙镇五里许的私人别墅，背山面水，风景清幽，交通尚便。校舍除原有房屋外,另自建茅屋9栋,瓦屋2栋,各种应用之房屋均能因陋就简,勉为支配。所惜者,校舍大部房屋系私人建筑,不能悉数供学校使用。

"女师院"成立处今貌

《西南大学史 第一卷》[黄蓉生、许增纮主编,西南师范大学出版社(现已更名为西南大学出版社)2016年4月第1版]对此亦有叙述:

1939年春,教育部战区教师第三服务团,筹设附属中山中学班于重庆(地址不详)。此即附中之前身。旋因避免日机空袭迁至白沙,赁红豆树王氏衡庐为校舍。衡庐系私人别墅,距白沙镇和女师院均约五里许。此时男女学生兼收,共约四百余人。1939年夏,该校奉教育部命令分为第七、第八两中山中学班,第八班仍留原址,专收女生约200余人。1941年春,女校改为直隶教育部管辖,易名为教育部特设第八中山中学班。同年秋复改校名为国立第十七中学女中分校。1942年春,女师院奉教育部之命接受此校为附属中学。仍聘原任校长吴子我(女)为校长。同年冬,因须扩充班次,且屋旧靡败,倾圮堪忧,遂呈准教育部加建校舍于衡庐附近的姚树湾。其地系侯伯西(身份不明)让售土地五亩并慨捐四亩而成。在此先后建成教室12间(后接建2间)、办公室、教员休息室、传达室等

6间,将近一年完成。1944年8月,女师院调聘吴子我为大学部出版组主任,附中校长一职由刘英舜接任。

女师院附中依教育部规定设立之行政组织,几与女师院同,会计室则全由女师院派人办理。设备方面有图书、理化、生物仪器、药品、标本等若干,但不敷用。至1945年,附中有初中8个班、高中6个班,学生598名,教员37名(内有部分人兼任职员),职员16人,共计53人。

据记载,"女师院"附中这一时期名师荟萃,教员包括戚法仁(后中央大学、南京大学中文系教授)、盛静霞(后任教于浙江师范学院、杭州大学、浙江大学)、周钟灵(后南京大学中文系教授)、濮之琦(后安徽师范大学中文系教材教法教研室主任)、侯希忠(后同济大学数学教研室主任)、范际平(后任教于复旦大学、华东师范大学、上海师范大学数学系)、朱金声(后江苏师范大学、南京师范大学教授)、冯绳武(后兰州大学地理科学系教授、中国科学院兰州分院地理研究室副主任)、侯澄阶(后任教于南京师范大学音乐系)等。汇聚的人才还有教员黄潮洋(碧野,原莽原出版社总编辑,中学语文教材传统篇目《天山景物记》作者)、文怀沙(燕叟,后人民文学出版社、中国青年艺术剧院编辑,中国诗书画研究院和上海大学文学院名誉院长)、李景元(又名张弓、塞风、李根红,后济南市作协名誉主席)、李钊彭(李文)等。

据《江津文史资料选辑 第11辑》由李云生等口述、刘志华整理的一篇文章——《对国立女子师范学院附中的点滴回忆》有如下记述:

校长吴子我是中大法律系毕业生,很有才能,治校有方。她向学生谈话慢条斯理,文质彬彬。但要求严格,态度严肃。……从1944年春天开始,国立女师院附中遂由从东南亚归国的刘英舜(广东人)出任校长,她的专业是学教育的,思想比较进步,对学生循循善诱,因材施教……

学校的机构设置、课程设置、训育及学生活动等情况如下:

行政组织:在校长之下设教务、训导、总务三处,各设主任1人,处以下分设9组,各设组长1人,干事、书记若干人,分别办理各项事务。又设校医2人,护士1人。会计由学院本部派会计员处理。关于会议组织,除设有校务行政、教务、训导、总务各种会议及经济稽核委员会、升学就业指导委员会、各种学科研究会外,其他各种会议，则视需要，由校长随时聘请教职员组成。

编制方面：学校共有10个班，初一至初三共6班，高中及师范部4班。

课程设置：悉遵部颁课程标准，高中自高二起，分文理两组，如有学生某科学习成绩特别低劣者，则设法使其能在原班听课外，并能在前一级重读该科，以资补救；各科教学，除课内指导外，并注重各科笔记、课外作业及各种竞赛。关于成绩考查，特别重视日常考查及临时考试。

体育训练：以普遍增强健康为目标，正课之外，每日上午升旗后有早操，下午有两小时的课外运动。此外，为增进学生对运动的兴趣与努力，常利用课外时间，举行各种级际篮球比赛及营火晚会等。

生产劳作训练：以家事及农作为中心。校中备有缝纫机及各种农具，由教师参与课外指导学生切实工作，以养成刻苦耐劳的精神。

学校训育：以部颁之训育纲要及各项法令为根据，除训导处外，每级设导师1人，对该级学生的思想、行为、学业及身心健康状况，加以个别考查而施以严密训导。每周举行导师会议一次，由校长、各级导师、及训导处全体人员参加，讨论关于训导问题及学生日常生活的改进事项。日常生活的管理，采用军事管理方法，以养成学生重秩序、守纪律的精神。训育之实施，系以青年品德应有的修养为标准，订立德目，以为每周训练之中心。日常工作，除训育处人员经常到处处理外，并由各级导师轮流值日办理。学生团体活动，各级有级会组织作为自治机构，由级导师指导。至于学生团体组织，则以后方服务团的活动为中心，比如消费合作社的设立、社会教育的推行、学术研究及刊物的出版、战时后方服务，如劝募、慰劳、防护、宣传等工作的实施等，皆隶属于此组织，由学生以其能力及兴趣自由选择参加。关于学生卫生设施，每学期举行体格检查及预防注射，如遇学生有身心缺陷或疾病，则分别矫治医疗。

关于经费：1942年经常费预算核定为每月12800元。时因一部分校舍需加修建，又请准暂拨6万元，作修缮校舍之用。

设备：因限于经费，未能充分购置，时有图书分参考书和学生教科书2种，共约5000册。仪器标本等，计有化学仪器42种，化学药品132种，生物仪器60种，生物模型60种，生物标本100种。物理仪器，时正向四川省科学仪器制造所订购。医药方面,设有医疗室及调养室各一所,备有常用药品100余种,各项医疗用器亦能粗具。体育方面,因限于地势,仅能利用校前空场及校中隙地,开跑道1条,篮球场2个,排球场1个。至于体育用具,虽未能应有尽有,但亦勉可敷用。另外还有缝纫机2架,农具20余件,惜校内空地无多,农场未能十分开展。

教职员共有41人,其中,教员25人,职员16人。以学历言,大学及专科学校毕业者,共有29人;教学经验在5年以上者,计有16人。

学生共有446名,高中学生166名。初中学生280名,年龄最大者为20岁,最小者为11岁。籍贯包括21个省市,以湖北省籍人士为最多,计有117名,另有朝鲜国籍者1名。学生大都来自战区,平日生活无论作息,均有规定。就一般而言,尚富勤苦力学之精神。至于学生用餐,除免收学杂费外,战区学生或确实贫寒者得申请各种膳食代金券,书籍可从校中借用;非战区学生,则需缴纳膳食费。

第二节 "国立二中"伸援手

在抗战艰难困苦的环境中,"女师院"附中与国立第二中学(简称"国立二中")合作办学,同舟共济,共赴国难,传为佳话。

1938年1月至3月,包括南京在内的江苏籍师生辗转来到重庆北碚和合川。教育部派员组建四川临时中学委员会,许逢熙任主席,周厚枢兼任校长。同年3月,四川临时中学委员会改称国立四川中学,周厚枢为校长。是时,国立四川中学分设于北碚与合川,总办公处设在北碚,以收容南京市和江苏籍学生为主。国立四川中学下设初中部、女子部、师范部和高中部四个部,初中部校址在北碚文星场,女子部校址在北碚关庙,师范部校址在北碚地方医院,高中部校址在合川蟠龙山濮岩寺。

1939年春,随着国立中学日渐增多,教育部便按照建校的先后,将国立四川中学改称为国立第二中学。1940年2月,"国立二中"的师范部独立为重庆师范学校。

第一编 艰苦创业(1914—1949)

"女师院"代其附中请求"国立二中"
代为招生文件

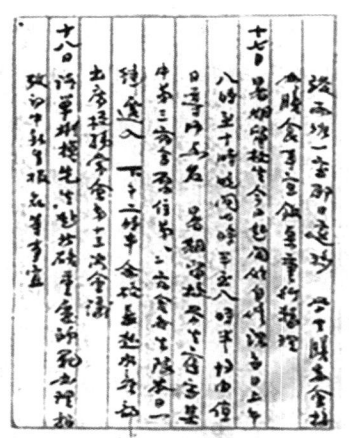
"国立二中"单树模先生赴北碚代"女
师院"附中招生

1942至1945年间,"国立二中"因办学质量高,社会声誉日益提升。"女师院"曾代其附中致函"国立二中",请求代为招生。"国立二中"伸出援手,委托该校教师单树模等专门负责办理为"女师院"附中招生事宜。档案原件文字如下:

接江津白沙国立师范学院请托代为招生公函(该函已交严校长);

十八日请单树模先生赴北碚重庆师范办理初中新生报名等事宜。

两校合作成为国难时期学校办学的一段佳话。

抗日战争胜利后,1946年春,教育部命令"国立二中"复员江苏,而校内川籍200余师生则并入了"女师院"附中。

在国难当头、办学条件艰苦的环境下,"国立二中"师生教育与学习热情高昂。例如,尹文英(女,动物学家、昆虫学家,中国科学院院士)1922年10月18日出生于河北省平乡县。其父尹赞勋,是著名的地质学家和古生物学家,1938年调到重庆北碚工作,服务于西部科学院(今北碚文星湾西部科学院旧址)地质所,先住西部科学院所在山脚下一处小房里,之后日机轰炸坏了房子,搬家到鱼塘湾(今北碚老城区汽车站一带)居住。因离地质所太远,一家人又搬到熊家大院(今西大附中校园内科学馆处),生活才安顿下来。1939年秋,尹文英被安排到"国立二中"女中分校学习。学校未安装电灯,晚修时同学们把课桌两张两张地拼在一起,4个同学就围着桐油灯学习,两小时的自修结束后,鼻孔被烟熏得黢黑。学校的设施极为简陋,校舍是竹片编成的篱笆墙,顶盖薄瓦,室外下大雨,屋内飘小雨,下雨天晚上不得不在床上撑着伞睡觉。每天的伙食,一顿是能吃饱的大米饭,另一顿是吃山芋或其他粗粮,大半年的小菜是盐水煮卷心菜,能吃到油炸黄豆就是意外之喜了。由于战乱时期课本无法供应,教师上课都用自编教材,学生听课全靠笔记,有时连记笔记的纸都没有,更不用说练习本了。教师和学生都住在学校或附近民房,教师经常关心学生的学习,学生可在课后找到老师请教,师生关系非常融洽。

在中华民族风雨如晦的国难岁月中,"国立二中"艰难办学,成绩卓著,在中国教育史上写下了光辉的一页。其办学的思想理念、精神及办学体制等在当时极具针对性,在今天仍有借鉴意义。概括如下:

其一,炽热的爱国情怀。学校师生把对日寇的国恨家仇和报国之志化为具体的行动。教师言传身教,精心备课上课;学生勤奋刻苦,积极向上。师生积极举办抗日演讲,开办民众学校,投身社会教育,设立儿童识字班,教唱抗战歌曲,募集善款,为前线抗日将士缝衣做袜等,体现了师生的爱国之心。

其二,适应战时需要的办学理念。当时,部颁教育方针是"三育并重,文武合一,男女异教,注重科学训练"等。学校的校训是"礼义廉耻"。强调五种训练并重——精神训练、学科训练、体格训练、生产劳动训练、特殊教学与后方服务训练。其中,尤其重视精神训练,善导青年理想,磨砺学子气节,涵养公民道德等,把精神训练视为抗日救亡的利器。

其三,厉行导师制。要求教师与学生共同生活,考察个性,人格感化,情感结合,个别训导,认为这是完成精神训练的不二法门。

其四,推行校务公开。设立校务委员会,学校的重要校务都由校务委员会公开议决,革除校长一人独断独行的流弊和危险。

其五,讲求设备简单。不做在物质设备上锦上添花的傻事,力戒浮靡奢华、讲排场、显洋气、摆阔气、只重物质的风气。

其六,优秀的师资队伍。教师是学校的基础力量。是否是名校,很大程度上,就看它是否拥有良好的师资队伍。学校创建之初,即开始招聘优秀的教师,其中,不少是沦陷区著名中学的校长、教导主任、骨干教师,这些教师大多具有教育救国、教育兴国的理想信念。

其七，大量的杰出校友。学校当年在极其艰苦的办学条件下，取得了卓越的成就，培养了大量的在海内外享有巨大声誉的栋梁之材。有的仍在辛苦耕耘，为国家尽绵薄之力。以下是他们之中的杰出代表：

陶诗言，浙江嘉兴人，1938年毕业。大气物理学家，1980年当选中国科学院院士。

杨立铭，江苏溧水人，1938年毕业。理论物理学家，1991年当选中国科学院院士。

汤定元，江苏金坛人，1938年毕业。物理学家，1991年当选中国科学院院士。

张效祥，浙江海宁人，1939年毕业。计算机专家，1991年当选中国科学院院士。

吴良镛，江苏南京人，1940年毕业。建筑学与城市规划专家，1995年当选中国科学院院士。2012年获国家最高科学技术奖。

徐皆苏，江苏苏州人，1940年秋毕业。工程力学专家，1988年当选美国国家工程院院士。

黄宏嘉，湖南临澧人，1940年毕业。微波与光纤专家，1980年当选中国科学院院士。

盛金章，江苏靖江人，1942年毕业。生物地层学家，1991年当选中国科学院院士。

尹文英（女），河北平乡人，1943年毕业。动物学家，昆虫学家，1991年当选中国科学院院士。

王元，浙江兰溪人，1946年毕业。数学家，1980年当选中国科学院院士。

鲍亦兴，南京人，1946年毕业。应用力学专家，1985年当选美国国家工程院院士。

戴元本，湖南常德人，1946年毕业。理论物理、粒子物理学家，1980年当选中国科学院院士。

宁津生，安徽桐城人，1946年毕业。大地测量学家，1995年当选中国工程院院士。

茆智，江苏江浦人，1947年毕业。农田水利学家，2003年当选中国工程院院士。

第三节 "女师院"附中迁北碚

抗日战争胜利后，中华民国政府教育部拟令"女师院"从江津白沙迁往南京。师生闻之，欣喜不已。不久，教育部通知"女师院"留川，不迁校南京。这一变动激起了师生员工的极大愤慨，先后组织两次罢教罢课活动，谢循初院长四递辞呈。1946年2月，教育部强令解散"女师院"，成立院务整理委员会。同年4月，教育部决定将位于重庆九龙坡黄桷坪的国立交通大学旧址作为"女师院"新址，"女师院"遂迁到黄桷坪。

1946年，"女师院"奉命从江津县白沙镇迁往重庆九龙坡黄桷坪，因校舍不够用，附属中学（含师范部）无法安置，只得另择校址，迁往北碚。北碚地方当局闻听"女师院"附中迁北碚一事，十分高兴。北碚管理局局长卢子英（卢作孚胞弟）特致函南京国民政府教育部对"女师院"附中迁北碚表示热烈欢迎和衷心感谢。

"女师院"附中来北碚后，北碚当局也找不到一个适当的校址集中安置，有关部门克服困难，多方商定，按照初中、高中和师范三部，在三个地点分部办学。最后初中部设在原国立歌剧学校乐观院（即今北碚静宁路教师进修学院至朝阳派出所一带）；高中部设在原北碚公园右侧国立编译馆馆舍山坡上（今北碚图书馆一带）；师范部设在北碚区梨园村重庆师范学校（今解放路西南大学附属小学处）。刘汉良任校长，王若兰任教导主任，吴静茵任师范部主任，程德一任训育部主任，王桂林任总务主任。

1952年前的乐观院

附卢子英的信

××先生钧鉴：北碚地方文化建设夙蒙爱护扶持,规模粗具,铭感弥深。近以国立女师学院附中及国立江津师范学校先后蒙准移设北碚,尤感宏赐。今后地方文物既可交相利用,莘莘学子亦得互为熏陶,引领高风。钦感无已,肃函申谢。

后学卢子英 谨启

（民国）三十五年十二月四日

第二编 砥砺前行
(1949——1978)

　　回溯往昔,自学校前身诞生之初,便承载着传道授业、启智明德的崇高使命。岁月流转,时光荏苒,学校历经多次更名与变迁,在时代的召唤下,正式更名为"西师附中"并安居杜家街,这不仅是地理位置的变迁,更是办学理念与精神风貌的崭新起点。在激情燃烧的岁月里,西师附中的师生们携手并肩,苦战艰难岁月,用汗水与智慧书写了不屈不挠的奋斗史,不仅让西师附中声名鹊起,更赢得了社会各界的广泛认可与赞誉。

　　然而,历史的进程并非总是一帆风顺。在这段曲折前行的历史长河中,砥砺前行的西师附中,便是这段波澜壮阔历史中的一个生动注脚,记录着从革故鼎新到激情燃烧,再到风雨洗礼的壮丽篇章。

第一章

学校革故鼎新　教育焕发新机

1950年,西南师范学院成立。1952年,本校成为其附属中学,称为西南师范学院附属中学。从此,"西师附中"深深地扎根在北碚和山城人民心中。一代又一代的『附中人』为之骄傲和自豪!这一时期,附中广大师生以饱满的激情,踊跃投入到社会主义革命和社会主义建设的各项社会政治生活之中。

第一节 喜迎新中国 学校获新生

1949年10月1日，新中国成立。早在1949年9月下旬，为迎接解放，北碚地下党外围组织"民青社"负责人便给"民青社"成员布置工作：一是尽力弄清学校组织、师生的政治面貌和学校财物等情况；二是由"女师院"附中的"民青社"社员孙毅华、余本芳组织一部分同学护校。1949年12月2日，北碚和平解放。"女师院"附中教师孙毅华、余本芳组织师范部同学打着横幅，手拿小红旗，整队去天生桥迎接解放军。

12月10日，北碚军管会接管旧政权。解放军代表龙实到校后组成接管委员会，龙实任主任，董季泽（高中部教师代表）和陈潽仁（师范部教师代表）任副主任，蔡善培、史宗英、查振律、杨德芳、陈碧莲为委员。接着，重庆市文教委员会委派刘杖芸为接管"女师院"附中的特派员。

刘杖芸

新中国的诞生，为学校的发展开辟了新天地，指明了新方向。1949年9月29日通过的《中国人民政治协商会议共同纲领》第四十二条规定：各级各类学校对学生进行"五爱"教育（爱祖国、爱人民、爱劳动、爱科学、爱护公共财物）。是年12月23日至31日，新中国第一次全国教育工作会议在北京召开。会议提出：有计划、有步骤地改造旧的教育制度、教育内容和教学方法，借鉴苏联教育建设的先进经验，整顿、巩固和提高普通中学。由于刚刚解放，新教材尚未到达，重庆军管会文教部对教学内容和方法提出三条改革原则：（1）废止旧教育课程中反动的公民课和童子军训练，其他课程使用旧教材，但要剔除其中的反动内容；（2）取消反动的训育制度，严禁对学生体罚和变相体罚；（3）反对"填鸭式""注入式"等旧教学方法，提倡启发式和理论联系实际的教学方法。在办学方向上,贯彻"向工农兵开门"的方针,切实地为人民教育事业服务。

一、解放军接管学校

1950年4月,北碚市(时称"市")"中国少年儿童队"(1953年改名为"中国少年先锋队",简称"少先队")在附中初中部试点建立。后来,北碚各中小学纷纷建立少先队,优秀教师担任辅导员,开展了丰富多彩、形式多样的活动。

1950年6月25日,朝鲜战争爆发。10月,毛泽东主席发出中国人民志愿军入朝作战的命令。学校掀起"抗美援朝,保家卫国"的宣传教育热潮。经过学习,全校师生认识到"美帝是只纸老虎""胜利必属于朝鲜人民",克服了师生中恐美、崇美的思想倾向,树立起了鄙美、蔑美、仇美的思想。学校还发动每个班增订两份《新华日报》,每天坚持1~2小时学习时事,让师生及时了解朝鲜前线战况。学生坚持出早操,积极锻炼身体,纷纷表示随时响应号召,投笔从戎,参军上战场。

这一时期,著名国画家苏葆祯先生曾在"女师院"附中任教(1950年8月至1951年3月)。

二、学校改名"北碚二中"

1950年11月,北碚市人民政府成立。1951年3月,川东行署迁到北碚办公,今西南大学办公大楼即当年的"行署楼"。同年秋,北碚市人民政府派员接管北碚实验中学和卢作孚创办的私立兼善中学,合并两校成立了北碚市第一中学,简称"北碚一中";同时改"女师院"附中(含师范部)为北碚市第二中学,简称"北碚二中",刘杖芸任校长。7月,学校在北碚人民大礼堂(今作孚广场处)隆重集会,热烈欢送8名女同学参加"军干校"。"光荣榜"上写着她们的姓名:陈在英、王熙碧、李慧平、吴盛碧、高光祥、冯道平、黄汉东、罗安雪。同年10月1日,中央人民政府发布《政务院关于改革学制的决定》,强调"教育为国家建设服务,学校向工农兵开门",各级学校都应该"大大地为工农兵及其子女开门,男女平等,保证他们享受教育的权利"的教育方针。在中央方针政策的指引下,学校师生员工意气风发,结合土地改革,镇压反革命,开展"三反"(即反贪污、反浪费、反官僚主义)

和"五反"(反行贿、反偷税漏税、反盗骗国家财产、反偷工减料、反盗窃国家经济情报)等运动,开展肃清封建的、买办的和法西斯的教育思想的政治学习,进行为人民服务、建立革命人生观的思想教育,初步批判了资产阶级思想,端正了教职员工的政治态度。

从1952年起,学校开始实施新学制,贯彻执行新的教育方针。教职工积极参加学习和各种社会活动,努力改造思想,要求进步,跟上形势。同年暑假,川东区(包括今涪陵、万州等地区)所有中学教职工集中在北碚接受思想改造,学习苏联先进的教育理念,初步形成了社会主义教育思想。在学生中,广泛开展"五爱"思想教育,加强培养学生共产主义品德。10月20日,北碚成立"中苏友好月"办公室,学校组织师生参加访苏代表团员报告会,开展歌舞晚会、观看苏联电影、组织苏联图片展览、教唱《中苏人民团结紧》等歌曲等活动。在招生工作中,学校优先招收工农兵和其他劳动人民的子女入学,工农兵子弟入学的比例逐年增加。

三、政府设立助学金,工农子弟得实惠

人民政府设有人民助学金,保证品学兼优且家庭经济困难的工农兵子弟有机会跨进中学大门接受中学教育。据统计,1952至1953学年度,初中有231人享受人民助学金,占初中学生人数的38%,共计1092.3万元(相当于第二套人民币1092.3元)(1955年3月1日起发行的第二套人民币实行改革,缩小面额。新版的1元等于旧版的1万元);高中有68人享受人民助学金,占高中学生人数的50%,共计363.2万元(相当于第二套人民币363.2元)。师范部共有172人,全部享受人民助学金,每人每月10万元(相当于第二套人民币10元)。

第二节 改名西师附中 安居杜家街

一、"西师"迁北碚,附中正式成立

1950年10月12日,中央人民政府教育部批准"将国立女子师范学院和四川省立教育学院合并,更名为西南师范学院"(简称"西师"),校址在沙坪坝磁器口。今重庆七中曾为其附属中学。1952年,西南师范学院由重庆沙坪坝磁器口迁来北碚,西师行政部门在原川东行署楼(今西南大学北区行署楼)办公。

1952年,北碚市第一中学改名为重庆市第十三中学(今兼善中学),北碚市第二中学(含师范部)则改名为西南师范学院附属中学,简称"西师附中"。刘杖芸续任校长,孙礼娴任副校长,董季泽任教务主任,李净泉和谢美立任副教务主任,陈德维任总务主任,陈以庸任副总务主任。后来,陈德维辞去总务主任,胡继虞继任。西师附中接受西南师范学院和重庆市政府教育主管部门的双重领导。

二、选定新校址,扎根杜家街

刚刚回到人民怀抱的西师附中在三处办学。刘杖芸校长等一班人一天要在分散的三个教学点往返多次。工作任务重,除维持正常教学外,还要完成各种政治任务,常常要组织师生上街游行。面对一校三点的困境,为便于管理,寻觅新校址便成了当务之急。经多处比较,在上级的支持下,学校最终确定把靠近嘉陵江边杜家街一隅的原川东行署下属《川东日报》印刷厂旧址作为新校址。1952年10月31日,学校开始陆续迁到杜家街新址。同年12月1日,西师专门拨给1.5亿元(相当于第二套人民币1.5万元)搬迁费。西师附中由此扎根于风景如画的缙云山麓,嘉陵江畔,得享山水之乐。

三、师范部调整

截至1953年3月,学校有初、高中和师范生780余人,教职工80余人,18个教

学班。是年，师范部的"初师"班学生全部毕业，遂停招。1954年，为了加强师范教育，四川省人民政府决定以"渝女师"为主体，成立重庆市师范学校，未毕业的"中师"班172名学生奉令并入。本应与师范生一起调整的韩悦、张察安和赖成镶3位教师留附中任教，原师范部的另10名教师调入重庆市师范学校（1958年，重庆市师范学校更名为四川省重庆第一师范学校，简称"市一师"或"一师"）。

四、普通中学的新起点

学校安居杜家街后，在整顿中逐步恢复了正常的教学秩序，各方面取得了一定的成绩，体育和艺术方面特别突出，如：初三年级的体育尖子双胞胎陈贵德、陈贵丽，姐妹俩双双获得"国家级运动健将"称号，后到北京参加训练、发展。另一位音乐俊才朱静明，嗓音嘹亮，声乐出众，蜚声市内外。

1954年以后，西师附中成为有初中和高中两个部的全日制中学。1955年之前的西师附中实为女校，只招收女学生。1955年秋季学校开始招收男生，开启了男女混校、初、高中兼设的普通中学新起点。

第三节 整修扩建校舍 政府全力支持

迁校到杜家街新址后，学校首先遇到的难题是校舍不敷使用，尤其是缺少教室和办公用房。原来的房屋，如原印刷厂厂房、库房等，作校舍多不适用，大而无当。

一、修整、扩建校舍

1. 修建办公兼教学楼

在西师和西南行政委员会教育局的大力支持下，1952年，学校在总务主任陈德维的具体主持下，在校门右侧修建了第一幢一楼一底的楼房。底楼作办公用房，二楼按苏联小班教学的模式，设计成四间大教室，四间小教室，作高中教学用房，大大缓解了校舍紧张的困难。该楼即今之"勤朴楼"。这幢庄重典雅的楼房是附中现存唯一的老建筑，数十年来，历经风雨，见证了附中的发展，可谓学校的地标性建筑。同时，为美化校园环境，在校园内插栽梧桐树，逐步成为附中亮丽的风景。

西师附中教学楼

2. 请求拨款

附中搬到杜家街后，校舍破烂又不够用。1953年1月22日致西南行政委员会教育局的公函对校舍的描述是这样的："本校系以原川东报社作校舍，因此许多房屋不适用，如厂房和库房等，均必须改建后才能作为教室之用，又缺乏学生洗脸室、浴室和厕所等，目前学生必须花半天时间去原附中浴室（今解放路西南大学附小处）洗头洗澡，对学习影响甚大。""寝室有大库房两间，每间容纳学生130多人，空气坏，光线差，均应改建才能不影响学生健康。"1953年4月7日，学校再次致函西南行政委员会教育局，反映学校教室和实验室的状况："能容纳50人的教室只有两个，能容纳20至30人左右的教室也只有四个。全部狭小，座位拥挤，空气亦坏，学生上课、自习整日局处其中，对学生的健康有不良影响。本期高中两个班毕业，初中四个班毕业。教室容量既小，全部排满座位，前后毫无隙地。在西师学生实习时，指导教师和听课教师竟无法容足。此点问题亦大。现有三间实验室，只有物理实验室暂时可用，化学和生物实验室都异常狭窄，学生活动不开，不能开展分组实验。现有仪器设备有的堆在一起，有的不敢开箱，不能充分发挥其作用……房舍不够，目前拟搭盖一座棚房，作实习师生用餐、备课和休息之用。"据此,学校"请求拨款三亿元(合第二套人民币3万元)增建校舍,至少五千万元(合第二套人民币5000元)搭盖临时教室"以应急。

3.宿舍分配办法及其管理方案

面对教师宿舍严重不足的问题,学校制定了严格的宿舍分配办法。下面是1954年4月28日制定的宿舍分配办法及其管理方案:

(一)原则。

1.凡本校教职工及其直系血亲,可分配宿舍,非直系血亲不予分配。

2.根据教职工及眷属之实际需要,结合现有宿舍实际情况分配。

3.老、病及残废教职工应予适当照顾,尽可能给予方便。

(二)本校房屋大小、好坏规格不齐,故对应分配之宿舍间数及大小不作规定,依照原则第二项以能解决住房问题为度。

(三)凡在其他机关学校已有眷属宿舍者,除分配给本人单身宿舍外,本校不再分配眷属宿舍。

(四)员工对分得之宿舍有保护之责任。

1.门窗、墙壁、家具、玻璃、电灯以及一切室内的装备在居住期间内如有损坏,由居住者负责赔偿或修理。

2.除学校定期统一修整外,一切自愿粉刷装修者,由教职员工自理。

二、政府及时拨款、拨地

学校原有体育场地十分狭小,虽经整治,也只可布置3至4个篮球场,即使把走道一并利用起来,也只能供200人左右同时开展活动,严重影响学生体育锻炼。除校舍不敷应用外,学校缺少教师和教学仪器设备,办学经费极其紧张。在市人民政府和西师的鼎力支持下,学校想尽办法,逐步解决了困难。

1.拨专款修操场

1952年下学期,北碚市政府下拨4000万元(相当于第二套人民币4000元)扩建有250米跑道的运动场,初步解决了学生上体育课及课外活动场地的问题。年终结算时,工程只完成了一半,未用完的款项经上级批准移作装自来水管之用。后来,学校又重新申请了工程费3500万元(相当于第二套人民币3500元)才把运动场修完。

2. 请求划拨北碚果园未果

1954年4月份，鉴于校舍严重不足，学校打报告给上级主管部门，请求划拨与附中相邻的北碚果园（今立人报告厅、格致楼等所在处）的全部房屋、土地给附中使用，重庆市第六区人民政府（相当于今北碚区人民政府）以"北碚果园现经营果树及奶牛（杜家街奶牛场），为了扩大生产拟移澄江镇，但该果树仍继续发展生产，土地仍继续利用，房屋大多系牛舍及有毒灶房，不适人住"等为由，称"目前无法划拨"。（2009年前后，北碚区政府把上述地块规划为教育用地，原有单位、居民迁往他处，附中出资购得这一地块，后建成格致楼、立人报告厅、临风楼、毓秀楼等建筑。）

3. 修建高三"专用"教室

1954年6月1日，西南行政委员会教育局同意拨给附中2.1亿元（相当于第二套人民币2.1万元）基建费，修建一栋砖木结构平房，以解决教室和实验室不敷使用的问题。同年暑期，在西师工务科的具体帮助下，在今博雅楼下百汇园处建起了四间平房大教室。这四间教室相当长时间内专作高三教室使用，直到2005年整治校园环境时才被拆除。

4. 购置物理仪器

1954年11月，西南行政委员会教育局同意拨给学校物理仪器购置专款1.94亿元（相当于第二套人民币1.94万元），解决了物理实验的燃眉之急。同年，教育局给学校增加了6名教师，加强了教师队伍。

5. 修水井操场

学校规模逐步扩大。到1956年，学校计有22个班，学生1140人，原本窄小的体育场地问题又凸显出来。是年7月，经上级同意，学校与金刚乡农民协会协商，征用新村宿舍近旁的两块水田，作为扩建运动场的场地。因田中有一口水井，所以扩建后的操场被叫作"水井操场"（即今兰蕙楼楼下小操场）。该操场占地面积7.15亩。水井操场的建成缓解了体育课和课外活动场地不足的矛盾。同年，重庆市教育局明确指出，西师附中是"重点办好学校"，"系西师学生实习的重要学校"，于是特配发全套由四川省集中购买的理化生仪器（全市仅5套）。

第四节 制定规章计划 逐步走上正轨

新中国成立之初，学校领导带领全校教职员工艰苦奋斗，革故鼎新，制定了各种规章制度。

一、制定规章制度

学校制订了1953年上学期工作计划。计划分"甲 本期的主要工作任务"和"乙 具体工作"两大部分。甲部分强调"学习苏联先进教育经验，改进教学，以提高教学质量，为培养全面发展的普通中学学生及德才兼备的师范生而努力"。要"与院本部（西南师范学院）取得紧密联系……使本校成为西南师范学院培养新型师资的实习工厂"。乙部分强调"必须采取坚决向苏联学习的方针"，列举了十大工作内容：一、改进行政领导工作；二、改进教学工作；三、班主任工作；四、教职员工政治理论学习；五、参观实习工作；六、师范部工作；七、课外活动及社会活动；八、卫生保健工作；九、青年团、少年儿童队及学生会工作；十、总务工作。第二项"改进教学工作"第一条写道："根据市教育局的规定，组织教师学习普希金教授的报告，并参考凯洛夫教育学，以教研组为单位进行学习，每周学习三小时，学习计划另订之。"工作计划多处提到向苏联学习，打上了深深的时代烙印。

在《1953至1954学年度第二学期工作计划（草案）》中，学校制定了各项工作制度，"教导工作"位于"序言"后的第二章，突出了教导工作的重要性。内容如下：

一、教学工作：(1)课前准备；(2)课堂教学；(3)课后工作及效果检查。二、教研组工作。三、班主任工作：(1)班主任工作的组织与领导；(2)班主任工作的要求；(3)进一步贯彻学生守则，按照各年级学生特点提出要求。

学校还制定了会议制度，规定了会议的层级、频率和要求，包括：(1)校务会议三次，第一次通过学校工作计划，第二次期中检查，第三次总结；(2)教研会议，每月一次；(3)班主任会议，每月一次；(4)行政会议，每周一次；(5)周会，针对学校情况，由校长向全体教师做报告。

20世纪50年代初,新中国成立伊始,经济普遍困难,物资匮乏,学校制定了水电管理暂行办法,学校师生形成了生活简朴,反对铺张浪费的风气。

二、教师工资及教育教学

1.教师标准工作量

教师的工作量不轻。按1953年西南行政委员会教育局的规定,以中学语文教师标准工作量为例,可略知一二:"语文教师以两个班为一专任标准工作量计算,高中任课14小时为一专任,初中任课16小时为一专任。"

2.工资关系

1953年初,西南行政委员会教育局致函西师:"关于附中评薪办法和工资标准问题,可自4月份起改照大城市工资标准开支。"是年9月1日,该局再次致函西师:"今后附中教职员工资由你院在规定平均工资控制范围内核定,报我局备查即可。"1955年下半年,四川省人民政府致函西师:"自1956年1月起,为便于师院全面领导与管理,附中教职工工资由师院统一领导与管理。"这种隶属关系一直延续到今天。

3.五级记分制

20世纪50年代初期到中期,学校不仅学习苏联凯洛夫教育思想,还学习苏联的教学方法。教学要运用五个环节:组织教学、复习旧课、讲授新课、巩固新课和布置作业。教学要贯彻五个原则:直观性原则、自觉性原则、巩固性原则、系统性原则和量力性原则。从1955年起,学校奉令推行苏联的五级记分制:以"5分"为优秀,"4分"为良好,"3分"为及格,"2分""1分"为不及格。1959年,学校停止使用五级记分制,恢复百分制记分法。

4.调整课程设置

1956至1957年,根据新的教学大纲,学校对课程设置做出相应调整,如语文分为汉语和文学,政治改为政治常识、社会科学常识和中华人民共和国宪法,增设工业基础知识和农业基础知识。1958年,生产劳动正式列入教学计划,排入课表;汉语、文学合并为语文;代数、三角、几何合并为数学;中国古代史、世界古代史、中国近代史、世界近代史合并为历史;植物学、动物学合并为生物;初中一年级起恢复外语课。

三、接管附中、乐于助人的刘杖芸校长

刘杖芸(1917—1990),四川省岳池县人,大学文化,1938年在四川南充读高中时秘密加入中国共产党,1944年毕业于南京国立中央大学教育系。曾任南充惠南中学教务主任、国文教员,岳池豫梦中学校长,南充省立师范学校教员。

刘杖芸自1949年12月参加军管会,从旧政权手中接管"女师院"附中,从1950年到1958年初,一直担任附中校长。在主持学校工作期间,刘校长认真办学,热爱教育工作,对教师要求严格,说一不二;他工作兢兢业业,待人和蔼,关心学生,乐于助人;他擅长文史,有较高的教育学理论修养。因为身体羸弱,他常年生病,一些工作未能身体力行,学校的发展因此受到一些影响。

第二章

激情燃烧岁月　艰苦奋斗前行

1956年,随着社会主义制度在我国的基本确立,附中广大师生以饱满的激情,踊跃投入到社会主义建设的各项社会政治生活之中。附中人苦战三年困难时期,度过艰难岁月,同时狠抓教育教学,学校声名鹊起。

第一节 苦战困难时期 度过艰难岁月

一、整风反右运动和反右斗争扩大化

1957年5月,根据中央统一部署,学校在西师党委的直接领导下,进行整风运动。同年6月8日,中共中央发出《关于组织力量准备反击右派分子进攻的指示》,《人民日报》发表《这是为什么?》的社论。从此,整风运动转为反右斗争。

反右斗争的扩大化极大地伤害了被错划为右派的教职工的感情,挫伤了教职工的积极性,破坏了教职工与人为善、真诚相待、团结友好的优良传统,损害了民主、自由、活泼、开朗的风气,造成了人与人之间相互猜忌、谨小慎微、不敢坦诚交流思想的沉闷局面和不幸的后果,一定程度上影响了学校的教育教学工作。教训是深刻的。

二、"大跃进""大炼钢铁"运动

1958年,"三面红旗"(总路线、大跃进、人民公社)红遍神州大地。这一年,在"专家下放、面向基层锻炼"的思想指导下,西师调高振业任附中校长。高振业,男,西师教育系教育学教授。高校长办学能力强,工作勤奋,任劳任怨,团结干部群众,待人和气,为人善良。刘杖芸改任第一副校长,另一位副校长是来自西师教育系心理学专业的张增杰教授,杨绍芙任党支部副书记。

1958年9月19日,中共中央、国务院下发《关于教育工作的指示》,明确指出:"党的教育工作方针,是教育为无产阶级的政治服务,教育与生产劳动结合。"遵循这一方针,学校加强师生的思想政治工作,重视生产劳动课。轰轰烈烈的"大跃进""大炼钢铁"运动在学校兴起,师生热情高涨,激情燃烧。总的来说,"大炼钢铁"是得不偿失的,严重影响了教育教学秩序。

1958年初,西师成立附中教学检查团,西师党委书记李一丁任团长,党委委员、"速中"(工农速成中学)校长陈洪任副团长,部分"速中"教师任检查团成员。检查工作持续近一年才结束。同年,学校实施教学改革,自初一年级起全部改为十年制大改班(小学五年、初中三年、高中两年)。

三、爱国卫生运动

1959年2月17日,西师党委任命陈洪为附中校长兼党支部书记。原"速中"部分干部和教师韦国富、王景光、罗兴汉、樊一生、金永栋、刘荣炯、钟茂之等调入附中。20世纪50年代,全国开展爱国卫生运动,北碚区组织检查评比。一次,街道居委会来学校检查,发现厨房的一间屋子里堆了一大堆霉烂的红薯,于是附中得了"黑旗"。

"黑旗"对陈洪校长震动很大。他决心彻底改变学校卫生差的状况。陈校长首先进行思想动员,接着以身作则把自己办公室内外打扫得干干净净,然后带领师生投入到卫生大扫除活动中:抹门窗、擦桌椅、洗厕所、铲荒草、驱蚊蝇、除死角、焚垃圾、养花草。一周一严查,一月一总结。师生们数月的努力,使学校面貌焕然一新,环境清爽,窗明几净。

原图书馆外景

在北碚区卫生大检查中,附中被评为北碚区爱国卫生运动红旗单位,北碚区政府一行人敲锣打鼓给学校送来喜报,在图书馆(今凌江园处)底楼会议室召开了总结表彰大会,表扬附中为全区爱国卫生运动树立了榜样。

四、三年困难时期

1959年末至1961年初是三年困难时期。1960年,中共中央发出"大办农业、大办粮食""以粮为纲"的号召,指出"保证粮食生产不仅是农业部门单独的责任,更是各部门共同的责任,工业、交通、文卫等一切工作都必须服从农业生产的需要,必须为农业、为粮食生产服务"。

1. 生产自救,自种蔬菜

教职工每月只有19斤供应粮,其中一半以上是麻豌豆等粗粮。"以粗代细、瓜菜顶粮"是当年流行的口号,也是实际生活的写照。遵照党中央的指示,学校掀起了生产自救的热潮。老师们在半饥饿状态下起早摸黑,坚持备课、上课和批改作业。劳动课被列入课程表,每周三节,学生要带劳动工具到校。学生以班为单位,在班主任的带领下,按学校划定的大致区域,充分利用校园内所有能利用的空地,名之曰"农场",种蔬菜。菜种、菜秧由总务处统一提供。生物组教师发挥学科优势,传播科学种植技术。总务处还编辑了一本《蔬菜种植技术》小册子。空地全被种上菜以后,大操场(今运动场底楼停车场部分)也没有被放过,深挖平整后,种上了蔬菜和棉花。凉亭(今灰楼、亭楼)一带土地平旷,土壤肥沃,比较规整,产量最高,被评为"红旗地"。"红旗地"产的萝卜又粗又长,有的一个就有五斤重;芹菜丰茂,高的有一米左右。高1961级3班在"红旗地"种大蒜,卖给学校伙食团,一季菜收入就达130元!蔬菜丰收,自给有余,便向校外出售,各班卖菜所得款项充作班费。在今黄桷园一带,生物组教师深耕密植,种起了小麦。校内土地有限,就向嘉陵江边扩展,教师们的菜地大多安排在江边。

2. 陈洪校长的"示范地"

今勤朴楼到万象楼梯坎间有一块20平方米左右的土地,那就是陈洪校长的"示范地",韭菜长得油绿鲜嫩,师生无不夸赞。陈校长在办公之余,提水、挑粪、施肥。他不避脏臭,亲自拿粪瓢下粪池舀粪,肩挑粪担往返于菜地、粪池之间,俨然一个地道的"菜农"。校内的有机肥不够用,学校就发动学生到校外市民家中收集粪便。

3.养猪、养牛、养兔

种菜之外,学校还养猪、养牛,今玉树楼和兰蕙楼一带便是当年的养牛场和养猪场。所产牛奶供应教职工的婴幼儿和重病号,实行定量分配,酌情收费。伙食团养的猪有几十头之多,逢年过节就宰杀几头,卖给教职工。那时,人们对猪肉的审"美"标准与今天"喜瘦厌肥"大为不同,肥肉才金贵,大家唯恐得到的肥肉太少了!生物组教师结合教学饲养的小白兔之类的小动物,课后交伙食团。厨工师傅做成一小盘一小盘的"上品"佳肴,卖给教职工。生物组教师还培养了"小球藻"(一种富于营养的绿色菌类植物),给患了水肿病的教师增加营养,争食者众。

五、两份史料

三年困难时期,各种物资匮乏,一切用度皆凭票供应。下面的两份材料说明了困难程度和西师对附中教职员工的关怀。

1.化学药品采购证

1962年3月20日,附中致西师院长办公室的公函:

院长办公室:

由于实验室需要,上周派实验室管理员到重庆购买化学药品,因无采购证,全未买到。后到市教育局请示,说需要院部备文到局,由局批示后,再到商业局领取采购证。因此,请院备文送市教育局,以便领取化学药品采购证购置所需药品。

西南师范学院附属中学

2.西师的一封公函

1962年11月28日,西南师范学院致函四川省高教局和重庆市第一商业局:

我院附中师生缺乏过冬物资,计有棉絮15床,棉衣25件,棉裤20条,棉花20斤。附中为我附属单位,过冬物资要由我院统为上报解决,请在分配过冬物资时,予以解决。

前辈苦战困难时期,度过艰难岁月,艰苦办学若此,令人肃然起敬,感慨良多!

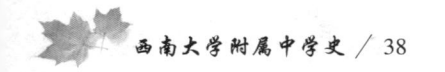

第二节 重视基建维修 添置仪器设备

1952年初迁校时校舍经过整修，虽然破败不堪，但可勉强使用。随着办学规模扩大，教室、学生宿舍等越发不够用。

一、克服困难，艰难办学

1. 节省开支，自己动手

1960年是那些年办学规模最大的一年，全校有30个班，学生达1448人。学校的困难很多：学生增多了，操场还是那么狭小，容不下学生体育锻炼和课外活动；学生宿舍不够，200多名离校很远的学生也无法住读；理化实验室缺乏仪器，学校只得向西师或附近的学校借用仪器设备，有时不能按时借来，就只能推迟实验课。学校办学经费也很紧张，为节省开支，桌椅、门窗和体育设施的维修等，尽量自己动手。

陈洪校长（右二）修理篮球架　　　　　　高1961届学生在缝补衣裳

2. 申请经费

为了保证学校工作的正常运转，学校领导四处筹集资金。向上级申请基建费用，扩建维修校舍，添置理化生实验必不可少的仪器设备等，成为1959至1965年这段时间学校工作的重要一环。

二、学校概况及后勤工作

根据上级指示，学校学习苏联办学模式，要小规模办学，实行小班教学。学校于1963年9月在"努力把附中办成名副其实的重点学校"的三年规划中调整了办学规模。制订了如下计划：

根据学校房屋、教学设备和领导能力，把学校规模压缩成24个班。从1963年起每年招高中4个班，160人；初中4个班，180人，保持在校生千人左右的规模。

1963年，教职员工共119人。全校25个班，高中625人，初中518人。根据预算经费，教师的工资、补助、福利费等每月7356.68元；教学实验费、图书费、体育维持费、人民助学金等每月2255.50元；办公费、水电费、差旅费、房租费、医药卫生费及其他费用每月502.16元；另需购置、房屋修缮、理化仪器购置费及一般修缮费等，每月计约800到1000元。以上经费总计，全年超过万元，而附中全年春秋两季学杂费收入总计仅6000到7000元，经费缺口甚大。

1. 请拨专款

1963年7月18日，西师向四川省高教厅报告，希望解决附中经费赤字问题，并提出两种拨款办法，请省高教厅考虑决定。具体内容如下：

拨款的办法有两种：1）学杂费全部上缴省教厅，每月经常费11000元，按月拨给，临时费用请拨专款。2）学杂费不上缴，冲抵经费的一部分，每月拨款10500元。临时费用请拨专款。

2. 1962年前教室状况

1962年7月18日，西师致函四川省高教厅，反映附中除1953年和1959年新建的20间房能用作教室外，其余房屋或系原《川东日报》印刷厂，或系民房，大小规格不一致，光线也差，不适宜作教室和学生宿舍。每年来校实习的学生，人数较多，有时连听课的地方也安排不下，在仅能容纳60人的教室里让100多人听课，拥挤不堪，甚至有些站在教室窗外听课，影响实习见习工作的正常进行，也因此打乱了附中的教学秩序。

3. 申请新建校舍

1962年12月，附中向西师报告了1963年基建计划，要求在1959年已修建一栋（八间）教室的基础上，增建一栋（两层）教室（今逸夫楼处），请拨款35000元。翌年7月18日，西师汇总附中实际困难致函四川省高教厅，请将附中新建校舍安排列入基建计划：

附中为我院师生经常实习见习和进行教学研究活动的学校，应有的基本建设条件必须加以充实，因此，拟请批准教学楼一幢（11间教室），每间容纳55人，计766平方米，预计46000元（每平方米造价60元）。新建学生宿舍一幢（两楼一底）计55间，每间能住8人，共1600平方米，预计96000元。

4.校内维修

（1）修缮图书馆。

1962年7月，图书馆阅览室屋顶漏水，地基下沉，房屋开裂，险情严重，已在暑期进行修缮，共花1805.60元。同期，还对高中八间教室，包括对室内三合土、周围的道路和室外明水沟等处进行修整，耗资450元。

（2）修缮房屋。1963年7月18日，西师请示四川省高教厅关于房屋大修缮：

①1954年修建竹木捆绑厕所一幢，目前夹壁木桩等均已破烂，如遇风雨将发生危险，拟利用原有经费、材料和学生参加部分劳动外，尚需工料费658.75元；②1959年新建教室大楼的三合土地面，当时为了节约开支，极力抢修，质量差，目前已全部开裂破烂，拟在今年暑假中重修三合土地面，计工料费663.50元；③山顶新建教学大楼（今逸夫楼、岱宗楼处）容纳8个班400学生上课，由于周围环境尚未修整，雨天坡路泥泞，师生往返不便，拟新建通往新村的石梯，工料费316.90元。

（3）1963年10月8日，附中《请审批1964年房屋修缮等预算的公函》。

修围墙：我校房屋零碎分散，四周又无范围，周长1134公尺，三年来，不断修建，已修好850公尺。但由于形势发展，农产品价格降低，农场收入大大减少，无法继续将剩下的324公尺围墙修完，故请拨款8100元修围墙。

修堡坎：为保证学校正常秩序，提高教学质量，经请示上级同意，决定将贯通校内的人行道改绕学校旁边通过，这样改道，需修堡坎450公尺，计款2250元。

修建操场和跑道：拟修整运动场地，重修跑道，共需款700元。

建传达室和校门（今勤朴楼旁）：修建校门和传达室，共需款850元。

修下水道：我校1959年新建的山顶教室大楼（今逸夫楼、岱宗楼处）共八间（原计划建十六间），由于工程未全部完成，故还未修下水道。教职员工新村宿舍共8幢房屋，也只将道路修通，未修下水道，共需款1000元。

修围墙、整修校内道路等需要大量的沙石。为了节省开支,学校安排学生利用劳动课时间到嘉陵江边挖的挖,挑的挑,抬的抬,既锻炼了学生,又节约了经费。

5. 购置仪器设备

(1)购置理化生仪器设备。1963年5月,附中报告西师:

参照四川省教厅仪器设备配备标准,学校进行了统计核对。总的情况是所缺仪器较多,许多基本的设备都没有,不能满足教学需要,平时进行学生分组实验(每组4至6人),需提前派几个人到附近学校借用仪器,有时因不能如期借到,就不得不将学生实验前后挪动,对教学多少有点影响。每年院部实习、见习的(人数通常在100人以上)也深感仪器不够应用。由此,拟将所缺主要仪器配齐,计需款项如下,请审核:①物理仪器需款预计约为6500元(其中,力学2050元、热学360元、电学2500元、光学1210元、原子能100元、其他280元);②化学仪器需款预计约为3500元;③生物仪器2705元。总计仪器设备购置费12705.00元。

(2)1963年7月18日,附中报告西师:

1958年购置的体育设施,目前大部分已破烂,有的早已拆去,为更好地开展体育活动,须增加部分设备,需资金2313元。

(3)1963年10月8日,附中《请审批1964年设备购置预算的公函》:

①添置一般设备:拟添置实验台、阅览桌、仪器柜、书架、黑板等,共计3130元;②购置教学设备:拟请购置一批急需仪器,共需款6500元。

6. 安全检查

(1)1964年6月16日,附中就《请核拨检修危险建筑经费的报告》上报西师:

我校曾先后组织力量对房屋、锅炉、电气设备等进行全面检查,有教室等五项危险建筑均需在雨季来临以前检修和加固……现分别说明如下:①1959年新建教室大楼,3015元;②化学实验室木柱,计798.15元;③教职工食堂:现有八根木柱入土部分已全部腐烂,有两根抬梁折断,计561.40元;④教职员宿舍,计1016.63元。

(2)1964年12月14日,附中向西师上报《对我校房屋进行质量安全检查的报告》:

①教职工宿舍系解放前民房,质量很差;②我校图书馆系原《川东日报》旧房,位于嘉陵江边。1950年原报社曾加以修缮,并加建一层,改为二楼一底房屋。两年前就发现两端基脚下沉并进行了修缮。这次检查发现,一根抬梁的砖柱内的30公分已有20公分全部蚀坏,需在本年内加固。③化学实验室:系穿楗夹壁,12根入土的木柱全部开始腐烂。

7. 修建防空洞

为了应对一度紧张的国际局势,学校响应党中央号召,加强战备工作,计划修建2个防空洞。1965年11月24日,附中报告西师:

在我校内没有石山可打,根据实际情况,决定在校内水池下面,用砖和石头修建防空洞,同时还可以修堡坎,计石头500条,砖10000块,石灰30吨,人工等共计3500元左右(除去学生参加劳动部分),而附中当年经费内无此预算,特请西师批示。

防空洞原位于勤朴楼后坡坎下,后因修建立人报告厅、格致楼而不复存在。

8. 历史遗憾

1963年前后,北碚区政府曾设想把校园周边人民公社的山坡、水田等土地,即包括今兰蕙楼后边直到文星湾北桥头的一大片坡地、天然气加气站、丽景雅舍前后(含砖瓦厂)、郭家沱周围的土地全部划拨给附中作为办学用地。学校婉言谢绝了区政府的美意。要说原因,跟学习苏联"老大哥""学校规模要小,实行小班制"有关。

第三节 狠抓教育教学 学校声名鹊起

1957年以前,学校的领导力量相对较弱,教学质量也不高,不要说在全市没有什么影响,就是在北碚,人们比较看重的学校也是兼善中学。

左起：黄伫、陈洪、谢立瑶、李海明、廖梦麟
二排左一徐祥恕、杨绍芙(右二)、金永栋(右一)

一、实干、苦干

1. 订立规章制度

1959年，陈洪校长上任。学校制定了一系列规章制度，计有十五项之多：①关于办公室工作的规定；②印信刊发及使用办法；③教师工作守则；④职员工作守则；⑤工友工作守则；⑥教职员请假办法；⑦财务工作制度；⑧伙食管理制度；⑨卫生管理办法；⑩学生成绩考查办法；⑪学生升留级、补考、毕业、转学、休学、退学制度；⑫教室规章；⑬学生寝室规则；⑭学生食堂公约；⑮学生请假规则。这些规章制度使学校工作有章可循，成为提高教学质量的有力保障。

2. 培养"又红又专"的教师

面对学校青年教师多，业务能力尚待提高，各学科都缺乏"又红又专"的骨干教师的实际情况，学校制定了培养提高教师业务水平的规划。并要求教师在提高思想政治觉悟的基础上，努力钻研业务，不断提高科学文化水平和业务能力，按"缺什么，补什么"的原则，制订自修计划，规定固定的自修时间，自学为主。强调在教学实践中培养、提高、深入钻研所任学科知识，做到"上下熟、左右通"，吃透教材。充分发挥老教师"传帮带"的作用，对青年教师平时的备课、讲课、辅导、批改作业等严格要求。"师高弟子强""名师出高徒""学生需要一碗水，教师就应该有一桶水"是陈洪校长常挂在嘴边的几句话。初中语文教师陈德维古文基础扎实,颇有文学修养。在集体备课时,教研组就让她把古诗文课文先讲一遍给青年教师听,然后大家讨论习题和教法,再各自写教案。

3. 深入课堂,调查研究

学校认真贯彻党的教育方针,以教学为中心狠抓教育教学质量,加强课堂教学管理,要求必须把教材内容讲清楚,提倡精讲多练。陈洪校长侧重抓文科,谢立瑶副校长侧重抓理科。他们不定期抽查学生作业,召开学生代表座谈会,听取学生对教学的意见,深入各教研组调查研究,深入课堂听课,倾听教师们的意见和建议,及时解决教学中存在的问题。陈洪校长不懂外语,听不懂外语课,很着急,对外语教研组的工作不太不放心,甚至认为外语组是资产阶级思想的熔炉,就叫外语组组长到家里写题为《在外语教学中如何保证党的领导》的文章,文章得到陈校长的肯定。一次,陈校长听初1960级3班涂一程老师的语文课。他知道这个班90%以上的学生来自农村,基础较差,却发现该班语文学得不错,特别是作文写得好。课后,陈校长与涂老师一起交流、探讨,总结出作文教学中材料运用的"万变不离其宗"法,在全校推广,学生受益匪浅。学校向工农兵开放,设立工农学生班,教师们非常关心工农子弟的学习,耐心为其补课并采取其他措施提高他们的学习成绩。学校重视高一新生学科知识与初中知识的衔接。1960年上学期,对高一新生的语文、数学进行摸底考试,学校发现新生数学较差,许多应该掌握的知识没有掌握,于是要求高一代数课开学后补三节课再上新课,几何课则要补几周后才上新课。一次,谢立瑶副校长在会上说,凡是学生有教材的科目,每节课教师开讲前,必须留出五分钟时间让学生阅读教材,培养学生读书的兴趣和习惯,教师要看着学生读书。

二、保高三,赶三中

1960年,学校提出"学三中,赶三中(今重庆南开中学),跃入全国先进中学行列"的响亮口号,得到师生的热烈响应。同时,学校做出狠抓高三、初三年级,加强后期管理,全力"保高三、初三"的决定。

1. 领导、教师拼命干

　　学校采取各种措施抓教学工作,如开展各学科"观摩课"等。同时学校组织有经验的教师成立研究小组,分别就"备课的具体要求""加强课堂教学的几点意见"和"关于作业布置、批改和评讲的几点规定"进行专题研究,然后形成书面材料,并印发全体教师执行。学校还强调升学复习一定要紧扣教材、从学生实际出发全面系统地进行,规定总复习的时间不可太长。高三、初三年级可增加考试频率,考后要认真评讲,统计分数,对比检查,以便发现问题,找出差距并查漏补缺。有教师回忆,陈洪校长经常一手拿算盘,一手拿纸笔,穿行在高三阅卷场,统计各班各科分数。为了把成绩搞上去,改变相对落后的面貌,老师们周末、节假日也不休息,日夜苦干,没有一分钱的加班费。学校领导陪着教师熬夜是常有的事。初、高中毕业班教师晚上集体备课或批改试卷,常常至深夜11点多还不能完成,学校为他们准备一点儿稀饭、清炒红薯尖之类作宵夜,以示关心。学校还从西师各系请来青年教师帮助"保高三"。陈洪校长管理教学的一大特点是重视语、数、外,尤其重视语文。他引用语文教学专家叶圣陶"语文是基石"的名言,强调说"语文是重中之重",是学好各科的基础,学生从小学好母语,受用终身。陈校长这些观点无疑是真知灼见。涂一程老师首创了"智慧园",用一块小黑板,选登一些趣味谜语、对联、文言典故等,挂在校内的梧桐树枝上,深受学生喜爱。后来,学校制作了水泥大黑板,扩大了"智慧园"的版面。不久,还为各学科准备一块大黑板,专门用来开展第二课堂,传播科学文化知识,拓宽学生视野。此外,语文组还开展了作文比赛、诗歌朗诵比赛、演讲比赛等丰富多彩的活动。陈校长甚至亲自策划开展了两次全校性的"作文运动",组织全校教师在会议室写作文。尽管这样的提法和做法未必恰当,但由此可以看出陈校长是何等重视师生的写作能力。钟博约老师是语文教研组组长,他和胥天佑老师、黄伻老师教高三语文。黄伻老师古诗文功底深厚,负责高三文科班文言文教学。为了让学生高考作文考出好成绩(高考语文只考作文,文科加试文言文),学校和高三教师请来工农干部给学生做报告,请西师中文系副教授耿振华给学生讲彭德怀保卫延安的故事等。陈洪校长还亲自登台给学生讲述自己年轻时当武工队员和游击队队长的战斗经历。学生们听后激动不已,积累了写作素材,作文水平有了明显的提高。

2. 语文统考全川第一

1960届高考成绩公布,学校获得全面丰收,夺得重庆市总分第二名的优秀成绩,差一点赶上三中,轰动全市中教界。附中从此声名鹊起。1961年,四川省举行语文统考,附中夺得初、高中平均分全川第一名的优异成绩。喜讯传来,全校师生奔走相告,欢欣鼓舞。自此,西师附中语文好,文科好,"学文科、读附中"成为美谈。是年,市教育局、市教科所在附中召开全市各区县中学语文教学现场会,市委宣传部部长、市教育局局长等市区相关领导莅会。语文教研组组长钟博约老师在大会上做了题为《我们是怎样在党支部领导下提高语文教学质量的》的汇报,现场展示了大量的教学资料,与会领导和教师对附中狠抓教学和语文教学取得的突出成绩赞许不已。会后,学校以自种的红薯、蔬菜加上稀饭招待与会嘉宾。1962年3月—4月,西师中文系谈壮飞老师有感于附中语文教学的鲜明特色和可喜成绩,以《语文教学散记》为题,在《重庆日报》上发表了系列文章,介绍了附中语文教学改革的情况。

三、实施新大纲,重视"双基"训练

1963年5月,教育部颁发中小学各科教学大纲,重新确立了各学科的性质、任务和基本的教学内容。重视基础知识和基本技能(即所谓"双基")的学习、训练和掌握。强调语文、数学、外语等工具性学科的学习和教学,以适应学生未来工作和学习的需要。在课程内容方面,致力于课程内容的现代化。为此,学校在课程设置上做了必要的调整,贯彻"重其所重、轻其所轻"的原则,以保证主科的教学质量。新大纲增加了教材的深度和广度,对教师的专业知识水平和教学能力提出了更高的要求。

1. 调整教师

按新大纲编写的教材,深度、难度和广度都有所增加。有部分教师因学历层次等原因不能适应教学的需要。1963年7月,西师致函重庆市教育局,请求协助为从附中调出的部分教师在市内其他中学安排工作。

2.生产劳动得到加强

1958—1965年,学校每年要放两次农忙假,一次在5月初,一次在10月初。学校组织师生下乡"支农",到金刚公社(今北温泉街道)的团结、人民、前进3个大队的16个生产队参加生产劳动,吃住全在农村,帮助农民收麦子、挖红薯等,持续7~10天。这些地方离校十余里路程,班主任跟班劳动,另有1~2名任课教师协助管理。到农村劳动的师生都与民兵训练相结合,以班为单位成立民兵排,班主任、班主席(班长)任正副排长,每排分4个战斗班,原班干部任班长,负责安排劳动。同时还有一部分师生负责校内劳动,主要是参加农场生产,或参加修围墙、道路、操场等建校劳动,也有些班结合物理、化学课到附近的工厂实习。校内的劳动集中,校领导每晚开一次班主任会汇总情况。在农村劳动的师生驻地分散,需学校领导分头跑,以便了解情况,解决问题。劳动结束后,每个学生都要以"劳动"为主题(具体题目由学生自定)写一篇作文,然后,语文组选出一些比较好的文章在"凌江春"墙报上刊登。同时学校还举办小型展览,展示劳动中的照片、公社各生产队送的感谢信、学生访问公社干部和老农的调查材料等,提高了学生对生产劳动的认识水平。

四、"不唯上,不唯书,只唯实"的陈洪校长

1965年,陈洪校长奉命调回西师任教务长,后任副院长。1959—1965年,陈洪校长和附中师生一起度过了一段既苦涩艰辛又轰轰烈烈的难忘岁月。陈洪校长是军人出身,热爱教育事业,懂得怎样团结干部和教师,受到师生的拥护和爱戴,被称为改变附中面貌的功臣。他事业心强,有吃苦献身精神,从担任校长的那一天起,就决心要干一番事业,不辜负上级领导的重托。他有很强的领导能力和较高的政策水平,不唯上,不唯书,只唯实。他对开会不大感兴趣,市里通知的一些不是非去不可的会,他就让别的同志去,自己"泡"在学校里,深入教

陈洪校长在办公

学第一线，这个班看看，那个年级走走，或进教研室对教师们嘘寒问暖，翻翻学生的作业本，或在教室门口，与下课的学生交谈，了解他们的思想和学习情况。他工作有魄力，处理事情公道，"一是一，二是二"，对管理、教育、教学中出现的问题该批评就批评，该表扬就表扬。他是一个喜欢琢磨事，不喜欢琢磨人的人。在以阶级斗争为纲的年代，陈洪校长能正确贯彻党的"有成分论，不唯成分论，重在表现"的阶级路线，关心工农学生，在补课、助学金等方面向他们倾斜，对专心读书而家庭成分"不好"的学生同样关心，不歧视。这种开明的思想作风，使得陈洪校长在特殊的历史时期能够正确对待并使用干部和教师，比如，对管教学的谢立瑶副校长，他特别倚重，放心使用，关系融洽；对在"文革"中受迫害，罹患精神分裂症的陈廷智老师绝不放走，使其留校任教。当年在陈洪校长领导下工作过的老教师们说：陈洪校长那个时候就懂得尊重知识、尊重人才。

第三章

"文革"十年浩劫 教育园地荒芜

"文革"十年浩劫，给整个中国教育界带来了前所未有的冲击与破坏。在这场风暴中，附中人依然没有放弃对知识的追求与对教育的信仰。1965年初，附中校长陈洪奉命调回西师任教务长，后任副院长。西师任命谢立瑶为附中校长，杨绍芙续任党支部副书记，王景光任副校长。学校在他们的带领下努力复课，将革命精神融入教学，试图在逆境中寻找光明与希望。

第一节 开展"四清"运动 "文革"风暴来袭

一、"文革"前夕学校的情况

1965年1月,中共中央下发会议纪要《农村社会主义教育运动中目前提出的一些问题》(即所谓"二十三条")。该文件认为,我国城市和农村都存在着严重的、尖锐的阶级斗争,"社会主义和资本主义的矛盾"是"今天矛盾的性质",并指出:"这次运动的重点,是整党内那些走资本主义道路的当权派。"按上级部署,学校将课程进行了调整,把教职工一周一次的政治理论和时事政策学习全部改为学习"二十三条",即"四清"(清思想、清政治、清组织、清经济),并且大大增加学习时间。对学生的宣传教育也是以学习"二十三条"为主,由政治课教师和班主任负责,在政治课和校会时间进行。

教职工指出了学校工作中存在的一些问题,全面检查了学校过去几年的工作,对办什么样的学校、培养什么样的人进行了大辩论,提高了认识水平,整顿了党、团、工会和民兵组织。同年暮秋,学校抽调谢立瑶、杨绍芙和部分教师参加西师组织的"四清"工作队,赴合川龙市参加"四清"工作组。

1965年7月3日,毛泽东指示:教育要革命,教学要改革;教学要"启发式,少而精";学生负担必须减轻;让学生生动活泼地学。在开展"四清"运动的同时,学校教学改革试验按计划进行。各学科在1964至1965学年,特别是1965年上学期摸索试验的基础上,从实际出发,积极认真地进行"启发式"和"少而精"试验,努力使学生学得更主动、更活泼,立志做革命的接班人,不断提高教育教学质量。

1965年9月,为保护学生视力,学校制订保护学生视力执行计划,并成立由校长任组长的保护学生视力领导小组,采取各种措施,预防近视,如开展宣传教育、改善环境、添置设备、建立健全制度等，收到了良好效果。

二、"文革"风暴骤起

1965年11月10日，上海《文汇报》发表姚文元精心炮制的《评新编历史剧〈海瑞罢官〉》。1966年8月，中共中央通过《关于无产阶级文化大革命的决定》，标志着"文化大革命"正式爆发。

1966年7月中旬，附中成立"文革"领导小组。从1966年春到1968年夏秋，学校师生因派性而分裂、对立，许多干部、教师受到不同程度的冲击。

第二节 复课兼闹革命 学工学农学军

一、工宣队、军宣队进驻学校

1968年12月4日，重庆纺织五厂工宣队进驻附中，部分师生在学校食堂召开欢迎会。14日，附中革命委员会成立，解放军代表龙某任革委会主任。同年12月19日，龙主任做了关于清理阶级队伍的报告。工宣队、军宣队进校后，学校的一切权力从"造反派"转移到工宣队和军宣队之手，形成了工人、农民、解放军领导附中"教育革命"的局面。此种状况延续多年，一直到1976年10月"四人帮"被粉碎后，工宣队才从附中撤走。

二、学工、学农又学军

1. 知识青年"上山下乡"

1968年12月，毛泽东发出"农村是一个广阔的天地，到那里是可以大有作为的""知识青年到农村去，接受贫下中农的再教育，很有必要"的"最高指示"。于是，从1969年初开始，大批城市知识青年响应号召到农村的"广阔天地"去接受贫下中农的"再教育"。附中师生也积极响应号召。1969年1月13日,学校组织师生参加"上山下乡"动员大会。3月1日,师生代表参加北碚区召开的欢送知识青年"上山下乡"大会。在以后的半个月时间内,学校先后组织三批知识青年赴四川省苍溪县等地插队落户。后来,另有到云南西双版纳军垦农场等地落户的。知青在农村与广大农民群众打成一片,体验农民生活的艰苦,修炼身心,磨砺意志,贡献青春与热情。在正该读书求学的青春年华,他们失去了在学校接受教育的机会,为国家做出了重大牺牲!附中"老三届"(1966、1967、1968三届初、高中毕业生的合称)校友36年后(2004年10月)回母校,在积健楼前小花圃里竖起了一座奇特而寓意深刻的纪念碑。他们用诗的语言在《凌江园题记》的碑文中概括了当年的忧伤、劳作和今天的现状及思考。碑文如下:"十年浩劫,荒学业、枉喋血。上山下乡何所炼?风雨晨昏独彷徨!梦醒巴山云深处,犹抚伤痕种稻粮。大江东去,渝州叶黄。老三届同仁,广布士农工商,一任浮沉升降,更省沧桑炎凉。为官者自律,下岗者自强。"知青是有信仰的一代。知青"是一代人的悲哀,悲哀里有种悲壮的美"。(作家茹志娟语)

2. 按连排编制复课

1967年10月14日,中共中央、国务院、中央军委、中央文革小组联合发出《关于大中小学复课闹革命的通知》。《人民日报》数次发社论、文章,论述"复课闹革命"的重大意义。同年11月26日,《人民日报》发表《再论大中小学校都要复课闹革命》的社论。重庆市革委筹备组也发出"复课闹革命"的通知,但也仅是一纸通知而已。真正的"复课闹革命"是在附中革委会成立、工宣队进校之后。1969年7月,学校开始恢复招生,把1966—1969年因受"文革"影响尚未毕业的小学高年级学生(时称"新三届")招进学校读两年制初中,即初1971届。该年级按军队建制共编成6个连队,每连5个排(相当于现在的班),年龄大一点的编为一连,二连次之。六连是超龄生,都是满16岁以上的,初中毕业后,这个连的学生没有"上山下乡",被安排了工作。正式复课后,学校领导和教职员工排除种种干扰,坚守教学岗位,认真施教,为维持正常的教育教学秩序尽了最大的努力,付出了艰辛的劳动。

3. 老校长勉为其难,苦苦支撑办学

谢立瑶校长十分关心教职工生活,在教职工子女升学、就业、"上山下乡"等切身利益问题上认真考虑、积极安排、务求落实。每学期开学排课前,谢校长都广泛征求教师们的意见,做到既有利于教学工作,又方便教师家庭生活。照顾老人、接送孩子上下学等实际问题,都能得到合情合理安排。谢校长重视教学工作,非常关心教师业务能力的提高,支持教师参加市区的教研活动。如生物组教师研制生产"920"(一种微生物药物,用于杀菌消毒)和蘑菇,需要购买三层板、仪器、材料等,学校及时拨给足够的经费,以保证科研的顺利进行。学生学唱京剧需要电唱机,谢校长慷慨伸出援手,自家的电唱机犹如公家之物,任由学生使用。学校还派师生到市京剧团学习,往返费用由学校报销。

4. 学校改名第102中

1970年10月24日,四川省革委会发出《关于西南师范学院、四川外语学院搬迁有关问题的通知》,指定西师迁往万县地区的梁平县和忠县。是年11月,西师被迫按要求搬走。1971年2月5日,四川省革委会学校组发出通知,决定将西师的附属单位划归重庆市领导。同年12月27日,重庆市革委政工组发出通知,决定将西师附中交北碚区革委领导。于是,西师附中更名为重庆市第102中学。1973年8月西师从梁平县、忠县迁回北碚原址,第102中学恢复西师附中原名。

5. "文革"进入后期,学校开始招生

1971年,附中开始招收两年制初中8个班,是为初1973届。初1974届也是两年制,共招5个班。1972年,学校开始招三年制初中9个班,是为初1975届。初1976届只招收3个班。1971年重庆市开始恢复高中招生,附中率先招两个班。学校派教师到各中学、乡镇选拔家庭出身好、本人表现好的初中毕业生入学,学制两年,是为高1973届。1972年,学校招7个班,是为高1974届;1973年招10个班,是为高1975届;1974年招12个班,是为高1976届。

6. 反思"文革"

从1966年开始的"文化大革命"是十年浩劫和严重内乱,附中也深受其害,损失惨重。然而,即使在极端艰难的时期,附中的教职员工仍坚守教育岗位,用热情和泪水,铭刻对人民教育事业的忠诚,做了不少有益的工作,特别是"文革"后期恢复招生以后,在学校管理和教学工作中取得了一定的成绩,用实际行动捍卫了作为知识分子的信念和尊严。

第三编 改革奋进
（1978——1997）

　　1976年10月，"四人帮"被粉碎，"文化大革命"结束。中共十一届三中全会开启了中国改革开放和社会主义现代化建设新时期。在这一历史大潮下，学校拨乱反正，正本清源，平反冤假错案，端正办学思想，整顿办学秩序，教育战线出现了崭新局面，学校迎来了发展的春天。学校于1980年被四川省教育厅批准为首批办好的重点中学，升格为省重点中学对学校以后的建设和发展意义重大，影响深远。

第一章

躬逢改革开放　学校面貌一新

1977年10月12日，国务院宣布当年立即恢复高考。同年12月，西师任命陈祥铸为学校党支部书记，谢立瑶续任校长。这一时期，学校全面贯彻党和国家的教育方针，齐心协力完成"普九"历史任务；全面深化教育教学体制改革，提高教学质量，强化德育工作，培育"四有"新人；拓宽办学经费渠道，建立健全规章制度，修建校舍与配套教师宿舍，改善办学条件。诸多改革举措的推行，使学校面貌焕然一新。

第一节 全面拨乱反正 定为重点中学

一、"文革"结束,高考恢复

1. 批判"两个估计"

学校党政按西师的要求和部署,揭发"四人帮"的罪行,批判颠倒黑白、混淆是非的"两个估计"("两个估计"是"四人帮"提出的对新中国成立后17年教育工作的否定,其内容为:"文革"前17年科技教育战线执行的"修正主义路线",知识分子的大多数"世界观基本上是资产阶级的",是"资产阶级知识分子"),清除教育战线中"左"倾错误的影响,肃清流毒,拨乱反正。1978年8月26日,教育部发出通知,从9月1日起在全国中小学校执行《小学生守则》和《中学生守则》。同年9月,全国教育工作会议指出,新时期的中心环节是提高教育质量,学校要贯彻以教学为主的原则,课堂教学是教学的基本形式,教师要在教学中发挥主导作用,要在保证质量的前提下,提倡教学改革。同年,教育部颁发新教学计划、教学大纲,发行新编全国通用教材。教育部制定全国中小学暂行工作条例(修订稿),教学工作的中心地位被重新确定。全国教育工作会议的召开和招生考试制度的恢复,是中国教育界的一件大事,影响深广。受此鼓舞,附中领导大胆工作,敢抓敢管,坚决贯彻以教学为主的原则,着力整顿教学秩序,教学工作很快步入正轨,学校面貌一新。

2. 调整教职工工资

1977年,国务院发出《关于调整部分职工工资的通知》。1978年1月,学校按照文件要求将"群众评议结果"上报西师。1981年,国务院再次发文为教职工晋升工资。1982年5月,学校将调资方案上报西师党委。以下文字摘自西师给四川省高教局的报告:"院党委会会议讨论同意:一、附属中学127名教职工晋升1级工资,每月增资1115.80元,每人每月增资8.79元;二、关于升两级的问题。附中拟定22人晋升两级,每月增资199元,每人每月增资9.04元。"

3.1978年学校概况

据1978年12月9日数据,初中计12个班,学生636名;高中计18个班,学生926名。教职工共119名,其中,民办教师2名,初中专任教师31名,高中专任教师44名,校办工厂、农场职工6名。

4.平反冤假错案

1978年12月,党中央召开具有历史意义的十一届三中全会,否定"以阶级斗争为纲"和"无产阶级专政下继续革命",做出把全党工作重点转移到社会主义现代化建设轨道上来的战略决策。根据中央的统一部署,西师党委开始落实干部政策,召开全院干部大会,院长张永清总结"文革"以来各级干部(包括附中)受迫害的情况。西师赓即召开党委扩大会,附中谢立瑶、杨绍芙、王景光、韦国富等与会。会上,西师党委把"文革"中的有关材料当场销毁,此后给相关干部送达平反通知书,并征求他们对未来工作安排的意见。为了贯彻落实中共中央转发的《关于全部摘掉右派分子帽子决定的实施方案》《关于落实党的知识分子政策的几点意见》等文件精神,附中党支部随即对1957年"反右派"、1958年"拔白旗"、1959—1960年"反右倾"、1962年"反击右倾翻案风"、1964—1965年"四清"、1966—1976年"文革"等运动以及1949年以后的其他历史老案进行复查,对冤假错案一律从政治上彻底平反,如撤销地理教师牟伯言的原有处分,恢复政治名誉。对属于落实政策范围的案件,学校本着"全错全纠,部分错部分纠,不错不纠"的原则,从政治上做了符合政策、实事求是的书面结论。对因冤假错案失去公职的,学校重新安排了工作,或办理离退休手续。彻底平反冤假错案,调动了教职工的积极性。教师们放下包袱,刻苦钻研教材,废寝忘食地工作。学校工作有条不紊。

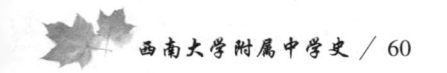

二、定为重点中学

1977年,为申办重点中学,陈祥铸书记和谢立瑶校长专程赴成都,就附中规模、设施、领导班子配备及管理水平、教师队伍状况、教学质量、学校声誉及社会影响等办学情况,向四川省教育厅领导汇报。

1980年,附中被四川省教育厅批准为首批办好的重点中学。升格为省重点中学对学校以后的建设和发展意义重大,影响深远。

第二节 坚持"三个面向"教学质量稳步提升

1978年,邓小平同志在全国教育工作会议上指出:"一定要在党内造成一种空气:尊重知识,尊重人才。"这是对"文革"极左思潮泛滥时期盛行的"知识越多越反动""知识分子是臭老九"等谬论的有力批驳,为教育、科技战线的拨乱反正指明了方向。从此,"尊重知识""尊重人才""知识分子是工人阶级的一部分"成为党的知识分子政策的代表性口号。

一、贯彻"三个面向",培养"四有"新人

20世纪80年代初,邓小平提出要培养"四有"新人。1983年,邓小平同志为北京景山学校题词"教育要面向现代化,面向世界,面向未来"(即"三个面向")。"四有"和"三个面向"指明了改革开放时期教育发展的方向。

二、高中开始改制,学校面貌一新

1. 以教学为主,教学质量提高

全校教职工认真学习、深刻理解邓小平的教育思想。学校狠抓教育教学,教学质量不断提高。高考升学率稳居北碚区第一,在全市7所省重点中学中排名靠前。

2.适应形势需要,高中改为三年

按1980年9月召开的四川省重点中学会议精神,从1981年开始,高中将全部改为三年制。班次增加与师资力量不足的矛盾突出,为此,学校于1981年3月报告西师,希望从西师毕业生中选20人到附中任教,补充师资力量。

3.数据统计

(1)1977—1984年,教学质量逐年提高。当年考大学有一句流行语"千军万马挤独木桥",难度可想而知！在国家对教育的投入不够,学校设施环境、教师生活条件都比较差的情况下,能取得这样的成绩实实在在是教职工在学校党政领导下奋力拼搏的结果。早已退休的陈祥铸书记说,他在附中干了那么多年,最欣慰的有两件事:一是看到附中成为四川省首批办好的重点中学。二是看到对党忠诚、正派勤奋的陈幼华同志风雨兼程,一路走来,成为全国优秀班主任,荣获金质奖章。全市仅此一人。陈幼华的荣誉,也是附中的荣誉,附中人的荣誉。

1979—1984年高中毕业生参加高考的基本情况统计表 （单位:人）

毕业届次	毕业生数	参加高考人数	上大专线人数	重点大学	一般大学	专科	飞行员	中专	合计	大专以上录取率
1979	491	238	55	23	27	4	1	14	69	23.11%
1980	420	207	101	80	16	5		13	114	48.79%
1981	304	213	93	59	30	4		16	109	43.66%
1982	220	179	71	51	16	2	2	13	85	39.66%
1984	232	190	109	63	26	20		17	126	57.37%

注:1983年,高中由两年制改为三年制,因此没有数据。

(2)1981—1984年,学校学生在市、区体育竞赛中连连获奖。如:1981年5月,获重庆市直属中学首届田径运动会团体总分第三名;1982年11月,获市教育局、市体委颁发的田径传统项目训练点一等奖;1984年5月,获市体委颁发的市田径传统项目调赛团体总分初中组第一名;等等。

(3)1981—1984年,教职工也多次获得重大奖项。1982年1月,余充先老师因1981年度青少年教育工作成绩突出被重庆市委、市政府授予先进个人称号。同年2月,余直夫老师因在教育工作中做出优异成绩,获重庆市委、市政府颁发的重庆市优秀教师称号,于佩老师获重庆市委、市政府颁发的先进工作者称号,陈幼华老师因在教育工作中做出显著成绩获得重庆市委、市政府颁发的重庆市优秀教师称号。1984年4月,陈幼华老师获得《人民日报》《光明日报》等6家报社联合颁发的全国优秀班主任称号,获得金质奖章。

第三节 遭遇特大洪灾 师生奋力抢救

一、洪水肆虐,学校遭灾

1981年7月中旬,嘉陵江上游普降暴雨,汹涌的洪水向下游倾泻而来,嘉陵江水陡涨20多米,百年不遇。附中遭受持续六天六夜的特大洪灾。16日,洪峰达到最大值,从平时海拔185米左右暴涨至208.752米。是日,滨江部分的大校门(今勤朴楼江边侧)、图书馆(今凌江园新大门处)、办公室

洪灾情况(今勤朴楼前)

(今万象楼下西侧,20世纪80年代已拆除)、厨房(今稻香园处)、大操场(今运动场底层)等区域一片汪洋。洪水淹至今勤朴楼大门4/5的高度,水深达1.5米左右。"半边校园成泽国,大操场里可划船"是附中的真实写照。沿江围墙全被洪水冲毁。

二、全力救灾,教职工奋不顾身

1.从洪水中抢桌椅

学校刚从青木关购置的存放在办公室的桌椅和文件柜等校产,被冲到波涛滚滚的江水里,在激荡的江水中的回水湾处直打转。涂一程老师、吕建忠师傅等奋不顾身跳入洪水中打捞。站在今万象楼西北侧梅林处斜坡上指挥"抗洪救灾"

的谢立瑶校长和韦国富主任望着滔滔洪水,大声焦急地喊道:"涂一程!吕师傅!你们回来!危险!回来!"无奈水势太大,太过危险,多数桌椅被水流冲走。部分教工到较高的土坡上生火做饭,并等待西师教职工划船送来熟食。

2.抢运图书、档案

洪水袭来,严重威胁到位于江边的图书馆里藏书的安全。险情就是命令,全校教职工拧成一股绳,在陈祥铸书记率领下,积极投入抢运图书、档案资料等的激烈战斗中,大家争分夺秒,奋不顾身。老师们站成一字长蛇阵,一摞一摞地,快速地往今万象楼高处传递,顾不上吃饭、休息。

3.吆(赶)肥猪上山坡

现稻香园后边院坝是学校的养猪场,10余头肥猪被洪水围困,嗷嗷直叫。李世荣等厨工把猪儿一头一头地吆到现万象楼黄桷树下的山坡上。猪儿到处乱窜,教职工们又艰难地把猪儿吆(赶)到一起看管。

4.蹚水搬播音设备

老图书馆前二楼广播室的播音设备受到洪水的威胁。李彪老师急忙蹚水过去,把机器搬到安全处。

5.清洗淤泥

洪水退后,淤泥厚达尺余,全校师生又投入到另一场不分白天黑夜的清淤战斗中。

三、邻里相助

学校大校门(今勤朴楼老校门处)外邻近的杜家街商店,几乎没顶,只剩下屋脊上的几片瓦。灾难降临之际,附中腾出一些高处的教室,为杜家街片区(今格致楼、立人报告厅等处)的一些单位和居民提供躲避洪灾的安全之所。

由于看守所被洪水淹没,学校腾出今万象楼底楼电工房处的一间教室作临时监房,数十名罪犯被武警押解到该教室看押。

四、抗洪救灾得奖

洪灾使附中遭受了很大的财产损失,也使学校获得了一笔精神财富。抗洪救灾彰显了师生团结、干群一致、上下齐心、爱校护校的巨大凝聚力。灾后,附中被评为重庆市抗洪救灾先进集体,获得一笔奖金。涂一程老师和吕建忠师傅获重庆市抗洪救灾先进个人称号。

第四节 修建配套教师宿舍 教师住房得以改善

附中于20世纪50年代初迁至杜家街《川东日报》旧址,利用报社原有房屋办学。校舍原本就少,老旧且破败。兴建、改造、修补校舍一直是校领导关心的大事。1981年夏,一场百年罕见的洪灾使校舍受到严重损毁。有的房屋土墙倒塌,有的地基下沉,有的墙体裂成大口,成为危房。

一、修建黄楼

1981年,附中修建有史以来第一幢有卫生间、小厨房和小客厅的"配套"教职工宿舍(今黄楼)。为修此楼,从立项、设计到上报、审批都颇费周折。学校领导先后两次去成都找四川省高教局申请立项,西师也为修建这幢宿舍楼就设计图纸问题致函四川省高教局。新宿舍楼竣工后,谢校长高风亮节,礼让教职工,仍住在原来的平房。

二、修岱宗楼、灰楼及初中楼

继建黄楼之后,学校又陆续申报修建教室(今岱宗楼)、图书馆(今万象楼至百汇园小树林一带,1981年10月开始申报)。1982年,修建初中楼(今万象楼处)。次年,又修建一幢两个单元的教职工宿舍楼(今灰楼)。灰楼落成后,谢校长仍未搬家,依旧住平房。1984年5月,谢立瑶校长悄然退休。

三、光明磊落、严于律己、宽以待人的谢立瑶校长

谢立瑶(1921—2006),女,安徽无为人。国立女子师范学院理化系毕业,本科学历。其父为中学生物教师,其母为小学教员。其伯父与中国共产党第一任总书记陈独秀过从甚密。其兄谢立惠于20世纪30年代中期加入中国共产党,后任重庆大学教授;1945年与前辈许德珩一道发起成立"九三学社",并长期担任"九三学社"的领导;新中国成立后,任西南师范学院首任院长。

谢立瑶就读国立女子师范学院时,正逢国难当头的抗战时期。大学毕业后,她曾在西南师范学院理化系任助教,1958年任西师附中副校长,1965年任校长。谢校长热爱教育工作,忠诚党的教育事业,兢兢业业,为人谦和,胸怀坦荡,淡泊名利,富有人格魅力,深受师生敬佩。她长期担任附中领导职务,作风正派,清正廉洁,凡事出于公心,从不摆架子,不搞特殊化,不拉帮结派,严格执行党的干部政策和知识分子政策,正确使用权力,从不打击报复,对干部、教职工平等相待、一视同仁,尊重他人,团结同志。任职期间,与教职工关系融洽。她经常深入教学第一线发现问题、解决问题,事无巨细,或开会决定,或多方征求意见,充分发扬民主作风,从不独断专行,人品好,口碑好,没有听说她整过人。她关心同志,关心教职工子女学习和工作情况,热情帮助解决困难。老校长刘杖芸的爱人谢美立说,为帮助解决其在南充当知青的女儿的工作问题,谢校长及时通知她女儿到附中补习文化。女儿听说,激动得哇的一声大哭起来,后考上中医学校,对谢校长感激不尽。1978年,谢立瑶校长和陈祥铸书记一起到成都申请附中升格为省级重点中学期间,谢校长抽空去探看在四川医学院就读的陈书记的孩子,陈书记事后才知道此事。20世纪80年代一次调整工资,受名额限制,陈书记主动退让。陈书记家庭负担重,谢校长认为陈书记应该涨工资,几次到西师人事处争取增加一个指标。学校讨论第一幢楼(黄楼)分房时,有教师提出,谢校长因其丈夫在西农有住房,按政策不能参与分房。谢校长退休前夕,特推荐这位教师进入学校领导班子。

创立于抗战期间的国立女子师范学院是全国最高女子学府。1944年6月出版的国立女子师范学院院刊第四卷第四五六期,是"第一届毕业纪念专号",专号

中记载着71名毕业生简况,并配有"毕业生小传"。谢立瑶当年24岁,她的"小传"是这样写的:"她表面上没有什么特点,好像在世界上任何角落里都可以找出成千成万这样类型的人。在人群中从不受别人的注意,也不会引起别人的妒忌,而内心却充满热情与希望。别人说她有好性子,也有人称她宽宏大量;说实一点,只是不愿与人斤斤较量而已。"谢立瑶就是这样一位踏实、低调、谦虚,表面平静如水,内心热情似火,充满"热情与希望","有好性子""宽宏大量",一点儿也不斤斤计较的既平凡又不平凡的人。

第二章

践行教育体制改革决定
建立教育教学常规

1984年5月,李廷英任校长,陈祥铸续任党支部书记,杨戊生和胡惠亨任副校长。翌年8月,国家教育委员会批准西南师范学院更名为西南师范大学。随即,西南师范学院附属中学改名为西南师范大学附属中学,仍简称『西师附中』。

第一节 实行校长负责制 试行三级管理制

1985年5月27日，中共中央发布《关于教育体制改革的决定》，明确提出："教育必须为社会主义建设服务，社会主义建设必须依靠教育"，"学校要逐步实行校长负责制"，"学校中的党组织要从过去的那种包揽一切的状态中解脱出来，把自己的精力集中到加强党的建设和加强思想政治工作上来"。中共中央这些重要思想的提出，适应了改革开放以来我国社会经济发展的时代特征，在教育方针的认识和表述上实现了由过往"教育为无产阶级教育服务"到"教育必须为社会主义建设服务"的思想升华与历史飞跃，强调了教育与社会的联系——教育要积极主动地适应现代化建设的要求。学校认真学习并贯彻了这一决定。

一、实行校长负责制

1.实行党政分工，各负其责

1985年5月，根据教育部和西师党委的部署及学校的实际情况，附中决定实行校长负责制。党支部起监督保证的作用，主要负责党的路线、方针、政策的贯彻，党的组织建设和思想建设，学校（包括学生）的思想政治工作，统战工作，群众工作（包括离退休组、民主党派），以及学校发展建设的全面规划和重要决策等。校务会议作为学校行政的决策机构，主要负责研究决定学校教学、科研、行政、后勤等方面的工作计划和规章制度，学校经费的安排、使用等。为了加强党政间的联系，党支部委员会开会时，非党员的副校长都列席会议，校务会议也请党支部正、副书记出席。党政之间既有明确分工，又密切配合。

2.增设年级组

学校试行三级管理体制(学校、年级和班级),增设年级组长一职,年级组长分管年级的教学和学生等工作;年级设学科备课小组,设组长一职。年级组与教研组同级并行。年级组长责任制的设立,把学校领导从烦琐的事务中解脱出来,加强了对教学和学生的管理,效果良好。

3.面向全体学生,建立教学常规

学校立足改革,以"三个面向"为指针,以培养"四有"新人为中心任务,全面贯彻党的教育方针,全面完成基础教育的双重任务(即既要为高一级学校输送合格新生,又要注意为国家培养优良的劳动后备力量),培养有理想、有道德、有文化、有纪律的劳动者。为此,学校强调,教师的教学必须面向全体学生,一个不漏地抓,在工作中做到德、智、体全面抓,毕业年级与非毕业年级一样抓,优生与差生一样抓,坚决遵循教学规律,转变教学思想,运用科学的教学理论和方法,坚持实事求是的思想路线,改进各科教学方法,不搞"题海战术",克服片面追求升学率的倾向,减轻学生过重负担,建立教学常规,全面提高教学质量。

4.关心教师

学校党政努力贯彻党的知识分子政策,以极大的热情关心教师,充分发挥教师的作用,对具备党员条件的教师及时发展他们加入中国共产党。化学组陈廷智老师在"文化大革命"中深受迫害,罹患精神分裂症。1986年6月,学校给西南师大党委递交请示报告,请求把陈廷智老师的妻子周善芳"农转非",以照料家庭,减轻生活负担。后来,周善芳到附中油印室当零工。

二、执行教学计划,以教学为中心

1.抓好教学常规

学校要求教研组抓好集体备课,注意改革教学方法,扎扎实实打好基础,重视培养学生的思维能力和动手能力。除课堂教学外还开设第二课堂,开办专题讲座,开教学年会等。对考试命题,把握好试题难度,避免忽深忽浅的大波动,防止偏题怪题的出现,做到科学、规范,既要符合教学大纲的要求,又要符合学生学习的实际,做到考试制度化。

2. 开展物理实验

1985年6月,学校拟定开展中学物理有序气动式教学法教改实验的决定。实验根据齐齐哈尔师范学院物理系中学物理教学法研究室提出的有序气动式教学法教改实验方案进行操作,得到了重庆市教育科学研究所的同意和支持。物理教研组组长罗文虎任指导小组组长,原物理教研组组长许志铨任指导教师,刘晓陵任实验教师,初1987届1班和2班为实验班。该实验改变了中学物理课堂满堂灌、"题海战术"的教学方式,引导学生自学讨论,既培养了能力又发展了智力,创造了既能加强基础又能开发智能的生动活泼的教学新局面。

3. 计算机教学起步

1984年6月,教育部给学校下拨7万元专款开展计算机教学。学校在原实验室楼上的一间小屋里安装了4台苹果Ⅱ型计算机,供参赛学生学习和操练之用。多名学生获得国家和四川省计算机竞赛奖励。计算机教学由此起步。

4. 竞赛获奖

这一时期,全国开始举行中学学科全国竞赛。附中积极开展数、理、化竞赛辅导,参赛学生获得多项国家级、省级奖励。沈敬同学参加国际奥林匹克化学竞赛四川赛区预选赛获三等奖。1987年重庆市教育学会外语教学研究会举行首届高中英语竞赛,李郁葱和蒋旭同学获二等奖。

5. 厂校结合办学

1985年是教育体制改革较快的一年。由于国家经济实力不强,对教育的投入严重不足,学校办学经费紧张,而工厂的经济状况比学校要好得多。在改革开放的背景下,全国各地兴起一股"厂校结合"的办学热潮。经济实力雄厚的四川仪表一厂、仪表四厂与附中近在咫尺,十分看重附中的教学质量,希望附中为他们的子女专设一个"仪表班"。合作办学的条件是,厂方以较优惠的价格把一些机器零件交校办工厂加工,差价收益作为学校办班的报酬,学校安排骨干教师任教"仪表班"。厂校双方达成协议,开办"仪表班"。学校因此收益8万元,并用这笔钱在水井花园旁边修建了一幢三层楼的女生宿舍(今黄桷园与锦珏园之间)。

第二节 改革初中招生办法 调整学校办学规模

1985年前,北碚区的初中招生办法是,全区小学毕业生参加全区的统考,考生填报志愿,选择附中或其他中学,区招办划定录取分数线,然后学校从高分到低分依次录取。按这种办法,附中的主动权不多,招不到好苗子。

一、改革招生办法

1.递交请示报告

1985年5月,学校办公会议专门研究初中招生改革问题,决定坚持竞试录取原则,不再参加区的统考录取,在区统考之前发录取通知书。这样招生,可保证初中新生较好的整体素质。这是一项重要改革,学校党政十分重视,特向市教育局和西师递交请示报告。从请示报告中可知,当时学校申请招初一年级新生4个班,其中,住读生1个班,走读生3个班,每班45人,共计180人。具体为:在北碚朝阳、天生地区的小学招收走读生3个班,计135人;在歇马、澄江、蔡家、文星、龙凤、金刚、转龙、代家沟、灯塔、同兴、漕上、东阳、磨滩、三胜等地区的小学招收住读生1个班,计45人。

2.领导下乡招生

关于改革初中招生问题,学校还向北碚区教育局递交了请示报告。区教育局迅即做出批示,同意附中初中招生试行"学校录取负责制",要求学校注意招生过程中将会出现的一些新矛盾和问题,做好录取善后工作。李廷英校长和余充先主任驱车下乡,深入同兴、文星、磨滩等地小学调查了解学生的表现和学习情况。

3.高校开始招保送生

1986年2月,重庆市大学中专招生委员会下发通知,从1986年起,开始实行普通高校试招中学保送生的政策。

二、调整办学规模

根据相关文件精神和学校经费相对困难的实际情况,学校从1986年秋季起压缩办学规模。下面是学校的请示报告和西师的批复。

西南师大附中关于调整学校规模的请示报告

西南师范大学:

附中在1979年有教职工108人,学生5个年级27个班1395人。1980年四川省教育厅确定我校为四川省首批办好的重点中学,重庆市教育局确定我校规模为30个班,学生1350人。现在,我校有学生6个年级,30个班,学生数1477人,教职工168人(不含退休教职工36人)。……仍不能满足学校必要的正常开支,在全国重点中学中比较仍算中下水平。鉴于此,我校拟从1986年秋季起,调整学校规模,具体意见如下:

1. 根据教育部《关于分期分批办好重点中学的决定》,"高完中一般以24个班为宜","每班以40人为宜"的精神,结合学校实际,我校将学校规模调整为24个班。高、初中6个年级,每个年级4个班,班额45人。全校学生总数为1080人。从1986年起,减少招生的班数,到1988年达到这个规模。

2. 每年高、初中各招新生4个班。初中招生,在北碚区的全区范围内招收1个住读班,45人;在北碚天生、朝阳地区招收3个走读班,135人,其中,2个半班(约115人)按德智体成绩择优录取,其余名额(约20人)降低标准录取,照顾西南师大教职工子女。高中招生,在本校初中毕业生中择优录取3个班,135人,在全市范围内统招1个班,45人。

以上报告,请审批,并转报重庆市教育局和北碚区教育局。

西南师大附中

1985年11月27日

西南师范大学关于附中调整学校规模请示报告的批复

西教发〔1985〕第590号

西师附中:

你校《关于调整学校规模的请示报告》收悉。根据国家教委关于高师附中办学规模的有关规定和附中办学经费较困难的实际情况,经校长办公会议研究,同意你校将办学规模由现在的高、初中30个班缩减为24—27个班。从1986年逐年减少,到1988年达到24—27个班。请你们把附中的实际困难,国家教委的有关指示精神,连同本批件,一并向市教育局汇报,请市教育局审批。

西南师范大学
1985年12月26日

第三节 筹备第一届教代会 首次评定教师职称

根据相关规定,西师成立了校务委员会和教职工代表大会。1987年,学校开始进行教师职称评定。

一、筹备教代会

为了健全学校的民主管理体制,充分调动各方面的积极性,按西师的要求,附中也应该及时召开教代会以推进学校民主管理。学校随即于1984年9月16日召开首届教职工代表大会筹备小组会议,开始教代会筹备工作。

1. 召开座谈会,广泛征求意见

1984年11月8日,学校召开部分教代会代表座谈会,研究教代会准备工作,广泛征求意见,修改大会文件讨论稿。会上,廖梦麟代表提出,教代会应有三项议程:校长做施政报告,代表提交议案,制定教职工代表大会实施细则。其他代表也积极发言,提出不少建议和意见,主要是:教代会讨论的问题不宜过多,要抓主要问题;要确定办学重点,考虑经济效益,研究怎样做到以教学为中心;要德智体全面发展,教育教学质量高了,生活也就会好了;领导要自己提出方案,不要把制定方案寄托在教代会代表身上;校长要"组阁",任命组长,有些重大问题要交大家讨论,试行一段时间再定;要办好学校,教师是主要的,提高教职工素质是关键;校长不要上那么多课,可以搞职务津贴;要确定教研组长的责任,不能光拿钱不做事,有的组长做了事,不好意思拿钱;办事效率不高,要及时解决;等等。

2.再次召开座谈会

同年11月20日,学校再次召开部分代表座谈会,征求意见,修改文稿。代表们就学校工作以及教代会要研究解决的问题,提出了许多具体的意见和建议。如:每个教师和职工都要有岗位职责;没有领导具体分管高三工作,教师各自为政,缺少协商,有些学科半期考试成绩有所下降;学校要有奋斗目标,要有措施,要安排好人力;要设法发挥有些退休老教师的作用;各学科的课外活动要有计划、有安排地开展;各学期各学科要开展经验交流、学术交流、信息交流等活动;领导干部可以兼课,但要分清主次,要把学校领导工作抓起来,不能兼太多课,如果教师不够用可以采取其他办法解决;教师教学基本上在按老办法搞,新的改革不多,第二课堂还是没有搞起来;有些学生升大学后动手能力差;开展课外活动要有一种氛围,要层层鼓励,有的可以开庆功会;化学等竞赛,学校没有给报酬,有的教师认为学校应该发点奖金;职工上班有时不在办公室,教师有事找不到人,办一件事有时要跑好几趟;加强岗位职责,限期解决问题,过时不解决就惩罚;教研组长要管教学和培养教师;等等。

3.校务会讨论筹备情况

1985年1月21日,校务会议讨论了教代会筹备情况,主要集中在如下问题:学校要依靠西师的智力优势,发挥附中的优势,办出自身的特色;规模不宜扩大,要保证学校教学质量;不能轻视文科班;统一教师代课费标准,避免重理轻文;各科规章制度不宜订得过细;外出参观要有目的,要走内线,看真东西,依靠校友取得信息;各方面的考核应有具体办法,评审委员会不能只考核一篇文章;教学科研是指大学而言,中学主要是搞教学;管理方面薄弱,特别是校级管理只停留在日常事务上;应抓好干部,各部门要有管理措施,要长安排,短计划;教研活动没有开展起来,要注意提高年轻教师业务能力的问题;第二课堂和第一课堂没有妥善安排;没有安排好"老带新","老带新"应计入工作量;衡量教师不能只看总结,要深入到学生中去了解;代课金额应有原则,按原则办事,避免矛盾;校领导应出去参观考察;对领导、教师、职工不称职的,该如何办,应有措施;加强政治思想工作,要关心老教师和中青年教师;要加强学生形势教育,支委会要抓青年工作;抓好学校绿化工作,爱护花草树木;人人都要关心学生,抓住典型教育学生;要广开言路,鼓励教师发表意见;教代会应有具体规划,任务要明确;等等。

4. 召开主席团会议

1985年3月14日,学校召开筹备中的教代会主席团会议,研究修改规章制度:建议一个人不能同时任班主任、年级组长兼教研组长,安排时尽量不重复;课外活动根据获奖名次发奖,根据活动情况给津贴;意见箱里的意见要领导干部亲自过目,要件件答复。

二、评定教师职称

1987年以前,中小学教师是没有职称的。按国家教委的要求和部署,从1987年起,附中评定教师职称。

1. 成为职改试点单位

1987年2月21日,西师向国家教委递交报告,申请批准西南师大附属中学进行中学教师职称改革试点。报告写道:"我校附属中学是四川省首批确定的省级重点中学之一,现有教职工160多人,高、初中教学班共31个,在校学生达到1500多人。教师98%以上都具有大学本科学历,其中20%教龄在30年以上。他们教学经验丰富,热爱本职工作,特申请下达给中学教师各级职务定额,并批准在我校附中进行中学教师职称改革的试点工作。"

2. 开始评聘工作

1987年10月,教师职称评聘工作开始,经西师批准的教师职称评审小组由组长李廷英、副组长陈幼华等9人组成。上级文件要求,为充分肯定教师的教育教学工作,公正、客观地评价教师的劳动成果,职称评聘必须做到公开化、民主化、制度化。整个职称评聘分两个阶段,第一阶段是自评,由符合条件的申报者写出述职报告,包括教龄、校龄、学历、教学业绩、教研成果、年度考核等;第二阶段是校评,包括个人申报、教研组讨论、全校投票、评审组审议等程序。李汗强等10人被评为中学高级教师。因为是首次评聘职称,关注度高,竞争激烈,加之经验不足,评审过程中出现过这样那样的问题,其经验教训值得总结。

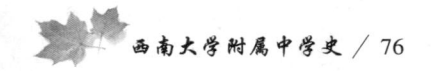

第四节 拆旧房修建科学馆 请经费建教师宿舍

由于历史原因,到1984年,学校仍无规范的理化生实验室。为此,学校多次向上级有关部门反映情况。

一、修建科学馆

1. 拆女生宿舍

1984年12月,教育部和西师同意附中修建科学馆。学校得知消息后立即着手准备工作,安排拆除原女生宿舍。

2. 科学馆竣工,王逐平题写馆名

1985年6月2日,科学馆正式动工,施工单位为川煤十二处,承包方式是大包干,整个工程总包干金额为51万元,另加馆外堡坎、下水道、化粪池整治等费用6万元,实际耗资57万元,1986年2月竣工。"科学馆"三字由原西南师范学院副院长王逐平题写。

科学馆

二、经费情况

1. 新建、改建房屋计划

(1)按市区要求,学校规模为30个班,但每年均有西南师大教师子弟1个班,初中3个年级,计有3个西师子弟班,全校共有33个班。而现在只有29间教室,目前暂用3间旧实验室上课,原有一幢467平方米的旧实验室属于危房,拟在1986年改建为3个教室和教研室,需款7万元。

(2)现有650名住读生,1000多走读生在校搭中餐,而学生没有饭堂。刮风下雨天,学生也只得端着饭在校内到处走着吃,很不利于对学生的管理和学生的身体健康,拟在1986年新建1200平方米学生食堂,按每平方米260元计算,需投资31.2万元。

(3)近五年内将有36名教职工退休,新进教师45人,拟在1986年新建2400平方米教师宿舍,按每平方米170元计算,需投资40.8万元。

(4)学校已用创收资金21万元新建一幢女生宿舍,拟在1986年请款新建一幢1600平方米男生宿舍。按每平方米150元计算,需投资22.5万元。

2.维修计划

(1)拟在1986年改建一幢95平方米厕所,投资19570元。

(2)维修自来水管道。拟在1986年内新建容量40吨水的消防水池,投资5000元。

(3)拟在1986年内修建一条长250米、宽3米的上山简易公路,投资19950元。

(4)维修配电房,更新器材,拟在1986年改建配电房,需款1.6万元。更换100付(副)电杆上的金具,需款4000元。购买4平方米电线6000米,16平方米电线5000米,25平方米电线5000米,需款12800元,共计投资3.28万元。

以上四项共计110120元。

3.维修校舍

附中房屋大都老旧。1981年的嘉陵江特大洪水的浸泡更加重了房屋的危险性。1987年9月19日晚,第十八栋教工住宅部分房屋檐口坍塌。许多房屋需要维修。

4.修建灰楼

1988年,学校修建一幢20套教职工住宅(今红楼),每户56平方米。这是附中继黄楼(1981年)、灰楼(1983年)之后修建的第三幢配套教职工宿舍。

第三章

强化德育工作　改善办学条件

1988年2月，陈祥铸卸任党支部书记，调西师任职。同年5月，李廷英去职，回到教学岗位。6月20日，西师党委宣布陈幼华任附中校长。陈幼华担任校长的同时，仍兼任高1990届文科班班主任及该班语文教师。余直夫、廖仁理任副校长。1988年2月，饶宁华从西师调任附中党支部书记，同年11月卸任，刘乾瑜接任党支部书记。1991年9月，张久轩任党总支书记。

第一节 把德育工作放首位 着力培养"四有"新人

西师附中以贯彻全国德育工作会议精神和《中学德育大纲》，执行《中学生日常行为规范》为重点，同时着重抓形势教育和劳动教育，注意调动和依靠班主任、年级组长，加强学生的思想政治工作，采取多种措施，使思想品德教育落到实处。

一、把德育工作放在首位

1. 增设德育办公室

20世纪80年代末，随着改革开放的深入发展，国内国际形势对学校德育工作提出了新要求。中央和地方就此先后发出一系列文件和指示。1988年6月5日，李铁映在全国中小学德育工作会议上发表了题为《改革加强德育工作，培养造就"四有"新人》的讲话。1988年10月16日，四川省教委发出落实《中学德育大纲》的通知，此后又先后发布《关于中学生品德评定的几点意见（试行稿）》和《中学班主任工作的暂行规定》等文件。1988年12月25日，中共中央发出《关于改革和加强中小学德育工作的通知》。1991年10月16日，重庆市委、市政府发出《关于加强和改进中小学德育工作的决定》。附中领导高度重视，逐一遵照贯彻执行。

学校建立健全学生思想品德教育管理机构，增设德育办公室，德育办公室主任负责全校德育工作。其主要任务是：贯彻《中学德育大纲》和《中学生日常行为规范》，制订德育工作计划；拟定德育工作奖惩条例，召开班主任、年级组长会议和全校学生干部会议；对学生干部进行《中学生守则》和《中学生日常行为规范》的学习和教育；组织安排升旗仪式、清洁卫生检查，指导团队活动；等等。

实践表明,德育办公室的设立有利于加强学生思想品德工作,有利于党政团队齐抓共管、统一认识、协同配合、综合治理。

2.贯彻"守则"和"规范"

学校要求各班根据《中学德育大纲》的精神和《中学生守则》《中学生日常行为规范》的具体内容,结合各班实际,对学生进行经常性的思想品德教育,并在此基础上,对学生进行德育评分。以1989年上学期为例,全校26位班主任按照学校要求,每周或每月评定学生德育成绩。实行的结果是:效果好的有14个班,效果一般的有10个班,效果不太好的有2个班。实行德育评分使培养学生良好行为习惯的工作经常化、具体化,增强了学生的是非观念,学生的思想品德教育工作落在了实处。

为贯彻《中学生守则》《中学生日常行为规范》,学校还对学生开展审美爱美教育活动,坚持要求各班美化教室,并进行年级评比和校级评比。校团委会、少先队和音乐教师协同举办文艺会演。各班从实际出发,组织故事会、联欢会、清洁纪律评比等丰富多彩的活动。有的班还结合语文课、政治课的有关教材内容进行《中学生守则》《中学生日常行为规范》的教育。这些教育活动有效地强化了学生的精神文明意识。在坚持正面教育的前提下,学校对极少数学生中出现的考试作弊、赌博、打架等不良行为进行处理,对犯有这方面错误的学生及时进行了教育。

3.形势教育和劳动教育

学生对改革形势的关心和认识程度直接关系到学生对改革国策和国家前景的态度,一定程度上左右着学生对自我的要求,关系到良好校风的建立和学生的成长。学校从引导学生关心国家形势入手,用辩证唯物主义的观点去认识改革中出现的困难和问题。加强学生近现代史和国情教育,使学生增强对党、对社会主义祖国的热爱,坚定社会主义信念,明确肩负的责任,立志勤学向上。深入开展学雷锋等教育活动,用雷锋等的英雄事迹塑造学生心灵,用英雄的光辉形象熏陶和感染学生。为此,学校确定每周一下午第二节课为全校班会时间,集中对学生进行思想品德教育和形势教育,为每个班订购一份报纸,并鼓励各班自订报刊。每周一到周六晚七点至七点半,学校为住读生播放央视《新闻联播》节目。

此外,有的班级还通过开展社会调查、组织辩论会、写周记等方式进行形势教育,都取得了一定的效果。

劳动教育的重点放在加强改进劳动技术课的组织安排和制度建设上。每学期开学之初,学校提前对6个年级的劳动技术课的内容做具体安排,确定劳动技术课的"五定原则"(固定时间、固定教师、固定教材、定期考核、定时评比),要求任课教师有计划、有教案、有总结。同时,还建立劳动考核评比制度,把劳动成绩列入"三好学生"评定条件("三好学生"的劳动成绩必须为优秀)。学校还印发《家务劳动记载表》,要求家长每周填写后交班主任,便于教师与家长密切配合,督导学生参加日常劳动,培养学生良好的劳动习惯。

二、德育队伍建设

1. 充分依靠班主任、年级组长

学校德育队伍以班主任、年级组长、团队干部为主体,对学生进行有针对性的思想品德教育。学校印发《中学生守则》《中学德育大纲》和《班主任工作职责(试行)》,坚持每周召开一次班主任和年级组长会议,研究学生思想品德教育工作,协助部分青年教师做好班主任工作,倡导班主任深入学生实际调查了解学生情况,进行科学研究。

2. 增设德育工作奖,开展丰富多彩的育人活动

学校增设德育工作奖(分单项奖、基本奖和工作奖)以鼓励教职员工搞好德育工作。绝大多数班主任在实际工作中热爱学生,并根据学生的身心特点进行经常性的、有益的集体和个别教育,比如组织学生与大学生开展辩论会,访问福利院、交警队,开展学习经验交流会、书法作品展览、成语竞赛、智力竞赛、教育与法知识竞赛、宇宙知识演讲比赛、奥运知识竞赛、乒乓球赛、排球赛、足球赛、秋游登山、中秋(国庆、元旦)联欢会、生日晚会、办墙报等。学校支持年轻教师创办文学社,提供专用办公室、书架等,从学校油印费中拨付经费,每月10元(首月30元),列入课外活动项目,给相关教师支付酬金。丰富多彩的活动为学生所喜爱,收到了寓教于乐的良好效果。

3. 德育工作见成效

学校德育管理形成了由德育办公室牵头,班主任、年级组长积极工作,科任教师、团队干部密切配合的序列化体系,切切实实地把德育工作放在了首位。其中,年级组长在学生思想品德教育工作中想出了不少办法,做了大量工作,起了重要作用。从1988到1992年,学校校风校貌显著改善,严明、勤奋、求实、进取的风气基本形成,学生认知能力提高,良好行为习惯养成,绝大多数班级班风正、纪律好,全校初步形成了积极向上、热爱集体、努力学习、遵守纪律的良好氛围。学校收到德育科研论文、经验交流总结文章多篇,有的文章被推荐到区、市教委作会议交流材料,受到好评。学校德育工作多次受到重庆市教委、西师党委的肯定和表扬。重庆市许多单位和学校专门邀请陈幼华校长介绍德育工作经验。

第二节 突出教学中心位置 教学科研喜结硕果

学校坚持把提高教育教学质量、注重教书育人实效、使学校教学为社会主义建设服务作为办好附中的指导思想。在认真落实德育工作的同时,学校领导班子十分注意团结全校教职工,为实现学校的培养目标,面向全体学生,使学生德智体美全面发展,大面积提高教育教学质量,为提高民族素质,多出人才、出好人才打好基础而不懈奋斗。为此,学校采取了一系列措施,切实严格教学常规管理,要求教师转变不适应社会主义建设的教育思想,克服片面追求升学率等违背教育规律的错误做法,改革教学方法。

一、突出教学中心位置

1. 坚持教学"五认真"

学校要求教师继续坚持做到教学"五认真"(备课认真、上课认真、辅导认真、批改作业认真、考核认真)。学校教导处会同教研组长深入教学一线,了解教师教学"五认真"情况。教学"五认真"和期末教学总结是考核教师工作的内容之一。

2. 支持教学改革

鼓励教师对教学内容、教学方法进行改革。要求教师共同研究探讨，同科教师相互听课。1988—1989学年度下学期，外语、数学、生物、物理、政治、化学、地理、语文等学科教师分别为北碚区其他中学和西师上研究课和见习课，获得各方好评。

1984至1992年，学校共有15个初中班和4个高中班进行数学教材、教法、教改实验，使用的教材是国家教委委托北京师范大学等单位按项义武教授的设想编写的《中学数学实验教材》。附中是该项目在四川省起步较早、规模最大、持续最久、效果较好的一所学校。与此同时，附中又是国家教委"基础教育改革与发展"科研项目"西南地区中学数学教育改革实验研究"的参研单位。在项目负责人西南师大数学系陈重穆教授的领导下，学校采用"内地版"及"高师八院校版"数学实验教材进行教材、教法实验，收到了良好效果。1989年下学期，高1991届和初1991届政治学科进行教材实验。开学初，由政治教研组组长廖梦麟老师主持，市教科所领导和兄弟学校教师参加的政治课实验经验座谈会在附中召开。会上三位教师做实验经验发言，受到与会领导和教师的一致好评。

初中3个年级和高一、高二年级的5个班进行数学教材内容改革实验，初中个别班使用由陈重穆教授主编的初中数学教材进行公开课和录像课展示，得到观摩教师的充分肯定。

语文组李涵芳老师于1979到1989年进行了一个关于"四川方言与普通话"语音教学的科研课题，由西南师大科研处立项，李老师任组长，教育系心理学梁承谋老师、合川二中刘肇鸾老师和本校教师廖文思合作进行。西南师大科研处举行了专家评审会。课题获得专家一致好评。论文发表在西南师大学报上。课题获四川省科研优秀成果奖。

担任教材教法改革实验的教师工作负担很重，十分辛苦，但他们个个积极性高，学生的学习能力和学习成绩都有明显的提高。

3. 开展第二课堂

学校统一安排教师和教室，安排经费支持数学、英语、化学、物理、计算机、语文、美术等学科开展第二课堂活动。根据学校工作计划和有关规定，经校办公会议研究决定,学校对参加竞赛取得名次的学生的任课教师和辅导教师,以及编写教材获省市奖励的教师,在总结大会上提出表扬,并分别发给一定数额的奖金。

4.竞赛获奖

初1989届学生参加11市英语竞赛,5人获一、二等奖,2人获表彰奖,其中,4人被推荐到广州参加评奖(全市共选10名,附中占4名);参加省级"缙云杯"竞赛,1人获一等奖,1人获二等奖;参加5市数学竞赛,3人成绩在100分以上获特等奖(全市5人100分以上,附中占3名,其名次为1、2、4名),5人获二等奖。附中学生参加英语竞赛和数学竞赛成绩,为全市之冠,受到市教委的表彰和兄弟学校的称赞。

5.重视高三、初三工作

每个学年度,学校都制订高三、初三工作计划,召开家长会,召集全年级教师每月定期研究学生思想学习情况,注意面向全体学生,特别关注学习成绩较差的学生。高三、初三教师主动为中差生辅导。寒假期间,两个"出口"年级安排集中补习,为下学期全面复习打下基础。

下面一条史料摘自学校1990年3月12日办公会议记录。

根据陈幼华校长的建议,研究高三年级工作。陈幼华、刘乾瑜、邱延静负责高三工作;狠抓师生思想工作,增强竞争意识;按学习层次、思想状况、偏科情况,对学生情况摸底,分层次做工作;学习马列著作,学习雷锋精神,学习江泽民国庆讲话,加强时事政治学习;班主任、科任教师协同配合,争取家长配合;狠抓中差生,全面系统复习,5月5日—7日进行毕业考试;改善学生生活;毕业班成绩好,要给教师奖励,课时辅导津贴从3月起增加为1.5元;给毕业班班主任增加补贴(3—6月)(高三走读班10元,住读班16元;初三走读班6元,住读班10元)。

6.体卫工作

学校成立体卫工作领导小组,增添部分体育器材。体育教师按大纲要求努力上好体育课,多数体育教师坚持指导分管年级的学生做早操和课间操。部分体育教师有计划地对学生进行田径业余训练或组织学生开展拳击活动,成立业余武术队。学校参加市体育竞赛活动获得好成绩。参加区体育竞赛,高中男女混合组获团体第一名,高中女子组获团体第一名。

二、教育教学科研

学校领导班子一直重视教育教学科研工作,鼓励各科教师积极参加教改实验,根据学科特点和自身特长,撰写论文、编写教材、辅导学生参加各级各类学科知识竞赛,为推动学校教学科研质量不断提高做出了贡献。20世纪80年代末和90年代初,以至后来相当一段时间,全国中学各学科兴起一股"竞赛热潮",附中各年级、各学科也主动或被动地参与其中。这些竞赛层次多样,名目繁多,有国家级各科协会举办的,有各省市相应协会举办的,有各协会以"计划单列城市"名义举办的,有省教委、省科委、共青团省委联合举办的,有以"三庆杯""缙云杯"等各种杯赛名义举办的。全国各中学积极组织学生参赛。这类竞赛对激发学生学习热情,发现学科尖子,鼓励钻研,增强竞争意识,具有积极意义。

1. 请求设立普教基金奖

学校于1989年1月5日,向西南师大报告,请求为附中设立普教基金奖。兹将该档案材料照录于下。

西南师大教务处:

近年来,我校部分教师在教育教学中贡献突出。有的在编写教材方面获得省优秀奖,有的在教改实验中有突破性的进展,有的大面积提高教学质量的同时培养在全国及省市学科竞赛中成绩十分突出的尖子生,为附中和西南师大争得了荣誉。

我们认为,对这些较为突出的师生,除给予精神鼓励外,还应给予一定的物质奖励,以鼓励拔尖,鼓励竞争。因此,我们请求西南师大为附中设立普教基金奖。奖励:

(1) 我校参与编写教材获得全国各层次奖,或省市一、二等奖的教师;

(2) 我校有教育教学科研成果或论文获得全国各层次奖或省市一、二等奖的教师;

(3) 我校各学科在全国竞赛中获一、二、三等奖,在省市竞赛中获1—4名的学生;

(4)对以上获奖学生进行指导有突出成绩的教师。

西南师大附中
1989年1月5日

2.1988至1992年师生获奖情况

根据重庆市教委评估,1991年重庆市6所首批办好的重点中学中,附中效益为第一名。连续三年(1989—1991年)参加全国高初中数学联赛,一等奖获奖总人数居全省第一名(1989年一名学生进数学奥林匹克冬令营,1990年一名学生进北师大理科集训营)。教改实验、教学科研、辅导学生参加各级各学科竞赛等,培养了一支高水平的中青年教师队伍。下面是1988至1992年参加竞赛获奖的粗略统计。

据学校简报记载,重庆市小论文比赛颁奖大会于1988年7月1日、2日在重庆一中召开。附中高1990届3班学生彭晶的小论文和高1990届2班学生陆欣的小论文均荣获特等奖,他们的指导教师是余嘉。大会共62篇小论文获奖,附中有8篇,特等奖2名被附中独揽。同年11月25日,全国11市初三英语竞赛(重庆赛区)中,附中获奖居重庆市首位,刘丹同学获重庆赛区一等奖,名列第一名;马小强、徐华峰同学获二等奖。全国计划单列市初三英语竞赛有12个城市,约24万名初三学生参加,耿云同学获二等奖。1989年全国高中数学联赛,邓飞、陆波、张皓等11名同学获省级以上奖励;重庆赛区145人获奖,附中17人获奖,其中,7人获一等奖,5人获二等奖。1989年重庆市第四届中学生小论文竞赛,李爽的论文《深化改革 重砖厂起死回生——一个中学生的调查报告》获二等奖,指导教师为廖梦麟。1990年,附中学生在全国高中数学竞赛中成绩特别优异。获省一等奖的共50名,重庆市占27名,附中占9名,位列全省第一。高1990届陆波同学以213分的成绩获重庆市第一名。进入全省一等奖前10名的陆波、邓飞、徐华峰参加了全国冬令营集训和第31届国际奥林匹克数学竞赛集训。同年11月,第七届"缙云杯"初1991届数学邀请赛,范晔同学获二等奖,辅导教师为范家惠和黄喜梅。同年12月,全国计划单列市外语竞赛委员会举办初三年级英语竞赛,施继晔同学获一等奖,徐聘同学获二等奖。1990年四川省高中数学联合竞赛,附中荣获集体学校奖,哈莎(140分)、祝钧(135分)、张皓(120分)获一等奖,7人获二等奖。1991年高中数学竞赛,罗元香、刘进怀、谭贤友老师任课并辅导的1993届学生4人获省表彰奖,8人获市表彰奖;李平老师任课并辅导的学生3人获二等奖;李廷英老师任课并辅导的1991届学生1人获二等奖;毛凤仪老师任课并辅导的1991届学生1人获二等奖;代宇老师任课并辅导的1991届学生1人获一等奖。1991年全国初中数学竞赛,范家惠、苏贵群和封贞琴老师任课并辅导的学生3人获省二等奖,4人获表彰奖。初1991届学生参加1991年全国初中化学竞赛,何本君、陈灌祖老师任课并辅导的学生14人参赛,1人获省一等奖。初1991届学生参加1991年全国初中物理竞赛,耿渝州、张庆华、洪东进老师任课并辅导的3名学生获全国一等奖。全国计划单列市及部分大城市初三英语竞赛,4名学生获二等奖,辅导教师为张荣华。同年重庆市青少年计算机竞赛,邓飞同学获二等奖,指导教师为王兰。同年8月20日第八届"缙云杯"初中数学邀请赛,文理同学获一等奖,指导教师为邱延静。1992年,"五市"初中数学联赛,3人获一等奖,5人获二等奖。全国初中数学竞赛,1人获二等奖,3人获表彰奖。全国初中应用物理知识竞赛,获全国三等奖的有李沙渝、龙炳蔚、刘星同学;获省优胜奖、市三等奖的有祝睿宇同学;获省优胜奖的有汪勇同学;获区一等奖的有石平、陈冀、汪澎同学。

3. 高中毕业及升学情况

1988年,应届毕业生281人,7人被保送到清华大学、华中理工大学、重庆大学等5所重点大学。参加高考人数254人,上大专线128人,飞行员2人,艺体院校5人,文科最高分543分(最高分陈桥同学被厦门大学录取);理科最高分595分(最高分胡侃同学被清华大学录取)。1989年,高中毕业生201人,188人参加高考。105人被各类高校录取,文科最高分531分,理科最高分608分。1990年,共201名高中毕业生。在干扰因素多,生源基础差,招生人数少的条件下,通过全校师生员工的共同努力,当年的高考仍取得好成绩。考上重点大学58人,普通院校26人,大专18人。大专及以上录取率50.75%,升学率与同类学校相比不降反升。1991年,毕业生227人,210人参加高考。55人上重点大学,21人上普通院校,上大专线29人,保送6人,飞行员1人。大专及以上录取率53.33%。张皓同学以643分的成绩夺得四川省理科状元,被清华大学录取。附中考生获得四川省理科第一名,这是第一次。张皓同学为其家庭争了光,为附中争了光,也为重庆市争了光。学校办公会议决定,给予张皓同学150元奖学金。清华大学自动化系发给张皓新秀奖证书及200元奖金。

第三节 拓宽办学经费渠道 建立健全规章制度

20世纪80年代末和90年代初,由于各学科、各层级的竞赛、比赛陡然增加,教师的差旅费、奖金等使学校的开支逐年增加,而上级的拨款有限,学校经费入不敷出,开销十分紧张。

一、多渠道筹集经费

1. 财务情况

1988年,学校学生总数为1546人,教职工总数为157人。《西师附中1988年财务决算说明》记载:"本年度国家教委下达教育事业费预算38.26万元,预算外拨款19万元,累计拨款57.26万元,全年实际支出57.26万元(不含西南师大补助4.315万元)。"

2. 办商业经营部

1990年前后,为了更好地为教学服务,为教职工服务,方便全校师生购买日常生活用品,经北碚区教委勤工俭学办公室和工商局批准,学校在食堂一侧办起了商业经营部。由于学校人力紧缺,管理不到位,商业经营部经济效益很差,开办不久即停办。

3. 筹建校办二厂

鉴于办学经费紧张的状况,学校不等不靠,立足于自力更生,想尽办法,争取各方的支持,筹建校办二厂(厂长皮为志),并努力使之成为自筹资金的主渠道,保证了学校工作的正常运转。要办好校办厂,需要解决的矛盾和困难也多,学校做了不少工作。

学校还向北碚区相关部门递交《申请办第二校办厂的报告》。校办二厂主营电器件,兼营橡塑、金属杂件等。1988年9月13日,收到北碚区教委勤工俭学办公室同意办理工商营业执照的批准书。批准书写道:"西南师大附中电器厂新办执照手续齐全,该企业场地在杜家街43号校园内,厂房面积200平方米,企业资金2万元,均系学校提供,管理人员3名,其中,在编职工2人,另招技工1人。……我办同意该企业新办执照。"

同时,校办二厂拟定《西南师大附中电器厂章程》,规定了工厂年利润分配比例(提供学校办学基金45%,企业留存55%)。

1990年6月,校办厂和学校经营部改由北碚区教委勤工俭学办公室统一领导和管理。11月,鉴于当年工业生产的低谷状态波及校办厂与有关厂家的加工生产业务,校办厂利润大幅减少,学校再次向北碚区税务局递交免税报告,要求帮助校办厂渡过难关。在学校党政领导和全校教职工的支持下,经过校办厂全体职工的努力,到1991年,两个校办厂的生产经营稳步发展。1990年,校办一厂总产值20万元,利润11万元。1991年上半年总产值达25万元,利润12.6万元。从1990年9月到1991年6月,校办二厂产值达19.5万元,利润7.4万元。1991年总产值达25万元,利润近10万元。

4. 争取上级拨款,加大重点投入

学校力争上级拨款逐年增加,把上级拨款和自筹资金主要用于改善办学条件和提高职工待遇上。1989年获得拨款60.88万元,1990年获得拨款83.13万元。1989年争取到基建专款78万元,建成一幢2189平方米学生宿舍和一幢1157平方米教职工宿舍。学校又自筹资金12.8万元,将原女生宿舍改建成1550平方米的教职工配套宿舍(即今临风楼),使教职工配套宿舍达78套,总面积5107平方米。1991年争取基建拨款10万元,加上自筹资金3万元,建成大约250平方米的锅炉房和浴室。增添教学设备亦是资金开支的重点。1989年,学校花5万元安装语音室,1990年投入1.4万元购置摄像机,2.86万元购买办公用计算机,1.4万元安装闭路电视,并增加购买图书资料和实验器材等费用。此外,学校还投入4万元更换内径更大的自来水主管道。1991年,学校投入1.8万元对校内车行道进行硬化处理。

5.关心教职工

学校在经济极度困难的情况下立足创收,勤俭节约,注意解决教职工生活上的具体困难。教职工收入逐年提高,工资内外收入1990年比1989年增加10%。前后帮助11名教职工解决子女就业就学问题。由于两名职员的职称未及时上报,错过了职称评聘时限,陈校长和饶宁华书记一起多次到西南师大反映情况,最后这两名职员的职称评审得以通过。

二、制定系列规章制度

陈幼华任校长的这一届领导班子始于20世纪80年代末,止于90年代初。众所周知,这一时期国内外形势十分复杂,学校内部各种利益诉求和矛盾纠缠。有教师在西师租房办高考补习班,任教的多为各科骨干教师,学校的教学工作受到严重影响。在这种背景下,陈幼华校长上任伊始就结合学校实际,制定了一系列规章制度,排除各种干扰,克服各种困难,以加强对学校的管理。

1.领导干部的自我要求

1989年3月20日,学校办公会议通过《领导干部的自我要求》:

(1)工作深入实际。关心教职工工作思想生活;领导自己分管的年级要经常关心、了解。

(2)提高工作效率,敢于负责、勇于负责。群众提的问题尽快做出答复,一般不超过一周。

(3)坚持原则、制度,敢于表扬好人好事,抵制不良之风。

(4)秉公办事,不以权谋私,凡大事安排办公会研究并公布于众,虚心听取意见。

2.严于律己,宽以待人

陈幼华任校长期间,家住西师,每天上班最早到校,晚自习结束后才回家,常年如此。她既任校长还当班主任,并坚持上一个班的语文课,这种情况在全市中学中少有。她任职期间进城开会,全是挤公共汽车,有人建议学校像其他重点中学一样买一台车,以便公干,她始终没有同意。语文组有位年轻教师为了照顾夫妻关系执意要求调离,陈校长十分为难,挽留无果,最后签字放行,并不故意刁难。

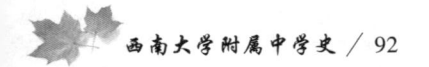

3.集体议定,秉公办事

从1988年6月到1992年2月,附中有几大本完整的办公会议记录。办公会议讨论研究的一切内容,均详细记录在案。这些记载可以看出此一时期附中党政工作的秉公办事、集体决策的特点。

第四节 迁建大校门于今址 拆危房修师生宿舍

一、迁建大校门

1.原大校门

从20世纪50年代初到90年代初,学校的大校门(又叫"正校门"或"前校门"),包括传达室和值班室,位于杜家街(即今勤朴楼临江侧)。现大校门处有一个校门(没有传达室和值班室)叫作"后校门"。杜家街片区的居民很多,大家(包括附中教职工和学生)都沿杜家街,过马鞍溪石拱桥去北碚城区。团山堡、郭家沱等地的居民也穿过附中校园,经杜家街往返北碚街上。

"后校门"

附中校园人流量大,昼夜不间断,很嘈杂,安全隐患严重。随着社会经济发展,文星湾大桥于1990年10月建成通车,团山堡、郭家沱片区的居民大都选择走文星湾大桥,原"后校门"外荒芜的景象顿时变了样,日渐繁荣起来。出入附中的车辆日渐增多,简陋的"后校门"显得极不协调,更不便于学校的安保和邮件收发等工作。

2.迁建校门

1990年11月,学校自筹资金2万元,把大校门迁至文星湾大桥北桥头引桥公路一侧(原后校门处),设传达室和值班室,建筑面积80平方米。新的大校门设计新颖,从校外看,左侧片状大立柱似如椽大笔,笔尖直刺蓝天。新校门的建成一改旧观,为改革奋进的附中增色不少,师生们都乐意由此出入,无不称便。原来的"前校门",日渐冷落,进出者寥寥,后被封堵。

"新大校门"

二、维修

1.修整围墙

1988年9月开学不久,学校办公大楼后有一段约100米长的围墙部分垮塌。该段围墙是20世纪50年代初用土石堆砌而成的,天长日久,日晒雨淋,围墙泥土表面大都风化剥蚀。围墙内是学校人行道,墙外是居民住宅,安全隐患严重,必须及时拆修。然而,学校9月前已经用完国家教委的拨款,用向西师借来的钱维持学校正常运转,西师无力再支援修围墙。同年10月,学校特请西师转呈国家教委,请求拨款1.5万元维修该段危墙。

2.修师生宿舍

学生宿舍是20世纪50年代修建的砖柱竹编墙两层楼房,已使用30多年,经重庆市及北碚区房管部门检查鉴定为"整幢危房,建议拆除,以策安全"。据此,学校决定拆除危房,向国家教委申报新建学生宿舍2100平方米。1988年2月4日,附中收到《国家教委关于学生宿舍等工程设计任务的批复》:同意附中新建学生宿舍2100平方米,总投资46万元。该宿舍于1989年1月竣工,可容纳住读生750人,该楼扩建后即今之玉树楼。1988年7月8日,重庆市政府发出《关于进一步采取措施稳定中小学教师队伍的通知》。通知指出,要切实提高中小学教师的社会地位,解决好教师的奖金和各种政府性补贴,认真解决教师看病难的问题,对教龄满30年以上的中小学教师,退休时退休金补贴到原工资的100%,等等,其中特别强调要认真解决教师住房难的问题。1989年4月27日,陈幼华校长在办公会上传达了国家教委会议精神。结合附中情况,学校提出几点计划要求,其中谈到要为教师特别是青年教师办实事,要认真解决师生生活上的一些具体困难,维持教师队伍的稳定。所谓的"一些具体困难",最突出的是相当一部分教师的住房破旧、不配套。为了缓解教师的住房矛盾,改善教师的居住条件,让他们住得稍微宽敞一些,以稳定骨干教师队伍,有利于进一步办好附中,学校特向西师递交《附中教职工住宅设计任务书》,反映附中教师的住房情况及要求:

附中在编教职工153人,离退休63人,副高级职称以上的教师37人,他们是学校的教学骨干,办好附中,需要这支队伍。由于附中是省重点中学,稳定这支队伍更为重要。他们的住房条件差,他们对住房的意见很大,已影响到附中队伍的稳定。按教委有关定额规定,附中应有住房面积8821平方米。实际上,除3293平方米住宅为10年内新建外,其余是50年代修建的砖柱夹壁墙、木屋架平房。自然损坏、白蚁蛀蚀等原因使得墙面随时垮塌,亟待更新。建设地点:附中规划教职工生活区,不需征地。建筑面积及投资:建3类住宅一幢(20套),每套建筑面积70平方米,总建筑面积1400平方米,总投资46万元。

后来,修建计划几经修改,在今博雅楼附近建成一幢教师楼,于1989年1月竣工,每套面积58平方米左右,即今之"红楼"。

1990年8月22日,学校研究决定拆除第48幢(310平方米)和第43幢(244平方米)两幢Ⅰ级危房,这两幢房都是20世纪30年代由牛棚改建而成的。第50幢房屋是1984年用学校自筹资金修建的教师集体宿舍,后因学生宿舍紧张,遂将其改作女生宿舍。该楼为二楼一底的三层砖混结构,改造时需要增加厨房、厕所等,共需增加面积约300平方米,所差面积由拆除的第48幢和第43幢危房原址补充。学校自筹5万元改造,在是年5月底以前办完所有改建手续,6月完成施工准备,7月动工,8月完工投入使用。该楼位于今黄桷园和锦珏园之间,曾称作"改造院"。

3. 更换水电设备

1990年3月24日,学校向西师申请更换早已老化的水电设备。请示报告说:

"附中的供水主管道是70年代中期铺设的50 mm铁管,主管道窄小,供水严重不足,而且现有管道的正常使用期已过,经常出现管道破裂等供水故障。近几年供水矛盾十分突出,学生区一用水,教职工住宅区早中晚则根本无法用水。每到用水高峰的炎炎夏季,供水更是严重不足,极大地影响教职工的正常生活。由于经费等原因,附中师生不能解决,教职工意见很大,望能拨专款,用于更换供水管道。"后经国家教委财务司批准,拨专款3.7万元,更换学校供水主管道300余米及进水总表,保障了师生正常用水。

关于电力设备问题,附中请示报告中写道:"附中建校早,电线、电屏、电杆等设备大都是50至60年代安装,电线分布很不规范,老化严重,很易引起火灾事故。北碚区电力部门安全检查时多次提出要更换,最近又通知,再不更换将按违章用电处以罚款。如果更换配电房配电屏需1万元,电杆高度不够,仅为4米,加上喇叭线为3.45米,师生过路时持一根短杆即可触及电线,易引起触电事故,为消除这一隐患,必须更换两档主干线,升高一根电杆,需开支2万元,其他老化严重的线路改造需9000元,以上三项共需3.9万元。"经国家教委财务司大力支持,学校电力设备得以更新,消除了安全隐患。

4. 新建食堂

20世纪90年代初,附中在校生达1500余人,其中,住读生800人左右,中午在校搭伙的400人左右,教职工编制为186人,离退休教职工63人。按国家教委有关定额计算,应有食堂和厨房面积1535平方米。而学校没有食堂,厨房也只有240平方米,而且还是20世纪50年代修建的砖木结构简易厨房,部分木屋架已被白蚁蛀蚀,虽经多次维修加固,终因超期服役,破烂严重。每到用餐时,特别是午餐,人多拥挤,往往在食堂外排长队取饭;也无固定就餐地点,遇到下雨,情况更为糟糕。师生要求修建食堂的呼声非常高。为此,学校于1991年10月拟定《附中食堂及厨房工程设计任务书》上报西师和国家教委,申请修建食堂,于1992年2月建成框架结构、局部两层的新厨房1500平方米和学生食堂500平方米,耗资68万元,解决了"老大难"问题。

5. 修建锅炉房,安装天然气

1990年10月17日,学校投资8万元修建220平方米锅炉房。1991年11月,学校接北碚区天然气办公室通知,要求统计1992年需要安装天然气的用户数量,包括新的住宅和青年教职工单身宿舍,总共190户。

三、陈幼华校长离职退休

1991年底,陈幼华校长到退休年龄,西师党委在1992年2月24日宣布免去陈幼华校长职务。陈幼华校长在阶梯教室发表了即席讲话。她首先表达卸职之欣喜,接着谈了三年任期的感受:西师附中教职工有强烈的整体意识,有为育人、为荣誉不懈奋斗的精神。她也正是在这种精神的感召下竭尽全力为师生员工服务的。陈幼华校长还十分兴奋地讲述了任期内付出的劳动得到了丰厚报偿:突出了德育首位,德育管理已形成体系,校风校貌明显改善;开展了一系列的教改教研活动,教学质量不断提高,初中和高中升学上线率三年都名列市区前列,屡次受到市(区)教委的嘉奖;各种竞赛成绩突出,在省市领先;开展多种体育活动,重视提高学生身体素质;建立了三十多种切实可行的管理制度,办学条件不断改善。学校各方面工作经常受到上级领导的肯定和同行的称道。陈幼华校长最后满怀激情地说:这三年是艰苦奋斗的三年,是各方面取得优异成绩的三年,她和大家一起为附中的建设尽了力,为培育人才尽了心,履行了就职诺言,未负重托,值得回味,令人欣慰与自豪!

第四章

贯彻改革发展纲要 落实义务教育法

1992年2月,罗文虎接任校长,张久轩任党总支书记,李平、廖仁理和夏大琼任副校长。新一届领导班子在1992年邓小平同志『南方谈话』和党的十四大精神指导下,认真贯彻党的教育方针,贯彻义务教育法和《中国教育改革和发展纲要》精神,坚持德育为首、教学为主、德智体三育并重的方针,继续把附中工作推向前进。

第一节 开展德育研究工作 促进精神文明建设

一、成立德育研究小组

1. 采取多种措施,促进德育工作

1992—1993学年第一学期,开学伊始,学校成立德育研究小组,确定各年级德育具体目标,针对不同年级提出德育工作要求,撰写8000多字的研究文章,召开中小学教育衔接研讨会。为搞好德育工作,学校与西师一些院系建立固定的联系,邀请专家开展心理学、美学系列讲座,成立心理咨询室,开展免费咨询活动,进行心理及美育素质的调查分析等。成立校学生会和学生社团。校学生会对各班文明、守纪、卫生、锻炼等多方面情况进行检查,评出各年级、各班级的名次。通过评比等活动,班风、校风有了很大的好转。为了促进学生积极参加,学校德育办公室创办《西师附中学生报》,丰富了德育教育的形式和内容。围绕党的十四大精神,开展"迎、庆、学"的系列教育宣传活动,如悬挂宣传标语、出黑板报和墙报、开放新闻电视、收听新闻广播。请西师学生社团举办专题讲座,举办征文活动。组织题为"光辉灿烂的十四年"的演讲比赛,对领会党的十四大精神起了促进作用。学生宿舍管理为学生休息创造良好条件,纠正了午休打球的现象,早操、课间操秩序优良。给学生印发《西师附中学生手册》并组织学生学习,建立学生干部、模范生、差生档案材料。故意损坏公物的现象大幅减少,校风好转。

2. 进行爱国主义教育

坚持对学生进行以爱国主义教育为核心内容的思想教育。德育处、年级组和班主任根据《中学生守则》《中学生日常行为规范》和《重庆市中学生礼仪常规》

对学生进行全面的思想教育和常规管理。团委、学生会、少先队组织各种形式的专题教育活动。在学雷锋、学徐洪刚的教育活动中,学生学到了英雄模范的精神实质。团、队、学生会还组织学生定时开展对有困难的离退休教职工的服务活动。在青年志愿者献爱心活动中,为山区贫困户捐衣物1345件,为受伤农民小孩陈亮捐款934元,受到团区委的表扬。坚持下午课前时事学习。学校还请西南师大的教师给教职工作关于开展爱国主义教育的意义的报告,请北碚区老干部局关心下一代工作小组的同志给学生作有关北碚区地下党组织浴血奋战的报告。开展评选西师附中第一届十佳青少年活动。团委组织了展示中学生风采团日活动,北碚各中学团委代表应邀参加。在党总支直接领导下,学生业余党校和业余团校教育效果显著。1994—1995学年第一学期全校发展团员132名,第二学期业余党校参加学习的人数达到140人,全部结业,1名学生入党。党总支撰写的论文《发展优秀高中生入党的探索》和《发展优秀高中生入党的实践》分别在《当代党员》和《重庆教育研究》杂志上发表。校团委被评为区先进团委。第一学期全校25名学生被评为市优秀干部和市"三好学生"。学生德育成绩和行为规范合格率100%。

二、贯彻中央文件,促进精神文明建设

1.贯彻守则、规范和常规

1995—1996学年,为了全面贯彻实施《中国教育改革和发展纲要》《中共中央关于进一步加强和改进学校德育工作的若干意见》《爱国主义教育实施纲要》等重要文件精神,学校以爱国主义、集体主义、社会主义教育为主线,以《中学生守则》《中学生日常行为规范》和《重庆市中小学生礼仪常规》为准则,教育学生爱校、文明、守纪、勤奋、向上,建设健康的校园文化,树立优良的校风和学风。

2.贯彻国旗法,开展系列活动

学校完善升降国旗、唱国歌制度,每周进行一次升旗仪式,并在各教室、年级办公室、各部门张贴国旗画。寓教于乐,如组织学生观看优秀影片,并开展影评活动。组织学生和部分教职工参加"爱我中华2+1"读书活动。组织学生参加纪

念抗日战争胜利五十周年系列教育活动,有的参加知识竞赛,有的参加区书画现场赛,有的年级还组织抗战胜利五十周年讲演活动。积极开展"爱我附中"系列活动。学生会组织学生开展帮厨,美化校园环境,征集校旗、校徽图案等活动,为树立良好学风、班风和校风打下了良好基础。

3. 争创"礼仪示范学校"

在贯彻《中学生日常行为规范》的基础上,学校争创重庆市社会主义礼仪示范学校。学校成立西师附中礼仪教育领导小组和西师附中礼仪教育办公室负责争创活动的日常工作。成立西师附中社会主义礼仪教育三结合领导小组,由区委、区政府、区老干部局、西师党办等单位的领导同志和学校党政领导共同组成,学校、家庭和社会三结合,加大了教育力度、形成了育人合力。学校领导小组制定了礼仪教育总体规划,各部门制订了相应的工作计划,达成了"加强社会主义礼仪教育,培养社会主义合格人才"的共识,形成了争创文明示范学校的浓厚氛围。在全校师生员工、家长和社会各界的共同努力下,1995年6月7日,经市教委检查,西师附中成为重庆市社会主义礼仪示范学校。

4. 加强时事和法制教育

校德育处和校团委组织学生参加西师组织的学梁强[①]座谈会,举办法律知识讲座,并在全校教职工中进行"三五"普法测验,增强师生法律意识。以弘扬红岩精神为主线,学习《弘扬红岩精神,重振重庆雄风》的学习资料,在初中开办关于红岩知识的讲座。根据学校统一安排,各班认真美化教室环境,学生会、团委组织了学生喜闻乐见的文体活动,如举行排球比赛、"我向党来唱支歌"卡拉OK赛、学生书画展、弘扬红岩精神征文等。学生会组织初中部开展大规模的时事知识竞赛活动,将时事政策教育推向了深入。

[①] 梁强,男,中国共产党党员,中国人民解放军。1995年3月21日,英雄梁强舍身抱走因客车驾驶员不当操作而导致点燃的简易加油器,使乘客安全脱险。而他自己却身负重伤:烧伤面积85%,其中60%为3度烧伤(判定为一级伤残)。他的事迹在全国引起强烈反响,团中央授予他"全国新长征突击手"荣誉称号,成都军区授予他"舍己为民的英雄战士"荣誉称号,四川省委、省政府授予他"舍己救人的爱民英雄"荣誉称号。

第二节 提升教育教学管理 重视科研学科竞赛

一、强调教学"五认真",加强督促检查

在认真执行教学计划的同时,学校强调发挥教研组的学术功能和教研组长的骨干作用,加强教学工作"五认真"的检查督促工作。开展青年教师大练基本功活动,30多名青年教师参加评课活动,优秀者受到学校表彰和奖励。

1. 完善教学管理

为了深入了解教师教学情况,学校领导通过听课、学生问卷调查、开学生座谈会、抽查教案和学生作业等途径,及时掌握教师的教学情况。严格教师出勤考核,对旷课、迟到、早退均进行严肃处理。通过抽查学生作文,发现个别语文教师问题较大,校领导及时和教师本人交换了意见,限期改正。为加强考风建设,进一步严格考试纪律,在半期、期末、会考和高考前,都要对学生进行考风考纪教育,对监考人员进行培训。坚持半期、期末考试交叉出题,密封试卷,交叉阅卷,大大提高了考试的信度。

2. 毕业年级工作

认真抓高三、初三两个毕业年级的工作。两个年级教师精神面貌好,教师在备课投入上和课堂教学效果上,总的情况是好的,学生满意。问卷调查显示,学生反映教学效果好的教师人数占80%左右。高三年级经常召开研究会,会上提出的措施都能得到落实。初三年级也制定了会考目标,提出了落实办法。学校狠抓两个年级的后期管理工作,教师们团结协作,复习扎实,措施得当,中考、高考成绩都很突出。

3. 执行"三新"教改计划,初、高中教学质量展示

1993年秋,学校开始执行国家教委的初中"三新"教改计划,把"三防"、劳技、环保、人口教育纳入教学计划,并进行考核。其中,"三防"教育普及率为100%,及格率为96.7%。学校被评为重庆市"三防"教育先进集体,一名教师被成都军区授予四川省"三防"教育先进个人称号。初1993届教学质量目标达到区教委

下达的三级目标，省毕业会考平均及格率99.1%，三年巩固率100%，行为规范合格率100%，体育合格率100%，毕业率100%，连续四年受到区教委的表彰和奖励。报考重点高中体育考试平均24.8分（满分30分），名列全市前茅。初1994届参加省毕业会考，主科及格率100%，各科均及格率91.3%，优生率89.6%，体育合格率100%，行为规范合格率100%，报考重点高中加试体育平均分名列全市前茅。全面完成与区教委签订的初中教育质量目标。初1995届在学困生比较多，个别学科教师不够稳定的情况下，经过全年级教师的艰苦努力，圆满完成了教育教学任务。省毕业会考平均及格率99.1%，各科均及格率92.5%，优生率88.7%，体育合格率100%，行为规范合格率100%，升学体育考试平均24分，各项指标均远远超过学校与区教委签订的质量管理目标。初1996届毕业会考及格率达100%，优生率达90%，报考重点高中体育考试平均成绩居全区第一，完成区教委下达的初中教学质量的五级目标，受到表彰和奖励。

高1994届学生在1991年进校时，学校认真贯彻实施国家教委关于高中教学计划调整意见，开设选修课和实行毕业会考，第一次实行高考"3+2"方案。高1994届学生三年巩固率99.6%，会考全优率34.4%，毕业率100%，名列全市前茅。高1994届应届毕业生240人，228人参加高考，上计划统招分数线141人，上委培自费分数线及以上195人。学校文科班高考成绩特别突出，应届生54名，上专科、计划统招线以上35人，加上上委培自费线的和保送生，文科班合计52人上线，成绩喜人。经过市教委考核评估，高1994届高考达标，完成年度目标的169.1%，居市首批重点中学第二位，市教委授予学校1994年高中教学质量优秀奖，区教委、西师也给予了相应的表彰和奖励，全校师生备受鼓舞，社会影响越来越大。高1995届全体教师面对上一届的优异成绩，奋力拼搏，全面分析两次联考和北碚区适应性考试情况，切实做好后期复习工作，使高1995届再获丰收。217名毕业生中，保送北京大学、南京大学等重点大学8人；上大专统招线及以上109人；上专科委培线及以上190人；被大学实际录取172人；完成上级下达目标170%，为全市最高。1995年各项指标均比1994年高，这是在重庆市该年上线人数和上线率比1994年略有下降的情况下取得的，充分说明学校教育教学质量稳步上升，学校因此受到市、区和西师的表彰。1995年，高中三年巩固率99.1%，毕业率100%,会考各科均及格率98.1%,均居全市第一。附中是文、理各科高考平均成绩均高于市27所省重点中学平均分的四所学校之一。市教委授予学校1995年高中教学质量目标特优奖。高1996届参加会考合格率达100%,上大专统招线人数占毕业生总数的65.3%(比南开中学高3.9个百分点),上委培自费调节线及以上人数占毕业生总数的88.1%,居全市第一。实际被大学录取的学生占毕业生总数的93%。经市教委综合评估,学校完成目标的155%,获得1996年高中教学质量优秀奖。这是西大附中连续第三年获市优秀奖。

4.促进青年教师成长

学校语文组、外语组、历史组等开展了一系列教研活动,组织公开课及"老带新"活动。语文组三位青年教师为全区语文教师上公开课。外语组一青年教师自编材料扩大学生语言知识面,积极开辟第二课堂,举行一次学生"英语综合素质大赛"。为了搞好艺术欣赏课的试点,音乐教师自编教材,提高学生艺术鉴赏能力。生物组开展野外考察活动,学生走进大自然,理论联系实际,把书本知识学活用活。

1994年6月上旬,语文组青年教师杜敏代表附中参加重庆市教委直属中学高中语文课堂教学大赛荣获一等奖(全市仅此一名),奖品是一套印刷精美的香港中学语文教材。杜敏老师激动地对一同前往的另一位教师说要把这套教材捐献给附中图书馆作永久纪念。当时,像这样的语文教学参考资料内地十分稀少。

二、学科竞赛辅导

附中教师队伍中有一批业务水平高、经验丰富、事业心强的竞赛辅导教师,他们辅导的学生参加全国数、理、化竞赛成绩优异,在省、市居于前列。

1.学科竞赛成绩显著

1992至1993学年上学期,参加全国高中教学联赛获一等奖1人,二等奖3人。参加五城市初中数学竞赛获一等奖2人,二等奖3人。参加全国高中化学联赛获一等奖1人(四川省第4名)。参加全国计划单列市初中外语竞赛获一等奖1人,二等奖2人。参加"史迪威与中国""蜀秀杯"英语讲演决赛获二等奖1人。1994年,学生参加全国、省、市学科竞赛获奖的有98人次,其中,获全国、省、市一等奖的13人次。特别值得一提的是,在四川省高中数学竞赛中,附中是重庆市唯一获得团体奖的学校。全国物理奥赛初赛中,汪澎同学获四川省第一名。全国化学奥赛初赛中,获一等奖3人,二等奖3人,在全市名列前茅。全国五市数学联赛决赛,23人获一等奖,19人获二等奖,在全市六所首批重点中学中占绝对优势(其他五所中学获一等奖共21人,二等奖共40人)。初1994届学生参加全国初中数学竞赛获一等奖2人,二等奖3人,在全市首批省重点中学中居第一位。在全国初中物理竞赛中,4人获奖(一、二等奖各2人)。全国高中物理奥赛初赛中,3人获全国一等奖(全国共20名,全市共6名),3人获二等奖,在省市均居前列。在全国初中化学竞奥赛中,张力和曾华轶同学分别获全国一、二等奖(全市六所首批省重点中学获全国奖仅有的两名学生,其中张力是全市第一名),周云鹤同学获省一等奖。在参加重庆市组织的"渝州百杰"征文比赛中,获一、二等奖各1人。1995—1996学年上学期,学生参加全国数、理、化奥赛和其他比赛,成绩突出,在省、市处于显著地位。初1996届学生参加全国五市数学联赛决赛,25人获一等奖,27人获二等奖,在全市直属重点中学中占绝对优势。初1995届学生参加全国数学竞赛,2人获一等奖(其中王乐同学是全省第一名),2人获二等奖,8人获四等奖,在重庆市首批省重点中学中居第一位。高中学生参加全国物理奥赛初赛,3人获全国一等奖(全省共20名,全市共6名),1人获二等奖,在省、市均居前茅。高中学生参加全国化学奥赛初赛,3名学生获全国一等奖,其中徐晓庆同学进入全省前三名,参加省集训和全国冬令营,冬令营赛中获全国一等奖,四川省第一名。学生参加全市中学生健美操比赛获团体第一名,参加全市艺术体操比赛获团体第三名,参加重庆市"火车头杯"健美操比赛获团体第三名。1995—1996学年下学期,学生参加各科竞赛获市以上获一等奖66人,二等奖80人,在全市名列第一。其中,初中数学五市联赛成绩名列全市之首;全国初中数学竞赛,获奖人数名列四川全省中学之首;全国初中物理竞赛,获市级以上奖共10人,是全市获奖人数最多的学校。

三、教学科研

1985 至 1995 年,学校共承担或参与 18 项科研(实验)项目,涉及 7 个学科。物理组教师参与编写的《初中物理奥林匹克讲座》一书由出版社出版发行,论文《初中物理客观性命题研究》在《物理教学探讨》杂志上发表,另有两位教师还参加中国教育电视台委托西师电教系摄制的"中学物理教学系列片"(共 30 集)的解说词和主讲工作。周建国老师在青年教师优质课评比中获区、市一等奖和四川省一等奖。1992—1993 学年上学期,教师在正式刊物上发表文章 8 篇。地理教研组积极总结教学经验,撰写教学科研论文,全组有 4 位教师的文章获市一等奖。1994—1995 学年下学期,物理组教师积极参与国家教委基教司立项的《中学物理计算机教学辅助软件》的开发工作。第一批软件参加 1995 年 4 月全国中学生物理计算机软件开发工作会,受到国家教委中小学计算机教育研究中心的领导和与会者的好评。1995 年 8 月,数学组教师认真总结数学竞赛的经验并编辑成书出版发行,扩大了学校影响。同年,新增国家教委基教司立项的重点科研课题"高中物理智能计算机辅助教育软件开发"的子课题,并开发出部分软件,在全国研究会上展示并受到好评。同年,学校还争取到市教委"双百工程"中"九五"重点科研课题"强化、落实中学理科教学的实验实践手段,提高学生动手能力和解决实际问题的能力",这是重庆市由学校独立承担的唯一课题。由中央教科所立项的"审美教育对学生素质全面发展影响的实验研究",获中央教科所大美育实验组先进集体奖。学校承担了国家教委"八五"重点科研课题"基础教育中的历史和国情教育",1995 年 12 月结题。

第三节 教职员工齐心协力 完成"普九"历史任务

中共中央、国务院 1993 年 2 月 13 日颁布的《中国教育改革和发展纲要》,总结新中国成立 40 多年来,特别是党的十一届三中全会以来教育改革和发展的经验,以建设有中国特色社会主义理论为指导,提出 20 世纪 90 年代和 21 世纪初我国教育改革和发展的目标、方针、政策和措施，是加快现代化建设的重大举措，是新时期教育事业的行动纲领。

一、贯彻"义务教育法"，落实"普九"

学校党政非常重视贯彻纲要精神，在市、区教育行政部门和西南师大的直接领导下，全校师生员工做了大量的工作。

1. 学习文件，广泛宣传

1986年《中华人民共和国义务教育法》颁布后，学校组织全校党员、干部和教职工学习讨论，并在各项工作中贯彻执行。1992年组织广大干部、教职工学习市教委下发的重庆市普及义务教育检查验收细则，进一步提高了广大干部、教职工贯彻义务教育法的积极性。全校教职工深入学习纲要和义务教育法，以及市区教育工作会议文件，切实把握纲要和义务教育法的精神实质，大家深刻认识到"普九"工作的战略意义及其现实紧迫性。学校摆正教育与经济的关系，树立经济建设必须依靠教育，教育必须为经济建设服务的思想，增强优先发展教育的历史责任感和紧迫感，树立教育优先发展的思想观念。认真普及九年义务教育，努力提高全民族的思想道德和科学文化水平，是实现我国现代化的根本大计，是邓小平同志建设有中国特色社会主义理论的重要内容，是党在经济建设指导思想上的重大发展，也是加快我国经济社会发展的必由之路。

2. 领导重视，组织落实

为贯彻纲要和义务教育法，学校成立"普九"工作领导小组，分工负责，将"普九"纳入学校工作计划。西南师大领导对附中的"普九"工作十分重视，校长邱玉辉，副校长杨光彦、李德奎、饶宁华等多次带领有关处室负责人到附中现场办公，并陪同国家教委财务司领导到附中视察，完成了新建学生食堂、改建厕所和配电房、迁建校门和会议室装修等基建项目，以及校园环境建设等工程。为解决"普九"经费缺口问题，西师还批准附中从1992年秋季开始向新生家长借资改善办学条件，到1995年的三年中共借资42.53万元。北碚区委、区政府也十分重视附中"普九"工作，将之纳入北碚区统一布置、统一指挥。北碚区政府主要领导亲自到附中指导工作。区政府督导室领导，区教委中教科、体卫科、计财审计科、教仪站、电教馆以及进修校的领导同志多次来校指导"普九"工作，促进了"普九"工作健康开展。

3.制定实施办法

根据北碚区"普九"规划和年度实施计划，学校和区教委签订1994年实现"普九"责任书。根据责任书的目标要求，学校制定《西师附中94年普九达标实施办法》《普九工作计划安排》和《普九验收软件资料分工》，将各项任务分解，落实到部门和人头，按计划认真组织实施和检查。

4.加大改革力度，完成硬件改造

学校成立体卫工作领导小组，全面规划、实施学校体卫工作。1993年，学校逐渐加大改革力度，制定教职工聘任制度、教职工结构工资制度、教职工岗位职责以及教职工工资津贴实施方案，建立教职工考核办法和奖惩制度。市、区政府制定贯彻纲要和义务教育法的一系列政策法规，明确了政府、学校、社会、家庭在"普九"中的职责。学校把实施义务教育纳入学校管理，对全校教职工进行考核，把考核结果与奖惩和工资津贴挂钩。干部分别与年级组长、班主任和科任教师共同做学生思想工作，与家长密切配合，有效预防学生流失。

1993年后，学校改建了学生食堂；教室、办公室、科学馆重新粉刷或涂油漆；购置学生课桌椅、计算机、各科教学仪器设备、图书、体育器材、医务室设备等共21项，共计投入231万元。其中，国家教委下拨120万元基建费，35万元教育附加费，学校自筹67万元，友好单位赞助9万元。教师工资、津贴和福利全部按时兑现，保证了学校各项工作稳步发展。

二、递交自查报告

1995年2月15日，学校向北碚区教委、重庆市教委和西南师大递交自查报告。自查报告的主要内容如下。

基本情况：

西南师大附中是一所高完中，是国家教委委属西南师大的附属中学。1980年被评为四川省首批办好的重点中学，常年办学规模初中9个班，现有班级16个班，学生786人。其中，男生369人，女生417人。初中在册教职工70人，其中，专任教师43人，职工27人。

自查情况：

（一）普及程度，教育质量

1.入学率。1994年初中招生，教委实际投给附中小学毕业生档案数为265人，实际录取265人，入学率为100%。

2.在校学生辍学率。1994年初在校学生人数707人，正常异动学生48人（增加18人，其中，9人复学，9人借读；减少30人，其中，7人休学，12人转出，11人借读期满回原籍），年内辍学率为零。

3.初中毕业会考平均及格率。1994年毕业生人数221人，参加会考人数221人。其中，会考7科平均及格学生219人，平均及格率为99.1%，补考后平均及格学生221人，平均及格率为100%。

4.在校学生行为规范合格率。初中学生总数695人，初中在校学生行为规范合格人数695人，在校学生行为规范合格率为100%。

5.初中毕业年级体育合格率。初中毕业年级学生总数221人，初中毕业年级体育合格人数221人，体育合格率为100%。

（二）办学条件

附中1995年在册教职工140人，其中，校级干部5人，中层干部4人，专职校医2人，专职实验员4人，初中专任教师43人（含高级教师6人，一级教师12人），教师合格率为97.7%，除美术教师暂缺外，其余各科均有专任教师，他们事业心强、业务水平高，能胜任教育、教学工作，能承担教改科研任务，能全面贯彻教育方针、教书育人、为人师表。

校舍场地设施：学校占地面积74991平方米，分为教学区、运动区和生活区。运动场地14028平方米，可容纳全校学生同时做广播操。有篮球场6个、排球场4个、100米直跑道5条、250米环形跑道5条。校园绿化地面积约35000平方米，校舍总面积25538平方米，每班有固定教室，人人有木质课桌凳，设备齐全。学校有实验室10间、仪器室6间、电教保管室2间、科技活动室2间、体育器材保管室2间、卫生室3间、音乐教室2间、美术教室1间、教师阅览室2间、学生阅览室2间、藏书室3间,各种办公用房均按标准配齐。教室宿舍人均13平方米,成套率61.9%,学生宿舍、食堂、厕所均已妥善解决。学校有围墙、校门、校牌,有固定旗杆,劳动基地基本解决。

仪器、电教及图书设备:学校各科的教学仪器、电教设备均已达到一类学校标准,各种规章制度完善,96%的各科实验能在实验室完成。学校图书室藏书41917册,生均图书28.9册。

经费:学校经费来源主要渠道由国家教委拨款,通过西南师大账户下达。生均教育经费逐年有所增长。1994年在保证教职工工资、福利逐月按时兑现的同时,还保证学校的常年维持经费35.36万元。学校还鼓励社会各方面力量和个人集资、捐资以及开展勤工俭学……

综上所述,西师附中普及初级中等义务教育达到合格标准,请重庆市政府检查验收。

存在的问题:

1. 由于管理体制的关系,国家教委领导一直认为附中拨款以国家教委为主,但地方政府对学校和教师的各种优惠、补贴应由地方政府同样对附中给予补贴,但地方财政仍然困难,无法对附中给予补贴,使附中硬件设施与重庆市同类的学校相比,差距甚大。

2. 同样由于管理体制的关系,附中高级教师和一般教师指标与同类学校相比相差很大,与附中教师业务水平、教学质量极不相称。

3. 附中初中核定常年办学规模为9个班,实际有16个班,但北碚区正面临初中入学高峰,各方面希望附中招生的压力很大,若再多收,师资、设备均成问题。

验收结果:

1995年3月,市政府对"普九"工作进行检查验收,附中高质量达到标准。

第四节 深化管理体制改革 重点中学验收过关

学校在发展,师生人数在增加,内部机构有调整。新班子在前任的基础上深化学校管理制度。

一、管理体制改革

1. 试行教职工聘任制

为了充分调动教职工教书育人、服务育人的积极性,增强干部和教职工的责任感,进一步提高办学效益,把学校办出特色,经校务会1992年6月28日讨论,决定从1992—1993学年起,试行教职工聘任制,根据按需设岗、岗职分类、合理组合、应聘上岗的原则,对教职工进行聘任。其具体方案如下:

一、校级干部聘任:由西师党委考察,确定并任命,实行目标任期制。

二、中干聘任:由校务会讨论上报西师人事处审定,校长集体聘任或解聘。

三、教师聘任:

1. 在广泛听取群众意见的基础上,校长集体聘任年级组长、教研组长或解聘。

2. 学校公布各年级教师设岗及其要求,班主任和教师自愿申请,年级组长提出班主任和教师的聘任初步方案。

3. 校长、教导主任审核各年级聘任方案、按照学校全局需要提出宏观调控意见。

4. 年级组与学校充分协调,本着顾全大局、合理组合的原则,在宏观调控意见指导下,确定各年级的聘任方案,向教师提出聘任,教师可以应聘、拒聘或要求改聘,学校给应聘教师发聘书,聘期一年。

5. 各年级组完成聘任后,在年级内进行合理组合,班主任和任课教师分别提出意见,年级组长根据合理组合的原则进行协调组合,受聘教师服从年级的统筹安排。

6. 教师受聘后,年级组长可以根据其履行职责的情况和工作态度,提出解聘意见,报学校审定。

四、职工聘任:

1. 学校公布各处室设岗方案(人数、职责及相当课时等),职工提出选岗申请。

2. 各处室负责人提出聘任方案,同校领导讨论确定,向职工提出聘任,职工可以应聘、拒聘或要求改聘,学校给应聘职工发聘书,聘期一年。

3. 职工受聘后,处室负责人可以根据其履行职责的情况和工作态度,提出解聘意见,报学校审定。

五、对落聘人员的管理和处理办法:

1. 未聘、拒聘、解聘的干部、教师、职工均属于落聘人员。

2. 落聘人员可以申请换岗,经批准受聘换岗的人员,享受新岗位的待遇。

3. 对落聘人员的处理和待遇。

① 女教职工年满53周年,男教职工年满58周岁,发档案工资至退休。

② 可以批准调离学校、外单位借用或停薪留职,在未办理上述手续前的落聘人员停享一切福利待遇。六个月内只发档案工资,第三个半年内发30%的档案工资,第四个半年内发20%的档案工资。从第三年起停发工资,从第四年起,不再保留其工职。在近两年内逐月增加10%的房租费,对停薪留职人员按档案工资的2~4倍收取管理费,从第三年的第一个月起,按5~10倍档案工资标准收取管理费。在借用或停薪留职期间不能调资、评职,不计工龄和教龄,从拒交管理费和房租费的下月起,不保留其工职。

③ 可以批准辞职,不享受学校一切待遇,收回住房,完清离校手续。

④ 对因病长期未聘任的教职工,可享受国家规定的病假待遇,按规定发病假工资。

对有培养前途,而学校工作需要的教职工,可以安排脱产进修,发档案工资。

2. 实行结构工资制度

为了体现按劳分配、多劳多得、优劳优得、奖勤罚懒、奖优罚劣,进一步调动教职工的积极性和创造性,做好教育教学和服务工作,提高办学效益,全面贯彻教育方针,努力培养社会主义建设合格人才,在试行结构工资制方案一年的基础上,广泛听取和研究教职工意见以后,经1993年9月18日、20日校办公会讨论,9月21日校务会讨论审定,对原试行方案做出一些修改,决定从1993年9月起实行新的结构工资制方案。教职工工资由档案工资、岗位工资和效益工资(校办工厂执行学校和工厂协议)三部分组成,分别发放。

一、档案工资

凡应聘上岗人员按月发给档案工资(即国家拨基础工资、职务工资、工龄工资、教龄津贴)。随月发放政策性补贴,但不列为结构工资范围。

二、岗位工资

1. 学校根据学科特点确定的全工作量教师(标准另订,教导处核算),均按每周14课时,月56课时计岗位课时。教师退休学期半工作量算全工作量。半工作量以上者按实际课时计发,学校安排的半工作量者,岗位工资和奖励性工资以半计发(在现有课时1元标准金额基础上提高50%,下同)。

2. 根据岗位技术性、职责、劳动量确定职工岗位课时,最低周6课时,最高周14课时。按实际课时计发职工岗位课时(提高50%)。

3. 中层以上干部,每周按14课时,月56课时计发岗位课时(提高50%)。

4. 担任高、初中毕业班教学的教师(含班主任),附加课时,按实际课时数计算(不含实验课、教案课时等)。高中每节加0.3课时,初中每节加0.2课时(均不含标准金额提高)。

5. 女教职工年满53周岁,男教职工年满58周岁,实际课时每节加0.1课时。

6. 超工作量课时,每课时提高4.2课时(1×3×1.4)。超课时的范围包括教师标准课时以外的任课数、代课等;职工在岗位课时外的代岗课时;校级和中层干部教课定量(副校长2节,教导主任3节,副教导主任4节,团委书记4节)以外的任课数、代课等课时。理化生实验课时和教案课时先计入工作量,超量部分按1×3算,实验教材课另计月12课时,均不再提高标准金额。

7. 按职务计发岗位工资补贴。

正校级:每月40课时　　　　副校级:每月35课时

正主任:每月30课时(含任职五年以上的副主任)

副主任:每月25课时

年级组长:每月20课时　　　教研组长:每月15课时

班主任:(住读)每月25课时　　(走读)每月10课时(非住读班有住读生者,期末班主任工作效益奖评发时考虑其因素)。

备课组长:每月4课时　　　业务组长:每月4课时

担任团委书记、工会主席、党支部正副书记等干部,每月15课时(上述干部兼职不重发,按最高课时计发)。

上述补贴均按现行标准金额提高20%。

8. 根据学校财力情况,每月附加"浮动"20课时。处、室、组负责人根据教职工劳动纪律(如旷工、长假、会议缺席、不参加政治学习等),考核扣减(病事假1～6天不扣,7～12天扣一半,满13天全扣)。每月25日按考勤报校办审核计发,旷工扣减的全额,期末由处、室、组掌握使用,必要时学校可决定取消"浮动"课时。

9. 超人头课时:教师所任班级超过班额45人者,干部和职工的超人头数,按全校30个班1350人规模计算,超过的人数,均在学期结束时一次性计发其相应的超人头费,按每超1人20元标准计发到班级,按每人10元标准发到处、室职工。

10. 根据学校财力、年级、部门教职工数及其工作情况,学校按用费方案核发一定数量的活动基金,由年级和处室掌握使用,方案不妥或不坚持执行即停发,必要时学校可决定取消"活动基金"。

三、学校效益工资

期末分别按教职工任职条件、岗位职责、工作态度、考勤和工作效益等方面的具体要求进行考核,评为四等个人效益工资。

学科竞赛奖、优质课教学奖、教书育人奖、著作奖、科研论文奖、文章刊播奖办法另订。

四、节日慰问费(含离退休教职工):具体金额另订。

五、严格考勤制度和请假审批制度,按月扣发缺勤课时。

二、迎接重点中学检查

　　国家和省市教委明确指出，省重点中学不搞"终身制"。四川省教委先后下发《四川省普通高（完）中办学基本要求》和《四川省重点中学检查验收细则》。学校对照文件要求和检查验收细则，分别从学校管理、办学效益、办学条件、校舍场地、实验仪器设备和体育卫生工作等诸多方面进行自查和整改，于1995年11月15日向重庆市教育委员会申请四川省重点中学检查验收。报告写道：

　　西南师范大学附属中学是四川省首批办好的重点中学之一，学校在国家教委、省市教委和西南师大的正确领导和关心支持下，坚持社会主义办学方向，全面贯彻党的教育方针。为了实现办学条件标准化、管理规范化、教育质量上新台阶，更好地发挥重点中学的实验性和示范性作用，1992年以来，我们按照《四川省普通高（完）中办学基本要求》和《四川省重点中学检查验收细则》的要求，有计划地深入教育、教学和内部管理改革，积极开展教育科研。以国家教委拨款为主，多渠道筹措办学经费，改善办学条件。经过自查，我们认为我校在学校管理、办学效益和办学条件等方面基本达到《四川省普通高（完）中办学基本要求》和《四川省重点中学检查验收细则》的要求。特申请市教委在今年11月中旬对我校进行检查验收。

三、重点中学检查过关

1. 检查验收组进校

　　受省教委委托，重庆市教委副主任江孝龙任组长的省重点中学检查验收团第一小组，按"听"（听学校领导汇报）、"看"（看校园环境）、"谈"（召开部分教师座谈会）、"访"（走访学校处、室部门，教师和学生）的步骤，于1995年11月27日对附中进行全面的检查验收。西南师大党政领导对此次检查高度重视，邱玉辉校长和分管附中的饶宁华副校长等出席了这次检查验收会议。检查组经过十多个小时的检查，对附中所做工作给予了高度评价。在400总分中，附中得了395分，属合格中的优秀等级。

2.验收组总结评述

在总结会上,江孝龙组长对附中的成绩给予了充分肯定。检查组认为,学校办学颇具特色,领导班子勤奋、团结、开拓、进取,办学指导思想明确,办学质量稳定,特点突出,改革意识强,尤其是德育科研和教材实验改革方面继承传统,保持优势;师资队伍建设好,拥有一批教育教学过硬的队伍。江孝龙组长强调,办学特色是方向,教师队伍是关键,领导水平是决定性条件。检查组认为,检查验收顺利过关,为附中创建巴蜀名校、全国示范学校奠定了坚实基础。最后,检查组提出了几点建议:要进一步发挥师大附中的优势,对联系的学校,甚至所有北碚区的学校,附中要多出力,带动一般学校,促进北碚地区教育的发展;进一步改善办学条件,要创巴蜀名校和中华名校还有许多事要做;操场、校办企业还要发展才行;等等。在检查组的最后意见中特别提到"校舍、场地,没扣分"。这"场地"二字即暗指操场,"没扣分"说明检查组充分体谅学校的难处。按重点中学验收标准,运动场必须有400米跑道。学校操场虽从20世纪50年代起都在修整,但由于财力和周边环境等原因,直到21世纪初,操场仍旧狭小,跑道仍不足300米。操场不达标,严重影响体育课和课外体育活动,长期困扰着学校。2012年,扩建后的新运动场投入使用,操场问题才得到根本解决。

四、修建逸夫楼

1.奠基典礼

为了适应教学需要,学校决定改造山顶教室。"逸夫楼"奠基典礼于1995年12月18日举行。北碚区委副书记李军和西师党委书记王长楷揭幕,北建一处工程队承建。逸夫楼由香港爱国实业家邵逸夫先生捐资80万港币,另加国家教委拨款70万元和附中自筹90万元建设而成,总面积2594平方米,总造价2572849.68元,1998年审计决算价为2561028.42元。

2.竣工仪式

逸夫楼于1996年6月30日竣工。沿思齐阶拾级而上,右为逸夫楼,左为岱宗楼。方柱、圆形廊道及小广场把逸夫楼和岱宗楼连在一起。(2013年装修逸夫楼和岱宗楼时,对柱体进行了处理。2014年在柱顶挂上了西南大学附属中学校徽。)国家教委副主任王明达、重庆市副市长肖祖修、重庆市教委主任叶贵本、西南师大校长邱玉辉到校参加竣工仪式。在奠基典礼仪式上,一位领导在发言中意味深长地说,邵逸夫先生捐资修建逸夫楼是爱国之举,期望附中将来从这幢跨世纪的教学楼中走出跨世纪的优秀人才,不负邵逸夫先生的厚望。逸夫楼极大地改善了附中办学条件。近二十年来,附中为国家培养了大量优秀人才,为社会主义现代化建设贡献了力量。

五、封堵原校门

在前后校门并存的相当长时间里,学校周边一些市民不管白天黑夜,穿过附中校园经杜家街、马鞍溪石拱桥去"赶北碚场",严重影响校园安全,给学校管理带来隐患。20世纪90年代中期,为了保证学校安全和正常的教学秩序,杜绝校外闲杂人员穿校而过,学校决定封堵"前校门"。封堵校门,曾一度引发一些事端,极少数校外人员为之不满,有的大吵大闹,有的往校内泼洒粪便。这种"冲突状况"持续数月之久。

第四编 继往开来
（1997—2018）

　　1997年以来，伴随着经济实力和综合国力的大幅度提升，国家对文化教育事业的投入不断加大，文化教育事业蓬勃发展，其面貌发生了新的历史性变化。总的来说，这一时期，教育普及、教育公平、教育信息化成就显著，教育体系不断完善，课程改革如火如荼地开展，教育质量明显提高，为中国的经济社会发展培养了大量人才。

第一章

制定学校发展规划 争办一流重点中学

1997年重庆正式成为直辖市，为西南师范大学附属中学提供了新的历史发展机遇。1997年7月，罗文虎校长届满退休，李平接任校长，张久轩卸任党总支书记，廖仁理接任党总支书记。富有实干精神的李平校长进行了大刀阔斧的改革，从制定学校未来发展规划到完善教育教学课程体系，从强化教育教学管理制度到开展国际合作，使学校实力稳步提升。尤其是2000年以后，学校创立的缤纷节已成为附中师生每年期待的"饕餮盛宴"，也成为附中素质教育的一张亮丽名片。

第一节 制定实施意见 确定发展目标

一、校长全面负责

1. 制定发展规划

学校建立"校务会"(后称"校长办公会")工作制度,做到各方面工作有计划、有步骤、有检查、有落实,制定了《西南师范大学附属中学关于加强学校改革步伐,争创一流名校的实施意见》,确定了学校近期和远期发展规划。

2. 完善课程体系

学校严格按国家和省市教育主管部门制订的教学计划编制课程表,建立了完善的课程设置体系。初、高中都开设选修课、活动课和劳技课,部分班级还开设形体课和心理健康课,以培养学生健康心理、健美体魄和健全人格。

3. 强化教学管理

学校强化教学过程管理和检查,实行教学校长、教导主任、教研组长听课评课制度。每学期校长听课20节,教导主任16节,教研组长10节。同时,学校加强教研组和年级备课组管理,建立教学业务档案,设有专门的档案室、文件资料柜,并有专(兼)职人员负责管理。加强年级负责制,强化年级管理,每个年级都有校级干部分管,分管干部和年级组长一起具体负责年级工作。1998年上半年,学校拟定《西南师大附中教研组长工作细则》,并对年级备课活动做出具体规定,保证了教学质量。

4. 帮扶薄弱学校

1998年,学校与北碚偏岩镇初级中学建立对口支援关系,学校专门成立领导小组,开展了系列对口扶持工作。以后几年,学校捐钱捐物,改善了偏岩镇初级中学的办学条件。针对教育教学管理和教师业务，学校也提供了大量的指导，使偏岩镇初级中学的办学水平上了一个台阶。

5.确定学校目标

1999年7月，学校根据《中华人民共和国国民经济和社会发展"九五"计划和2010年远景目标纲要》及《中国教育改革和发展纲要》精神，结合学校实际，制定了西南师范大学附属中学2000—2005年发展规划，确定了附中发展的近期目标（2005年）和远期目标（2010年）。近期目标是"经过五年奋斗，使学校校园优美、设备齐全、师资雄厚、管理科学、教改先进、学生超群，成为名副其实的具有实验性、示范性的高质量有特色的市内一流重点中学"。2002年1月6日，校长办公会调整学校规划，要把学校建设成为全国千所示范性学校。

6.完善人事改革制度

1999年，学校贯彻《重庆市全民所有制事业单位专业技术人员和管理人员辞职辞退管理办法》，实施全员聘任制。2001年，西南师大授予附中部分人事管理权限。学校以此为据辞退教师2人，提前离岗1人。2002年，学校进一步完善人事制度。是年，学校精简中层干部2人、职工2人，提前离岗1人、辞退1人。

二、换届后的工作

2003年，学校行政和党组织换届。李平续任校长，夏大琼、张万琼、邓晓鹏、刘永凤任副校长。廖仁理续任党委书记至2006年12月卸任，张万琼兼党委副书记，2006年12月至2008年2月主持党委工作，刘猛任党委副书记兼纪委书记（至2008年1月调西南大学国际处任职）。

1.民主协商，规范办学

根据《教育部关于加强依法治校工作的若干意见》和市教委创建依法治校示范校的有关精神，学校建立和完善依法治校的工作机制和管理制度，成立依法治校工作领导小组。学校成功召开第一届教代会。教代会议事工作组、教代会、工会、学术委员会、职评小组、房改小组、基建招标购物小组依照各自职责，行使职能和决策权力。学校坚持依法治校，诚信办学，全面推进素质教育，以最大的努力提供优质的教育服务,保障了学生和家长的合法权益,在招生、升学、转学、升留级制度及收费等方面,严格遵守国家政策,得到了教育主管部门的肯定和社会的称赞。有关学校的发展规划、重大改革措施及重大决策,学校都与教代会协商,先征求民主党派及教职工意见,再做出决定,践行规范办学的理念。

2. 行风评议

2005年,学校进行政风行风评议工作。学校成立政风行风评议领导小组,制定政风行风评议工作分解表,并向社会公布群众投诉举报电话,利用党政联席会、教代会、家长会、教职工政治学习、校园广播、宣传栏、新闻媒体等途径,进行广泛宣传并接受社会监督。

3. 部领导来校视察

2005年7月17日,教育部部长周济,教育部人事司司长李卫红,西南大学党委书记黄蓉生、校长王小佳等到附中调研。听取工作汇报后,周济部长对附中的育人理念和环境教育大加赞赏。

4. 西南大学成立,附中更名

原西南师范大学与原西南农业大学于2005年7月组建成西南大学。西南师范大学附属中学成为西南大学的附属单位,仍沿用西南师范大学附属中学名称,2011年,更名为西南大学附属中学。

5. 迎接督导检查

2006年10月11至12日,重庆市政府、市教委督导室到附中督导检查。11日上午,督导组听取校长的督导评估检查汇报,附中其他领导和教代会代表接受了督导组的提问。下午,督导组随机抽选50名教师和干部进行问卷调查。12日,督导组随堂听课6节,之后查阅了办学理念、管理制度、依法治校、突发事件应急预案、德育工作、帮扶济困、治理"三乱"等材料,对附中工作进行了全方位考察。2007年3月,重庆市教委、市政府督导室对2003至2006年重庆市中小学进行督导评估,附中获重庆市直属中小学督导评估一等奖。

6. 帮扶薄弱学校

在加强自身建设和发展的同时,学校还起到了帮扶和引领的作用。2006至2007年间,学校向巫溪县"普九"捐款15万元;向三峡库区巫山县扶贫捐款2次,计20万元；为抗击百年一遇旱灾，支援生产自救捐款5万元；向巫山县农村教师奖励基金捐款4.8万元；为大足县教委捐款4.6万元，用于贫困山区中敖镇天山小学购置现代教育技术设备。两年间学校共计捐款49.9万元，有力地支援了贫困地区。

7. 国际合作

受教育部中美校长管理能力建设项目组的邀请，美国Bishop Kelly High School高中校长Alam Weyland先生于2007年3月16日至23日对学校进行一周的考察访问。

8. 获奖情况

2000年10月，重庆市委、市政府授予附中"重庆市文明单位"称号。在治理中小学乱收费工作中，学校获重庆市教委颁发的先进单位称号。李平校长被评为重庆市首届十佳校长。2001年，附中党总支被评为西南师大组织发展先进党总支和庆祝中国共产党成立八十周年先进党总支。2002年10月，重庆市教委授予附中重庆市教育系统行风评议工作一等奖。2004年6月，附中高中支部被西南师范大学党委评为先进党支部。同年9月，李平校长被教育部、人事部授予全国教育系统先进工作者称号。2005年2月，国家自然科学基金会、教育部青少年科技后备人才创新能力培养师资计划领导小组授予附中"全国科学教育实验基地"。10月，在重庆市教委直属学校语言文字工作市级评估中，学校被评为优秀等级。12月，学校荣获教育管理年活动一等奖。在重庆市教育系统民主评议政风行风工作综合评议中，学校被评为优良等级。2006年6月，附中党委获重庆市委教育工委颁发的先进党委称号。2007年5月，学校成为南京大学优质生源基地。同月，第二届中学名校校长论坛组委会授予附中"2007年中国百强中学"牌匾。7月，在城市学校支持农村教育工作中，重庆市教委授予附中"百校牵手工程学校"。同年，在《重庆商报》、大渝网组织的"重庆直辖十年十大教育品牌"评选中，附中被评为影响重庆教育十大品牌中学。

第二节 构建德育体系 一切为了学生

学校形成以行政为主的德育工作体系,实行校长负责制,设德育副校长1人,政教处(后改为学生处)、团委会、学生会、少先队、年级组、班主任和生活管理员组成了完备的德育工作体系。学校落实了德育管理责任制和责任追究制度,工作做到有章可循。注重德育工作的实效性,以爱国主义和集体主义教育为核心,紧扣时代脉搏,贴近学生生活,通过学生喜闻乐见的教育活动,开展养成教育。

一、树立大德育观

学校教育工作重视文化指向,通过绿色学校建设、班级文化建设、宿舍文化建设及考风学风建设,真正使学生生活在充满文化气息的环境中,做有文明教养的人。学校认为只有树立变化的、发展的、宽厚的、弹性的大德育观,才能贴近学生,才能适应德育工作的时代要求。

1. 活动育人

学校重视活动育人。初中进行综合实践,高中进行研究性学习与德育有机整合,重视提升学生综合素质,强调学生体验与自我教育,充分挖掘校内外德育课程资源。为了培养学生的人文素养,学校开设影视艺术欣赏课、英文歌曲视听课、历史哲学研习课等。学校有艺术团、合唱团、广播站、《年轻潮》文学社、京剧社、动漫社、绿色志愿者协会等学生社团和《年轻潮》《附中生活》等刊物。安全教育、法纪教育、禁毒教育、"十佳"评比、"一二·九"文艺汇演、京剧专场演出、主题征文、黑板报评比、教室寝室美化评比、学生社会实践活动评比等校园活动异彩纷呈,对学生产生了积极广泛的影响。1999年,学校以重大历史事件为契机,结合重庆市开展的"弘扬红岩精神,培育'四有新人'"的主题活动,深入开展内容丰富的集体主义、爱国主义、社会主义教育活动。邀请"11·27"幸存者来校做专题报告,2000多名学生聆听报告。结合澳门回归,学校把爱祖国、爱家乡、爱学校有机结合起来,开展"国旗在我心中"征文演讲比赛、看爱国主义影片活动、"爱我重庆,心系三峡"征文演讲和"爱我附中,建我附中,做合格附中人"的爱校教育,营造了浓厚的爱国主义、集体主义氛围,增强了民族自豪感、责任感和使命感,在社会各界引起强烈反响。2000年,学校围绕争创全国千所示范性学校这一中心任务开展工作。12月7日至9日,学校举办首届学生缤纷节,包括英语晚会、综艺晚会、演讲比赛、辩论赛、朗诵比赛、书画比赛、心理咨询、易物等板块,受到学生及家长的热烈欢迎。中国教育电视台、重庆卫视、北碚电视台、重庆晚报等多家媒体对这一活动进行了报道。此后,缤纷节每年按期举行,成为学校的一张名片。2001年,学校举行"思接千载、视通万里"系列讲座2次,辩论赛1次,个人风采大赛1次,主题班会大赛1次,CI策划大赛2次。2006年9月10日,学校荣获重庆市中小学生"弘扬中华美德,构建和谐学校——从我做起"读书、征文、演讲活动组织奖。同年12月14日至15日,第七届缤纷节圆满举行。

西南师大附中首届学生缤纷节——"以美启真"主题活动方案

一、创意特点

1."缤纷"寓意我校学生五彩缤纷的风采,蕴含学生的主体性、学生成长和时代前进的共生性及教育的前瞻性的有机结合,预示着我校将在素质教育的全面推进中收获缤纷。

2."美":多姿多彩的生活,使我们懂得了美。

"启":微笑鼓励的目光,教我们理解了启。

"真":透明清澈的心灵,让我们收获了真。

二、板块设计

艺术舞台——展现丰富的艺术特长

激情广场——描绘迷人的个性色彩

科技之光——构建跨世纪的"立交桥"

心苑漫步——聆听属于自己的声音

闲暇生活——感受灵动的生活音符

不同板块展示和培养学生多方面、全方位、深层次的能力,提高学生的学习和生活质量。

三、主导语

面向全体以美启真。

四、指导思想

本届缤纷节以活动育人为宗旨，突出重点中学全面素质教育的特点，加强导向，重在普及。通过本届缤纷节活动，有效抵制社会上内容不健康、格调低下的文艺作品和休闲方式对学生的不良影响，培养学生健康的审美情趣，陶冶高尚的情操，促进学校全面实施素质教育，推动校园精神文明建设和校园文化建设。

五、参加对象

初一、初二、高一、高二各班（初三以年级形式集体出节目参加，高三年级的同学自愿参加），每班必须参加所有规定活动项目。

六、活动时间

1. 前期活动时间为11月，各班可开展相应活动做好准备。

2. 全校集中活动时间为12月8日、9日。

七、内容与形式

艺术舞台：

1. "12·9"文艺会演，以班为单位参赛。

2. 英语晚会，以班为单位参赛。

3. 书法、美术作品比赛：各班交书法作品至少两件，美术作品至少一件，多交不限。

4. 现场手抄报制作比赛：每班5人组队，至少两名女生。

5. 西南师大附中校徽设计比赛：每班至少交两件（中标者特别奖励）。

激情广场：

1. 辩论赛：高一、高二年级分别组一个队。

2. 朗诵比赛：每班限1人。

3. 即兴发言比赛：每班限1人（高一、高二）。

科技之光：

计算机操作技能比赛：每班不超过2人。

心苑漫步：

透视心灵,关注成长系统活动（非比赛项目）。

闲暇生活：

商业一条街：以班为单位参赛。

八、评奖

由学校组织有关专业人士及相关教师对参加本届缤纷节的各类节目评奖。

本届缤纷节设优秀组织奖、团体奖、单项奖若干名。

本届缤纷节将采用记团体总分、个人单项成绩等方式评奖。

2.德育队伍建设

附中按照"三全"（全员、全域、全程）德育工作思路,对班主任实行发展性评价,坚持过程考核,做到每天、每周、每月、每学期都有反馈,建立了素质优良的德育骨干队伍,确保了德育工作落到实处。学校狠抓师德师风建设,对体罚、变相体罚学生的行为实行一票否决制,大力推行德育网络化,使评价反馈更快捷。学校每学年进行先进班主任、优秀德育工作者和师德师风先进个人的评比,组织班主任参加校本培训和市级培训,促进了班主任自我反思、自我发展,调动了班主任的主动性和积极性。学校还实行评职评优的倾斜激励机制,稳定了班主任队伍。通过导师制、主题班会大赛、班主任论文评比、月工作例会、专题会、期末总结会、校本培训和市级培训,一大批青年班主任脱颖而出。2002年,学校安排在校外培训班主任47人次,编印班主任论文集1本,共收录43篇论文。2005至2006年间,2名班主任受市级表彰,15人受西南大学和北碚区表彰,多人受校级表彰。在重庆市教育学会德育专委会第三届学术年会论文评比中,3人获一等奖,3人获二等奖。在重庆市中小学思想道德建设研究成果评比中,1人获二等奖。在教育部关工委首届德育论坛中,附中是普通中学中唯一受邀做主题发言的。

3.德育科研

学校承担的德育科研课题有：全国教育科学"十五"规划重点课题"学生心理素质培养模式及其实施策略研究"的一级子课题"重庆市重点中学学生心理集体辅导模式的研究"、中国青少年素质教育实践基地子课题"学校体验式德育"、国家教育部"十五"重点规划课题"中华民族传统美德教育"的一级子课题"中华民族传统美德教育时效性的研究"和重庆市重点课题"社会转型时期德育时效性研究"的子课题"中学生责任感的培育研究"。四川省教委立项的"大、中、小德育衔接"子课题和国家教委"八五"重点科研课题"审美教育对学生素质发展的实验研究"子课题在1998年结题并获奖。2001年3月,国家教委"八五"项目"审美教育对学生素质教育全面发展影响实验研究"课题获国家基础教育改革一等奖。

二、加强心理健康教育

1.成立心理健康教育研究小组

针对学生中出现的越来越多的心理健康问题,学校成立心理健康教育研究小组,对学生心理健康问题开展专门研讨,并对部分教师进行专业培训。2005年,2名教师获高级心理咨询师资格证书。

2.建立心理咨询室

2005年,心理咨询室在积健楼一楼建立并定期开放。开通了心理咨询热线,引导学生规范行为、关心他人、与人和谐相处等,培养学生乐观向上的态度、积极进取的精神、坚强的意志力和情绪控制能力,形成独立、坚韧、果敢的品质。还举办心理讲座、大型心理健康知识宣传活动和团体咨询活动等。每年的缤纷节期间,心理咨询是一个必不可少的板块。学校提出"德育工作课外的重点在学生宿舍"的工作思路,切实增强了工作的针对性、主动性和实效性。"严防死守"与"心理健康教育"相结合是附中德育工作的特色。"严防死守"就是用完善的规章制度和严格到位的管理,从外部堵住危害学生身心健康的渠道,特别是严防重大安全事故发生,确保学生身心健康发展;加强心理健康教育,则是增强学生内在的自我调适与自我激励能力。

三、构建育人大环境

1.成立家长委员会,开展社会实践活动

学生处负责学校德育工作。各年级成立家长委员会,参与年级与学校的重

大决策,在起始年级开办家长学校。校编教材、学生成长记录册、金色年华信息系统搭起了家校联系平台,受到家长的欢迎。学校与朝阳街道、天生街道、北温泉街道和北泉派出所建立了联席会议制度,指导学生进行社会实践。假期社会实践活动起步于20世纪90年代末期,之后每个学生,每个假期,都开展社会实践活动。2006年暑假,所有学生参加为期一个月的社会实践活动,撰写2000余份社会实践调查报告,家长和社区对学生假期的活动情况做出的鉴定结论共有材料3000余份。"家校通""家长委员会""假期学生社会实践三结合"等平台,使学校教育向校外延伸。

2.参观法制教育基地

学校组织学生参观青少年法制教育基地(如西山坪劳教所、戒毒所等),让学生受到法制教育。学校还开展让学生"带法回家"活动,让学生和家长一起学法,共同提高法制意识。

四、喜获育人新成果

1998年5月,在重庆市少年儿童艺术体操比赛中,附中代表队获甲组第一名,5名学生获艺术体操国家二级运动员称号。10月,在重庆市"火车头杯"健美操艺术体操(中学三人组)比赛中,学校获市总工会、市体委颁发的第一名奖牌。1999年,参加市"火车头杯"健美操比赛,学校取得三人组冠军,共有7人达国家二级运动员标准,1人达国家三级运动员标准。2001年4月,附中获重庆市青少年艺术体操锦标赛中学组团体第一名。艺术体操和健美操训练队成为市内最顶尖的队伍。2002年4月,在重庆市首届中学生健美操大赛中,附中获团体第一名。9月,舞蹈《春风又绿》荣获"中国·重庆第二届学生艺术节"综合文艺节目比赛二等奖和优秀组织奖。2003年1月,在杭州举行的中学生全国健美操锦标赛中,陈丽娟、刘萝莉、蒲倩三人荣获新人组第四名。4月,学校获重庆市青少年健美操锦标赛团体第一名。10月,学校团委被共青团重庆市委评为五四红旗团委。12月,附中被重庆市教委评为重庆市中小学德育示范学校。2004年4月,在四川外语学院举办的健美操大赛中,学校获青少年中学组健美操锦标赛团体第一名。

同月,学校获重庆市科技创新大赛优秀作品展优秀组织奖。7月,参加全国青少年"五好小公民"主题教育和"珍爱生命,健康成长"读书征文活动,获集体一等奖。2005年12月,获重庆市体育传统项目学校称号。2008年4月,学校获2005—2007学年度重庆市体育传统项目学校称号。2007年3月20日,学校成为成都军区国防生源基地。

第三节 营造教研氛围 促进教师发展

学校以校本教研、课题研究和研究性学习为载体,将课程改革的理念落实到教师的教学行为和学生的学习行为之中。构建研究性学习成果展示平台,每年举办研究性学习成果多媒体展示评比活动,注重在活动中激发学生的创新积极性,产生了极大影响,成为重庆市研究性学习活动的一个重要模式。

一、课程设置及教师培训

学校根据教育部课程计划把国家课程、地方课程和校本课程重新分为必修课和选修课两部分。必修课包括教育部课程计划中的各学科,如思想政治、语文、数学、外语、科学、历史、体育、美术、研究性学习、信息技术教育等。初中还将社区服务与社会实践、劳动技术教育、心理健康与法治教育纳入必修课程。选修课程涵盖英语歌曲欣赏、英语视听说、大学英语听说、中东问题、环保与地理、旅游地理、科技制作、网页制作、化学与生活、日语入门、篮球、音乐、漫谈书法、盛唐之音、古希腊罗马艺术欣赏等三十多门。

1. 校本教研

学校建立了独具特色的教师培养培训机制和教师评价系统,开展了形式多样的校本教研和校本培训,建立了年级备课小组周例会制、教研组月例会制、学期教师培训制等。学校建立了以自我反思、同伴互助、专业引领为核心要素,以理论学习、案例分析、教学反思、结对帮扶、校本论坛、专题讨论、协作教学、经验交流、专家指导为基本形式的校本教研制度,开展了青年教师主题式教学模式优质课大赛、优秀备课组经验交流、班主任心理健康辅导优秀案例展示、教师论坛、专题讲座、集体备课(重点探讨教材教法、新课程教学设计)、公开课观摩(重点探讨新课程教学实施、新理论在课堂中的体现)、课改案例展示、优秀教学设计评比等活动。培训的主要内容包括各学科课程标准及解读、新课程与教学方式、学习方式变革、新课程与评价改革和新课程新理念等。

2.评价体系

学校积极探索新的课堂教学评价体系,把新课程理念放在首位,关注学生课堂学习表现,包括学生参与状态、交往状态、思维状态和学习达成状态。修订教师教育教学考核办法,促使教师对自己的教学行为进行反思,调动了教师的主动性和创造性。学校建立了领导、教师、学生、家长共同参与的评价制度,使教师从多种渠道获得信息,不断提高自身专业水平。

3.专家讲座

2002年,为加强教师培训,学校聘请专家做讲座13场次,开展各种交流会18次,参与教师1350人次。2006年,学校邀请5位专家来校指导教育科研和课程改革,专题讲座如下:《课堂教学的有效性》(西南大学博士生导师、教授朱德全主讲)、《中学生心理健康教育辅导策略》(西南大学博士生导师、教授张大钧主讲)、《促进教师专业发展的有效途径——校本教研》(市教科院教授王玮虹主讲)和《深化课程教学改革的思考》(教育部中学校长培训中心副主任、教授应俊峰主讲)。

4.师资提升

2000至2001年,50多人参加国家和市级骨干教师培训,40多人参加教育硕士课程学习,14人被录取为硕士研究生,6人获硕士学位。2002年,4人通过考试被录取为硕士研究生,在职研究生人数达到18人。2006年,8名教师通过全国统考被西南大学录取为教育硕士。截至2006年底,教育硕士及在读研究生人数达46人。

二、改变评估办法,注重素质教育

学校逐步建立和完善教研教改、实施素质教育的导向激励机制,不再把高考升学成绩作为评价教师工作的唯一尺度,把实施素质教育的力度和效果纳入教师考核范畴。

1. 制定评估办法

学校制定《西南师大附中教师考核评估办法》,强调教学研究,规定每年进行一次学术论文评比,评比结果与评优晋级挂钩,对发表文章的教师,学校另付双倍稿酬,对参与不同级别的教研教改课题的教师,学校分别给予相应的补贴。中层干部、教研组长、年级组长的津贴由每月发放改为期末集中发放,同学期工作实绩挂钩。通过开展系列教改科研工作,学校培养出了大批教改科研骨干,形成了浓厚的教改科研氛围,取得了显著成绩,在全市产生了较大影响,形成了学校的一大特色,起到了示范作用。

2. 成立学术委员会和教科处

1998年,学校成立学术委员会和教科处负责教育科研的管理,完善了教育科研管理体系,学校科研水平明显提高。9月,学校申报重庆市教委重点科研课题"转变教育思想,改革育人模式,促进学生素质全面发展的研究"。"双百工程"市级重点科研课题"强化落实中学理科的实验实践手段,提高学生动手能力和解决实际问题能力的研究"获重庆市中小学第一届教改科研成果一等奖。2001年3月25日,成功申报国家基础教育课程改革项目"新课程标准下的教师教学行为评价标准的构建"。2001年,学校实施特色教研组建设,充分发挥教研组选人用人的作用,加强新进教师培养,并对组内薄弱教师跟踪指导,学习外校教研组建设经验,推广组内优秀教师经验和成果等。一批年轻、富有钻研精神的优秀教师脱颖而出,语文、外语、物理、化学教研组长均在30岁以下。教育科研取得重大成绩,获全国性奖项的教师有4人,获市级二等奖以上奖项的有16人次,在省市级以上学术刊物发表文章、专著150多篇(册)。2002年,学校参研两项国家级课题"新课程标准下教师课堂教学行为评价标准及教学设计"和"省级示范高中课程改革现状调查及对策研究"。2004年5月,"重庆市示范性普通高中建设研究"

子课题"新课标下重庆市北碚区示范性普通高中新课程适应性研究"在积健楼多功能厅开题。2005年9月,重庆市示范性高中建设课题现场会在附中召开,"重庆市示范性普通高中师生'双适应、双发展'特色模式研究"课题组在会上做汇报,并展示该课题组取得的阶段性成果:学校自行开发研制的各学科自陈量表及调查问卷30份、调查报告11份、主题教学设计及操作课案121份,2004—2005年间课题组教师发表的论文200余篇。2006年,学校进一步深化校本教研,关注新课程实施过程中的微观问题,注重校本培训向精细化发展,着重解决教师在课堂教学中遇到的问题,把宏观的理论和微观的实践结合起来。通过集体备课、课堂教学观摩、上课教师说课、合作反思讨论、同行与专家评课、实践再创新等形式,促进教师对教学过程进行反思,做到在学科教学中培养教师的科研能力。学校举行青年教师主题式教学模式优质课大赛,进一步对师生教学、交往、管理与评价进行问题诊断与行为矫正,要求课题组教师从师生"双适应、双发展"层面对本学科全面迎接高考采取的策略、措施及存在的问题进行总结和反思。12月,学校成功申报重庆市教育科学"十一五"规划重点课题"基于教师发展学校发展的教师评价改革实验研究"和专项课题"课堂教学中的'研究性教学'研究"。学校按照基础教育课程计划,严格开设研究性学习课程。通过专家引领与校本培训,加强对教师研究性学习进行指导,广泛开展内容丰富、形式多样的课外教育活动,通过开展选修课、综合实践课、研究性学习课、科技教育课以及专家讲座等,引导教师和学生从大处着眼关注社会热点问题,从小处着手,从自己的学习、生活中寻找研究课题。2007年4月,重庆市教育科学"十五"规划重点课题"重庆市示范性普通高中建设研究"子课题结题,获专家组一致好评,顺利结题。5月,在重庆市教育科研实验基地学校十佳评选中,市教科院授予附中"重庆市教育科研实验基地十佳学校"。学校科学研究氛围浓厚,成果颇丰。

三、获奖及高考情况

1997年12月,在中国计算机奥林匹克竞赛重庆市分区联赛中,2名学生分获初、高中组一等奖。1998年,全国数理化联赛成绩突出,共计25人获全国一等奖,其中,初中数学9人、高中数学7人、高中物理4人、高中化学5人,居市重点中学前茅。高考成绩显著,莫思多同学以665分的高考成绩成为重庆文科状元。11月,学校荣获重庆市教委1997—1998年度中学素质教育工作目标考核奖。1999年,在全国高中数理化联赛中,21人获重庆赛区一等奖,其中刘涛同学获重庆赛区数学第一名。刘缙同学以695分成为重庆市高考理科状元。2000年,高2000届高考升学率居全市第一,竞赛成绩名列重庆市前茅。9月,重庆市教育科学研究所授予附中"教育科学研究实验基地"。11月,重庆市教委授予附中"重庆市中小学计算机教育示范学校"。2002年,高考全面丰收,425名学生参考,仅1人落榜,上线率99%,本科率97.7%,重点率74.4%,北大清华录取14人。学生获奥林匹克数学竞赛一等奖2人,二等奖14人。学生获奥林匹克物理竞赛一等奖2人,二等奖3人。学生获奥林匹克化学竞赛一等奖4人,二等奖3人。1人入选国家奥林匹克竞赛集训队(西部地区共2人),2人进入冬令营。11月,学校承担的重庆市"九五"社科规划重点课题"'人格·能力·特长'育人模式研究"获重庆市政府科技进步三等奖。2003年,参加高考人数419人,考入北大清华8人,总分进入重庆市前100名的有7人,本科上线率92.7%,重点上线率67.1%,居重庆市直属中学前列,进入全市前100名的学生比例居重庆市直属中学第二名。9月,15名教师参加市级重点中学中青年教师优质课大赛,其中,11人进入决赛,4人获一等奖,7人获得二等奖。优质课大赛使一大批优秀青年教师脱颖而出,展示了附中的教学水平和办学特色。12月6日,高剑同学以255分取得全国高中数学竞赛(重庆赛区)第一名,王奘同学以246分取得第四名,两人同时获得第十九届全国中学生数学冬令营正式营员资格,代表重庆市参加在澳门举行的"陈省身杯"数学比赛。全国数学竞赛重庆市共有35个一等奖,其中附中有15个,还有6个二等奖。2006年,高2006届在中考招生分数与同类学校有较大差距的情况下,重点本科升学率名列重庆市第三,一般本科升学率名列重庆市第一。全市总分670分以上的理科考生共有70人,其中附中有6人,进入前70名的学生比例居重庆市直属重点中学第二。李肇宇同学被耶鲁大学录取,何中野同学参加北京大学自主招生考试获得重庆考区第一名,被保送北京大学。

第四节 改善硬件环境 打造智能校园

硬件是有序开展各项工作的基础和保障,基建工作做得是否到位,直接关系学校的发展和师生的切身利益。

一、加强硬件建设

1. 校办工厂

20世纪80至90年代,学校办学经费紧张,教师待遇差,许多优秀教师去了沿海地区。为了筹集办学经费,改善教职工福利,留住优秀教师,学校办起了校办工厂。校办工厂主要为三峡洗衣机厂加工零配件。杨素文、张庆华老师曾任厂长。李彪老师从1990年开始担任厂长。2000年,校办工厂停办,机器设备被拍卖。

2. 硬件设施状况

1998年,学校占地74991平方米,生均占地36.5平方米。校舍总面积34124平方米。教学区、运动区、生活区分区合理,互不干扰。教学、财会实现计算机管理,文印设备基本实现现代化。学生食堂2个,面积1180平方米,就餐学生生均1.18平方米,学校投入12万元安装售饭系统,方便学生用餐。礼堂1个,750平方米。男女厕所5座,342平方米。开水房1间。男女浴室各1间,82平方米。传达值班室1间,13平方米。木工房1间,200平方米。普通教室39间,2835平方米。阶梯教室2间,350平方米。音乐教室1间,85平方米。美术教室1间,72平方米。实验室、仪器室27间,1535平方米。电教室2间,235平方米。语言实验室1间,85平方米。微机室2间,235平方米。教师阅览室2间,144平方米。教师多媒体计算机室1间,电脑16台。学生计算机室1间,电脑54台。学生阅览室2间,144平方米。藏书室4间,288平方米,藏书81000册,生均39册。科技活动室3间,面积250平方米。体育器材保管室4间,108平方米。艺术体操房1间。党政办公室13间,324平方米。社团办公室3间,128平方米。教师办公室23间,387平方米。卫生室3间,75平方米。劳动技术室3间,105平方米。教室和实验室、仪器室的层高、结构、建筑质量合理,采光充足,照明设施齐全,配套设施完备。篮球场5个,排球场2个,足球场1个,羽毛球场4个,铅球场1个,器械场2个,乒乓球场3个,乒乓球台15张,250米环形跑道(附100米直道)运动场1个。学校有围墙、校门、规范校牌、绿化地带和符合卫生标准的水源及供水设备,以及完善的排水、排气系统和生活垃圾收集设施。体育器材、卫生器材、音乐、美术课设备和器材均按国家标准配齐。

3. 改善教育教学设施

1996至1998年,学校投入140万元购置设备。各教室配备了适合学生身高的单人木质课桌椅,标准的黑板、讲桌,投影和幻灯机。语言实验室、阅览室、阶梯教室、教师办公室和行政用房配备桌、椅和书架。在教师办公室为全体教师设桌椅,每座使用面积3平方米。理、化、生仪器设备的数量和规格达到重教基〔1997〕20号文件的要求,按Ⅰ类仪器要求配备,化学实验室水到桌,物理实验室电到桌。1998年,修建女生宿舍,共计6947平方米。教工宿舍成套率68%,人均27.8平方米。1999年,亭楼竣工。改造男生宿舍,总面积13000平方米。投资30多万元购买现代化教育技术培训的设备设施,装备多媒体教室,建设连接教室、办公室和教师宿舍的校园宽带网,还投入37万元改造了用电设施。2000年,完成学生宿舍热水供应系统的安装工程,开始修建积健楼,完成东楼、西楼和南楼的立项以及团山堡新区建设的前期准备工作。2001年,共投入1600万元改造校园环境。8月13日,积健楼竣工,建筑面积11000平方米,投资1000万元。内设普通教室16间,995平方米;实验室1016平方米;微机室272平方米;多功能展示厅、学术报告厅6267平方米;图书馆面积1667平方米,藏书共43184册,杂志344种,电子音像资料360种,实行微机管理。2002年,共投入资金1500多万元改造学校管网,翻修球场及道路,添置积健楼设备,改造科学馆和稻香园。稻香园内设800平方米全封闭的操作间。学校成立膳食管理中心。11月28日,重庆市中小学食品卫生及食堂管理现场会在学校召开,学生食堂被重庆市卫生局确认为食堂食品卫生监督分级管理A级企业(北碚区唯一的A级企业)。2005年,完成运动场改造,铺上塑胶。投资1100万元改建万象楼,面积11015.48平方米,工程在2006年竣工。完成江边挡土墙工程,拆除临江的老旧房屋(最早的图书馆等建筑物),建成勤朴楼前广场(凌江园)。还拆除原高三老教室,改建成万象楼到西楼之间的广场(百汇园)和花园。逸夫楼到致远路之间的半坡村也在那一时期整治完毕。2007年4月25日,投资260万元的女生宿舍扩建工程竣工,建筑面积2647平方米。

4.修建教师宿舍

2002年,修建东、西、南楼做教师宿舍,建筑面积6949平方米,共42套房屋。2006年,城北小区(即今缙佳苑)开工,工程持续到2010年底。小区占地100余亩。从购地、设计、招标、监理、施工到竣工的整个过程,颇费周折,麻烦不断,仅与建筑施工单位打官司,就有10余场,学校全部胜诉。

二、建设校园信息网

1.建成校园网

1999年,学校建成校园宽带网,把教室、办公室和教师宿舍连成一个局域网。2000年,学校加强学生计算机基础教育。同年11月,重庆市教委授予西师附中"重庆市中小学计算机教育示范学校"。2003年,学校全面贯彻新课标,鼓励多媒体教学。49个班的多媒体视频系统与学校计算机网连成一片,实现教师教学信息化,教学管理网络可视化,有教学子网(660个点)、办公子网(22个点)和教师子网(178个点),实现远程教学和学习。

2.进行电脑培训

学校注重教师计算机能力培训,鼓励教师尽快掌握电脑运用技术。培训结业的教师购买电脑可以报销3000元,作为奖励。

3.成立信息技术教育领导小组

2004年,学校成立以校长为组长的学校信息技术教育领导小组,狠抓信息技术与学科教学的整合,要求教师每学期至少有5个课时要使用多媒体教学,其中必须有一节多媒体公开课。学校多媒体设备利用率接近60%,在某些学科达90%。信息技术在教育教学中的应用达到一个新高度。

4.信息技术及获奖情况

2003年,在专职教师的指导下,学校运用现代教育技术,优化资源,将课堂教学与课外活动相结合,发展学生创新思维,培养创新精神和创新能力。110名学生参加全国中小学生信息技术创新与实践活动大赛,在电脑DIY装机、网络中文、网络英文、动画制作、网页制作、机器人等6项比赛中均获大奖,其中,11人获重庆赛区一等奖,40人获二等奖。教育部关工委、少先队全国委员会、中国科协、中国发明协会联合授予附中"信息技术创新与实践活动先进集体"奖牌。11月,重庆市第十八届青少年科技创新大赛中,附中11件电脑软件作品获一等奖,2件作品获电脑程序二等奖,罗乐、谌夏、袁淼获一等奖,袁淼、易海波、黄涵、秦一维获二等奖。远程控制软件《移动管家》上了中央电视台《异想天开》节目。2004年4月,在广州举办的中小学生信息技术创新与实践大赛中,学校获创新与实践技能大赛团体一等奖,个人全能冠军及科技制作项目1人获第一名,2人获电脑程序一等奖(全市共4人)。全国中小学生信息技术创新与实践活动组织委员会授予学校"信息技术创新与实践活动先进单位"。8月,北京第三届亚太经合组织(APEC)青年科学节上,1件作品获一等奖(全国共7件,重庆唯一),1件作品获二等奖(全国共25件,重庆唯一),3件作品获优秀奖。2005年9月,重庆市教育委员会授予附中"十五"期间中小学信息技术教育电化教育先进集体称号。2006年,学校以高2009届的物理和英语为试点,抓信息技术和学科教学的结合。教师在利用计算机课件辅助教学的同时,充分利用网络资源获取最新信息资料,结合教学具体内容布置作业。学生利用课外时间到学校电子阅览室搜寻相关资料。学科备课组做到备课和命题网络化。是年,信息技术高中会考合格率为100%。2007年,新万象楼投入使用。学校投入135万元购买信息技术设备,其中,25万元购买40台戴尔5150型电脑,用于更新办公电脑和学生课外活动电脑;14万元购买65台方正文祥E350电脑,用于更换学生信息技术课电脑;37万元用于校园网的改造和扩容;36万元用于广播监控系统的改造和扩容;22万元用于教室多媒体系统的更新和补充。每个教室配有电脑和投影仪,学校电化教学上了个台阶。电子阅览室与西南大学图书馆联网,师生均可浏览西南大学图书馆的网上资源。

三、安全工作

1.成立安全工作领导小组

根据市教委有关安全工作的要求,学校成立安全工作领导小组,有兼职保卫干部1名、专职保卫干事2名、保安人员15名。校长为安全工作的第一责任人,党委统揽全局,统一协调,各部门按照谁主管、谁负责的原则,责任到人,层层签订安全责任书。健全的规章制度、完整严密的预防处置系统保证了校园安全稳定。

2.拟定实施方案

依据《中华人民共和国未成年人保护法》《中共中央　国务院关于进一步加强社会治安综合治理的意见》等法规精神,安全工作领导小组拟定《西师附中安全稳定工作实施方案》和《西师附中预防处置突发事件应急策略》,编发学生安全手册。制定了安全工作条例,建立了严格的值班、巡查、门卫登记、消防检查、学生周末追踪、信息报送,以及食品、物品、档案文字管理等一系列规定,做到有章可循,照章办事,并将安全工作纳入年终考核,实行安全工作一票否决制。

3.加强法制、安全教育

学校积极发挥法制副校长和法制辅导员的作用。除课堂(班会、政治课)渠道外,学校定期组织报告会和外出参观,增强学生的学法守法意识。对严重违反校纪的学生采取警示教育和"1+1"帮教活动,学生犯罪率为零。

学校重视安全工作,及时维护围墙、栏杆、电线、燃气管道等设施,保证设备完好,及时消除隐患。学校通过晨会、广播、录像、展览、主题班会等形式,强化学生的安全意识和自我保护意识;通过《西师附中关于加强学生人身安全的有关规定》《西师附中关于学生安全教育问题告家长书》《西师附中学生安全手册》等,规范并强化学生的安全行为习惯;通过消防演练,培养学生的逃生自救能力。2007年1月16日,在学校教学楼和男女生宿舍进行了消防疏散演练,北碚区消防总队官兵到大操场手把手指导师生操练水带、水枪和干粉灭火器。

4.安装红绿灯

在上下学的高峰时刻,大量学生涌向校门外丁字路口,人流和车流并行,人车抢道。每天放学时,学校派执勤人员到场疏导交通,保证学生安全。经过与北碚区相关部门协商,学校出资在文星湾北桥头安装了红绿灯。地下通道建成后,红绿灯被拆除。

5. 招聘保安人员

学校招聘具有一定专业素质的军队转业人员担任保卫工作,组建了一支作风优良、素质过硬的安全工作队伍。学校还与北泉派出所合作,在校门卫室设立报警点,共建平安校园。2002年前后,经常有小偷夜间到校内从教师宿舍和学生寝室外把衣物等钩出去。亭楼更是小偷常光顾之地,底楼到5楼的住户都被偷过,损失了不少钱物。之后,学校修建夜间执勤岗,组织夜间巡逻,校园安全有了根本变化。

6. 加强卫生防疫工作

2003年,在抗击"非典"(非典型性肺炎)的过程中,学校按照疫情防控要求,采取有效措施进行防控,各班每天早、中、晚测量学生体温,并及时上报医务室,对有疑似症状的人员及时隔离。严格做到每天报告疫情,严控大型活动和进校人员。"非典"防控取得圆满成功,学校获北碚区委、区政府颁发的北碚区"非典"防治工作特别贡献奖。7月,学校获重庆市教委颁发的卫生工作先进集体奖。2006年7月5日,全校学生参加了教育部举办的网上青少年预防艾滋病教育有奖知识问答活动。

7. 获奖情况

2005年12月,重庆市教委授予学校重庆市教育系统"四五"普法先进集体称号。学校于2004、2005、2006连续三年被评为教育系统安全文明校园。

第五节 研究性学习见成果 环境教育初显成效

学校重视研究性学习,开展了许多工作,制定了研究性学习工作条例,聘请西师/西大的专家做专题报告,进行师资培训和课题指导。

一、成立研究小组

2000年2月,学校成立"3+X"研究小组和研究性学习研究小组,在理科实验班开设研究性学习课程,并举行了首届研究性学习多媒体教学观摩活动。市教科院高度赞扬附中的研究性学习活动。

1. 研究性学习观摩活动

2001年,学校科研处协同教导处和德育处,负责组织和管理研究性学习,将研究性学习推向各个年级。11月10日,举行第二届研究性学习多媒体教学观摩活动,持续一周时间。到年底,高2001届学生的研究性课题结题,成果有：8本研究资料汇编,共5000多页；7幅书画作品选送国际交流；2套自编武术；3次摄影展；改进106个实验、形成987份方案；203篇论文、4本个人专著和31项小发明。高2002届学生改进173个实验、完成1114份方案、208篇论文、57件原创小发明、1本个人专著、56本诗集。同年,学生自制的7个课件和90余篇论文参加重庆市重点中学研究性学习演示活动。论文《烟草的危害》收入《重庆市高中研究性学习优秀案例选编》一书。

2. 构建研究性学习网络平台

2005年1月,学校建起了研究性学习网络平台,让学生通过网络选择指导教师和同伴,通过网络合作实施研究性学习课题,交流感悟和展示成果等。平台的使用整合了校内外课程资源,有利于指导学生的课题研究。该年,学校成功举办了重庆市示范高中建设研究性学习研讨会。

3. 获奖情况

2000年5月,在市重点中学研究性学习展示活动中,市教科院授予附中最佳探索奖。2005年5月,在重庆市"真广杯"首届初、高中综合实践学生课题研究展示活动中，参赛的4个研究性课题均获一等奖，2个高中课题分获第一、三名，学校获组织一等奖。2007年，在首届华人教育网中学生网上研究性学习大赛中，附中选送的课题获第一名。研究性学习成为附中的一块招牌，在市内外享有极高的声誉。

二、贯彻环境教育纲要和环境教育指南

学校将环境教育与办学理念有机结合，贯穿于教育、教学、管理和校园建设之中，创建了学科教学中的环境教育、环境实践和科技教育相融合的环境教育模式。学校引进国内外环境教育项目，搭建中外学生交流平台，提升学校环境教育档次，培养学生的环境素养和社会责任感，增强他们的科学研究能力、社会实践能力和国际交往能力。

1. 组织绿色志愿者协会

学校成立环境工作领导小组，组织绿色志愿者协会，教育学生树立"保护环境，人人有责"的观念，认识保护环境、减少环境污染、维护生态平衡、合理开发利用自然资源的重要意义和作用。引导学生从自己做起，从身边的小事做起，改变不利于环境保护的生活方式和行为习惯，培养符合环境道德要求的生活习惯。带领学生积极参加美化绿化活动，自觉爱护花草树木，保护美化绿化成果。

2. 活动及获奖情况

1999年12月，重庆市教委、重庆市环境保护局授予附中绿色学校称号。2000年11月，附中被国家环保总局、教育部授予全国创建绿色学校活动先进集体称号。2001年，附中入选首批中瑞合作"环境小硕士"项目实验学校。次年，附中被评为首批项目实施效果最好的学校。高2002届学生陈竹等自发到璧北河进行考察，并将水样、生物危害状况样本等送到重庆大学进行化验分析，写出科技含量较高的调查报告。北碚区政府高度重视，责令污染源工厂停产治污，并邀请同学们在工厂复产之日前往查看治污效果。同年，附中被教育部、国家环保总局命名为争创国家级绿色学校先进学校，在中日环境交流会上做了经验介绍。2002年3月，北碚区保护母亲河行动领导小组给附中颁发"运河生态监护站"站牌

及"生态监护队"队旗。学校第四届绿色志愿者协会启动,开展11次街头宣传活动,参与野外拾废、护绿、污染考察等800多人次。参加全国绿色学校环境教育教学多媒体课件大赛,1名学生获国家级三等奖,3名优秀奖,学校获优秀组织奖。张万琼老师参加重庆市绿色学校环境教育表彰大会,获环境教育优秀教师称号。8月,张万琼老师在绿色学校高级研修班上发言,交流附中绿色环境教育工作经验。张小华、杨晓婷等6名教师获重庆市环保局环境征文优秀辅导教师,8名学生获征文一、二、三等奖。在北碚区环境征文大赛中,11名学生获一、二等奖。2004年,附中联系了多个环境及德育教育基地,如张自忠将军墓、西山坪戒毒所、缙云山植物园、北碚污水处理厂和第十三集团军教导大队等,并定期开展活动。11月,因环保工作成绩突出,学校获重庆市环保局授予的环保先进单位和重庆环保30年优秀环境保护单位称号。同年,获福特汽车环境教育项目二等奖。2006年3月24日,附中举行重庆市首届青少年野生动植物保护知识竞赛启动仪式。重庆市青少年野生动植物保护协会会长张洪给学校颁发了未成年人生态道德教育先进单位奖牌。12月9日至14日,在第四届世界青年环保大会(阿联酋迪拜)上,在来自34个国家和地区的170支代表队中,附中整治璧北河的调查报告获最佳课题奖。

第二章

肩负重托以人为本
依法依规民主治校

2008年2月，李平卸任校长职务。西南大学党委任命傅玉蓉担任附属中学党委书记兼代理校长。夏大琼、张万琼、邓晓鹏和刘永凤任副校长。傅玉蓉同志以人为本，牢记把附中办好的重托，坚持依法治校，迎难而上，开展了一系列艰巨的工作，为附中平稳过渡做出了巨大努力。

第一节 秉持"和谐教育"理念 营造育人良好氛围

学校立足学生终身发展,以养成教育为突破口,加大德育工作管理力度,强化人人都是德育工作者的理念,充分发挥各职能部门的作用,狠抓学生日常规范,把"学校工作,德育为先"的德育工作思路贯穿到实际工作中。

一、学校工作,德育为先

学校全面加强课程育德,贯彻落实《重庆市中小学课程育德指导纲要(试行)》,建立全员育人、全程育人、全面育人的育人机制,制定课程德育实施计划和办法,促进课程育德工作有序进行。

1.校团委及德育工作理念

2008年,附中团委得到极大发展,团委下设宣传、组织、文体、学习和纪检五个职能部门,有63个团支部,2198名团员,占学生人数的60.5%。学校依托团委、学生处,坚持重庆市教委提出的"和谐德育"育人理念,从学生思想实际出发,以学生为本,以养成教育为基础,以礼仪教育为重点,以学生思想道德教育和理想信念教育为核心,通过各部门的通力合作,开展了丰富多彩的德育系列活动。充分发挥文化引领作用,积极开展读书研讨活动,倡导师生多读教育经典、国学经典、文化名著,丰富人文内涵,提升文化品位,营造积极向上的校园文化氛围。主要活动包括社团、运动会、缤纷节、发展新团员及五四入团宣誓仪式、18岁成人宣誓仪式、十佳学生干部评选、十佳青少年评选等。

2.创建学生艺术团

2008年9月,学校创建学生艺术团,设立办公室和执行委员会,负责制定具体管理办法,统筹艺术团具体事宜,协调联络各部。艺术团分声乐、舞蹈、语言和戏曲四部。

3. 加强德育队伍建设

班主任和年级组长处在教育教学的第一线，与学生朝夕相处，是德育工作的重要力量。学校采取措施加大班主任队伍、年级组长的培养力度，强化责任意识，提升管理和服务水平。强化班主任、年级组长之间的联系，发挥团队效能。坚持每周一次年级班主任例会，每月一次全校班主任会议，及时解决存在的问题。强调班主任工作"三个前移"：意识前移，不能出问题以后才后悔；工作前移，不能出问题以后才补救；责任前移，不能出问题以后才承担。组织班级管理经验交流会，采用校内培训和"走出去"的方法加强班主任培训，完善班主任工作考核机制，注重发挥优秀班主任示范引领作用。通过优秀班主任评选、青年班主任圆桌论坛，加强班主任后备力量的培养和帮带，形成了一支以班主任队伍为主体，以科任教师、学校员工、学生干部为辅的德育工作队伍，做到教书育人、管理育人、服务育人，营造了全员育人的良好氛围。

4. 庆祝新中国成立60周年

2009年9月开学以后，学校以庆祝新中国成立60周年为主题，开展了系列活动，展示了师生风采，提升了师生精气神。

5. 校内外结合，形成德育工作合力

重视家庭、社会与学校教育的配合，利用校外德育教育基地，形成德育教育合力。各年级定期召开家长会，或通过"校讯通"平台进行家校交流。通过多渠道沟通协调，班主任和家长一起深入细致地做学生的思想教育，引导学生健康成长。

二、向地震灾区献爱心

2008年5月12日，特大地震袭击川西地区。面对突如其来的灾难，全体师生悲恸不已。19日，全校师生默哀3分钟，悼念地震中失去的生命。师生纷纷解囊，向灾区捐款，大部分学生将零花钱悉数捐出。学生捐款115017.41元，教职工捐款56600元，党员交纳特殊党费22848元，学校捐款30万元。2010年4月，青海玉树地区发生地震，教职工捐款31750元，学生捐款8376.8元。

三、迎接北京奥运会

2008年是中国的奥运年。为了弘扬奥运精神,学校大力宣传北京奥运主题——人文奥运,科技奥运,绿色奥运,开展"激情奥运,阳光校园"读书、征文、演讲活动,参加重庆市第三届奥运杯快乐阳光少儿才艺大赛。11月,学校举办冬季运动会,更快、更高、更强的奥运精神在赛场上充分展现。

四、重视帮助特困学生

学校领导高度重视特困生问题,每学期免除30多名特困生的学费,另补助200多名学生生活费,帮他们渡过生活难关,确保他们顺利完成学业。退休教师李兹和许多老干部一起,对特困生进行定期定额资助。2008年上学期,32名特困生受到关工委资助,共计9600元。重庆银行北碚支行行长杨志敏资助高2011届一名学生,每学期200元。西南大学关工委志愿者服务团,对特困生也进行各种帮助。

五、获奖情况

2008年9月,在"做节能减排明星、夺绿色奥运金牌"全国青少年环境保护系列比赛活动中,附中获优秀组织奖。9月20日,合唱队参加重庆市教育系统举办的歌咏大赛,展示了附中人的精神风貌。10月,附中荣获重庆市"激情奥运,阳光校园"主题教育活动组织奖。

第二节 完善教学常规管理 创新研究性学习机制

以教学为中心,学校注重教学常规管理,制定了备课、上课、辅导、批改作业、考试、考核评价、教学科研等规章制度,做到教学管理制度化、序列化和量化。

一、教学科研工作

1. 深入课堂听课

围绕提高课堂教学质量,学校坚持领导下年级、联系教研组制度。年级分管领导听课,每周不少于2节,每学期不少于40节。分管教学的副校长听课,每学期不少于60节,并参加所联系教研组的教研活动、听课评课、教师考核等。加强教研组建设,要求教研组长听课,了解教师教学情况并给予指导。发挥备课组的作用,抓好集体备课及教学研讨,注重因材施教和分层教学。

2. 严格教学过程管理

学校严格教学过程管理。教务处加大对教学各环节的检查,通过学生填写的教学日志、调查问卷等,了解教师教学情况,规范教师教学行为,提高课堂教学效率。

3. 促进教师成长

学校重视校本教研工作,开展了青年教师优质课比赛、青年教师基本功大赛、集体备课、公开课、汇报课、研究课、示范课等活动。刊印《附中教科动态》,为教研成果的交流和学术思想的自由发展创造了良好氛围。通过老带新导师制、市级骨干教师培训、"请进来,走出去"、职称评定、评优评先等方式,打造教师成长平台。2009年,学校派出数十名教师到市外学习考察。这些举措的实施,促进了教师成长。

4. 准备实施新课改

按照市教委的安排,学校认真准备实施高中新课程方案,加强教师培训,注重校本教研制度建设,加强课堂教学研究,学习先进学校的教学经验,积极探索面向全体学生并适应每个学生潜能发展的课堂教学模式,注重因材施教,提高课堂教学的针对性和实效性。

5. 加大招生力度

为适应重庆市高中招生政策改革,学校加大招生工作力度,制定优质生源和艺体科技特长生招生方案,做好本校初三毕业生的思想工作,避免优质生源流失,保证了优生数量和高考升学质量。

6. 科技活动

科技教育方面，学校与重庆大学合作进行科普活动，组织学生到重大听讲座，参与科技制作，到市科技馆参观，观看日全食等。还组织学生参加"科技之星"创新大赛、模型大赛、全国Flash创意大赛等，为学生发展搭建平台。2008年，11名学生获创新大赛一等奖，其中，3名学生获得中、高考加10分资格，12名学生获二、三等奖，23件作品获得专利。2009年，李博恒同学获创新市长奖，获得高考加20分资格。

7. 校本教研体制

教学科研工作方面，学校建立校长领导，分管教学科研的副校长负责，教科处牵头，课程专家组、学校科研小组、教研组、年级组、学生兴趣小组共同参与的岗位制校本教研体制，创建了重庆市学生研究性学习小课题展示模式，建立了师生学习和研究的网络支持平台。师生全员参与研究网络，把课题研究层层落到实处，保证了学校核心课题扎实进行，为学校教育教学水平的提高和教师专业素质的提升搭建了坚实的平台。学校以教育教学实践中的实际问题为研究内容，以促进学生发展、提高教师专业化水平为研究目的，把教师培训、教育科研、教学研究、学校管理和校本课程开发融为一体，完善科研工作制度，加强科研工作的规范运作，强化实验研究的过程管理。校本研究从课题立项到课程发展规划、研究、总结均有章可循。

8. 重视体育教学

学校坚持把提高师生身体素质和健康水平作为体育教学工作的出发点和落脚点。除课堂教学外，组织体育教师开设太极拳、网球、健美操等健身课程，满足师生的健身需求。田径、网球、武术、健美操等项目是附中的强项，在北碚区和重庆市的比赛中，均取得优异成绩。2013年8月，附中成为国家体育总局命名的"2009—2012年度全国群众体育先进单位"。2014年，国家体育总局授予附中"国家级体育传统项目学校"。

二、研究性学习经验全国推广

2009年10月,一篇题为《创新研究性学习的实施方式,培养学生的创新精神和实践能力》的文章在全国基础教育课程改革经验交流会上交流。文章总结了附中在创新研究性学习、培养学生的创新精神和实践能力方面所采取的措施和取得的成绩。此次全国基础教育课程改革经验交流会是全国基础教育课程改革的一次极其重要的会议,与会者是各省区市教委负责同志。

创新研究性学习的实施方式,培养学生的创新精神和实践能力

一、建立健全研究性学习机制,保障研究性学习开展

(一)健全机构,领导研究性学习

学校成立研究性学习机构,傅玉蓉校长主管、邓晓鹏副校长分管、综合处具体负责。综合处下设各学科研究性学习组、特色课题研究组等。每组有专职和兼职的教师负责,做到研究性学习活动有时间,有地点,有记录,有评价,学生有收获。

(二)完善制度,规范研究性学习

学校制定《西南师大附中研究性学习方案》《研究性学习经费投入保障制度》《研究性学习教师培养制度》《师生研究性学习活动奖励制度》《研究性学习成果展示制度》《专利申报资助制度》等,形成一套完善的管理制度。

(三)组建高水平师资队伍,指导研究性学习

利用校内外资源,组建一支研究水平高、指导经验丰富、结构合理的研究性学习教师队伍。学校共有15名固定兼职研究性学习教师,其中,1名全国十佳科技辅导员,1名全国研究性学习优秀辅导员,2名全国优秀科技辅导员,7名市级优秀科技辅导员,5名市级环境教育优秀教师。聘请重庆大学科协主席靳萍教授、西南大学罗凌飞教授、李远蓉教授,西南大学享受国务院特殊津贴专家薛荣生教授,北碚教师进修学院等校外专家、学者具体参与指导学校研究性学习活动,形成长效机制。教师指导课题、评价和规范研究性学习在附中常态化。

(四)重视软硬件建设,支撑研究性学习

学校有科技制作室、传统数学科技教育室、科技教育活动室、无线电测向室、

机器人教室、地理科技展览与活动室、生物标本室、学生化学探究室、学生生物探究室、学生物理探究室等专业教室和1个生物多样性园。2008年正在建设的有家蚕基因大手拉小手实验室、地理科技园、附中种植园、环境教育警示道和校园太阳能发电站。这些软硬件为研究性学习提供了必要的条件。

（五）利用周边社区资源，拓展研究性学习

学校在西南大学、重庆大学及学校周边有11处校外研究性学习实践场所：西南大学家蚕基因实验室、西南大学淡水生物生殖与发育教育部重点实验室、西南大学工程与技术研究所、重庆大学、中国仪表材料研究所、北碚污水处理厂、北碚水文站段、缙云山自然保护区、重庆市自然博物馆等。对周边社区资源的充分利用，使学校的研究性学习走向社会，拓宽了研究性学习的范围。

二、创造性开展研究性学习活动，培养学生的创新精神和实践能力

（一）开设研究性学习课程，落实国家课程要求

附中在高中一年级时按要求开设研究性学习课程，给学生介绍研究的基本方法，进行为保障研究正常进行的研究性学习通识教育；从高一下学期开始，学生进行课题研究，在学生研究过程中，指导教师进行"问问题"式指导，通过问问题促进学生扩展知识面，开阔视野，培养学生实证思维，对遇到的问题深入思考。每一个学生都必须选择一个课题或加入到一个课题研究中，并进行结题，开展研究性学习成果展示交流活动。在课堂教学中加强研究思维、观察思维、想象力的培养与训练，促进了研究性学习能力的正常发展。

（二）开展主题研究，保障研究性学习的生机和活力

充分挖掘教材中的可研究内容，进行主题研究。使研究性学习与日常学科教学紧密结合，既能丰富研究性学习的素材，又能促进研究性学习能力的发展，为研究性学习增添了生机和活力。学校结合"2+2"项目，开设研究性学习项目研究，如七巧板、虚拟机器人、剪纸、折纸、捏泥人、无线电测向、科技创新思维、电脑制作、叶脉画、水印技术、制作立体画、制作莫氏条纹、制作潜望镜、制作水果发电机、用镜子塑造千手观音、制作温差发电机、废旧电池制作发电机等。这些研究以选修课形式开设。

（三）参与国内外科技教育项目，增强研究性学习的开放性

每年定期的国际环境科技教育项目提高了附中研究性学习研究领域的前沿性。高中学生每年定期参加"中瑞（瑞典）'环境小硕士'""中英酸雨研究""气候酷派活动"和"国际环保小记者"等项目。初中学生定期参与中、英、印联合举行的"三河演绎""川流五洲"项目；教师的"项目孵化""三级联动"是学校与国际、国内学生交流的重要平台。这些项目让学生系统学习可持续发展理论和实践，并与国内外中学生共同研究课题，定期进行交流。在"中瑞'环境小硕士'"项目中，学生与来自103个国家和地区的同龄人研究、交流科技课题。学校还指导上海、天津、广州、长沙、成都及本市40余所重点中学实施环保科技教育活动。学校科技教育在走出去、请进来过程中，与美国、英国、日本、澳大利亚、韩国、新加坡、法国、瑞典等23个国家和地区进行交流，扩大了附中的影响，提升了附中的品牌。

（四）举办竞赛活动，激发学生参与研究性学习的积极性

学校成功举行7届"科技之光"（科技节）活动。该活动与学校缤纷艺术节一起实施，学生（高三、初三除外）参与小研究、小制作、小发明、小设想、电脑作品、科技绘画、成果展示等多种活动。每年的12月下旬，学校还组织每年一度的"研究性学习成果多媒体展示活动"，该活动成为附中的品牌，在全市具有较大影响。2005年，首届重庆市中学生小课题研究展示活动以校园展示的形式举行，此后每年决赛期间，众多兄弟学校到校观摩学习。该活动是学生从选题、课题实施、成果展示初赛、复赛，最终完成成果展示的一系列活动，历时一年。该活动要求高中学生全员参与，课题成果全部展示，展示成果全部评价，优秀课题全部有奖励。该活动让每一位学生在中学阶段就体验科学研究的全过程。

附中不定期举行地图拼图比赛、环境知识抢答比赛、环保征文比赛、各类创意比赛等，组织学生参加国际、国家、重庆市科技比赛，为有不同科技兴趣爱好的同学提供选择的机会。学校为学生提供科技创新和展示的平台，让学生创意得以实现，特长得到展示，创新型人才得到培养。

（五）以"大手拉小手"活动为手段，提升研究性学习的探究性

学校定期邀请西南大学、重庆大学专家教授为师生开设科技讲座。组织师生到西南大学、重庆大学实验室参观做实验，研究科技作品等。"大手"引领为学

生科技实践、科学研究、发明创造提供条件与机会。聘请大学、科研机构专家、教授对有特长的学生进行重点培养。2008年,附中成为重庆大学科协"大手拉小手"创新示范工程试点学校,重庆大学科协为附中学生开发"科普秀"活动;2009年,学校向西南大学向仲怀院士申请建设实验室,得到他和夏庆友教授的支持,建设一间家蚕基因实验室。这些活动的开展,提升了研究性学习的科技含量。

(六)营造研究性学习文化氛围,彰显研究性学习的教育性

充分利用校内外科技设施,营造研究性学习氛围,培养学生科技兴趣。学生刊物、科普宣传栏和科普画廊、校内绿色植物挂牌、校园护绿责任区、教学楼和实验楼的楼道挂图等软硬件建设使学生得到潜移默化的熏陶。同时学校还组织学生到缙云山、重庆自然博物馆、璧北河等地进行科技实践活动,营造了良好的研究性教育文化,培养了学生的科技兴趣。

(七)开展研究性学习指导技能研究,提升研究性学习的实效性

为了进一步提高学校研究性学习教育水平,学校把研究性学习教育纳入教学科研范畴,组织教师进行研究,以期获得更好的经验和成果。长期的总结和提炼得出以下共识:研究性学习的组织策略是"以点带面,重在面,精抓点";指导方针是"指而不明,引而不发,含而不露,开而不达";指导策略是"通过问问题过程实现教师指导,通过回答问题学生进行课题研究"。学校还开发研究性学习网络平台,指导教师通过网络对学生进行指导,同时通过网络丰富研究性学习资源。基于研究性学习的特点,探索基于多媒体展示形式的研究性学习评价方式,即学生在教师指导下完成研究性学习课题研究,并将研究过程和研究成果整理、归纳、提炼,利用计算机软件制作课件,以多媒体形式进行展示,并接受评价。该过程培养了学生的语言表达、人际交往、协同合作能力,提高了调查研究能力。2009年11月,秦翰和肖潇二位同学实施的研究性学习课题受到中欧峰会的邀请,在领导人会议上展示。会上共展示了5个课题,其中,中国有2个。重庆电视台、《重庆日报》、《重庆晚报》、《重庆晨报》、《重庆商报》、《重庆时报》等媒体对附中学生的参与情况进行报道,外交部网站、环保部网站、中欧峰会网站等媒体也对附中学生课题和学校做了报道。重庆卫视对附中学生课题进行了深度报道。12月,由重庆市教科院主办,附中承办的重庆市研究性学习直属中学课题展示活

动在学校举行,全市25个区县的综合实践活动教研员、研究性学习教师、七所直属中学师生共700余人参加此次活动。会上,附中展示12个课题,在直属校课题展示评比中获得第一名。

三、师生共同发展,学校特色凸显

学校在全面实施研究性学习的过程中积极探索,形成了"大课堂、小课题、全参与、重体验"的研究性学习特色,逐渐形成以研究性学习精神、理念为核心的校园文化氛围。在培养学生创新能力等方面取得了丰硕成果,得到了社会各界的肯定。几年间,学生完成的小课题有5000余个,其中,有158人获得国际、国家、重庆市级各类科技竞赛一、二等奖,申请专利17项,5名学生享受高考加分,4名学生获创新市长奖和提名奖,多人获得自主招生资格。有15位教师先后获得"全国科学教育先进个人""重庆市优秀科技教师""重庆市优秀辅导员"和"重庆市优秀环境教师"称号,其中,1名教师获得"全国十佳科技教师"称号。至2012年,附中形成由高校科技人员和企业科技人员引领并与之合作的模式,涵盖数学、物理与工程学、化学、生物、地理与地球空间科学、信息技术、环境教育、社会科学等学科的骨干研究性学习指导教师群体。学校先后获得全国科学教育先进单位、全国科技教育示范单位、中瑞"环境小硕士"项目实验学校、重庆市首批科技教育示范校、全国信息技术创新与实践活动先进单位、全国科普示范区特别贡献奖、环保30年——重庆市环境保护先进单位等荣誉称号。

第三节 全面实施素质教育 为学生终身发展奠基

《基础教育课程改革纲要(试行)》规定,从小学至高中设置综合实践活动并作为必修课程,其内容主要包括信息技术教育、研究性学习、社区服务与社会实践、劳动与技术教育。

一、活动育人

1. 实行"2+2"项目

学校重视音体美及科技教育对学生综合素质发展的影响，落实"2+2"项目及各类选修课、综合实践活动课，开展课间操、眼保健操、课外活动及业余训练等阳光体育活动。从2008年下学期开始，学校实行"2+2"项目，开展丰富多彩的活动，实现了学生的全面发展，为学生终身发展奠基。10月23日，在积健楼七楼，2000多师生举行体育、艺术、科技"2+2"项目暨重庆大学"大手拉小手"创新示范工程——重庆大学科普秀进校园启动仪式。特邀嘉宾重庆大学博士生导师曾国平教授做了《走向成功的人生》主题演讲，重大科协秘书长刘辉博士做《水印技术》科普秀报告。精彩的报告对学校实施"2+2"项目起到了很好的助推作用。2009年9月至次年1月，在初2011届成功实施"2+2"项目的基础上，继续探索培养体育、艺术、科技特长的综合教育思路，将体育、艺术、科技特长发展目标融入学科教学，每周2节"2+2"特长培养课程，以课堂为主要形式，以讲座、社团活动、校园隐性课程等为重要途径，培养学生两项体育技能、一项艺术特长、一项科技特长。在实施过程中，学校整合资源，改变原有教学班级，在学生自愿的基础上进行小班教学。这些做法为选修课的大面积开设提供了经验，在全市乃至全国都产生了重要影响。12月，重庆市教育学会、市高等教育学会授予附中"新中国成立60年重庆教育功勋著名中学"称号。

2. 袁隆平院士题词

2008年10月28日上午，附中60余名师生代表在西南大学大礼堂聆听袁隆平院士做《超级杂交水稻研究新进展》报告。会后，袁隆平院士与附中师生进行了座谈，并题写"为学生终身发展奠基"，题词被印刻在校门口的校训碑上。

3. 文体活动

2008年10月27日，"全国亿万学生阳光体育冬季长跑活动"启动仪式在运动场举行。傅玉蓉校长鼓励学生坚持冬季长跑运动，增强自身体质。11月13日，2008年秋季运动会隆重开幕。开幕式上，各班代表队表演了精彩的韵律操、太极拳及列队操。700多运动员参加了30多个项目的角逐。同日晚，为庆祝京剧社成立2周年暨"校园京剧艺术教育示范基地"授牌一周年,学校举办"学生京剧专场"会演。学生们演出了《坐宫》《失街亭》《凤还巢》《野猪林》《西施》《西厢记》《二进宫》等十多个名剧片段,清唱了《都有一颗红亮的心》《霸王别姬》等脍炙人口的曲目。重庆戏剧家协会,重庆文艺评论家协会,中国音乐家协会重庆分会,北碚区委宣传部等单位领导和专家30余人应邀到会,1000余名师生观看演出。12月12日,初2011和初2010届学生在积健楼七楼举行"歌颂真情,珍爱生命"朗诵比赛。同学们感情真挚、形式多样的朗诵赢得台下阵阵掌声。

4. 校友讲座

2008年11月18日,高1999届校友石拓和我国最年轻的973计划首席科学家罗凌飞教授(高1995届校友)回母校与学弟、学妹在万象楼阶梯教室进行座谈。石拓校友做了题为《先天优势与后天培养》的讲座,鼓励同学们立志成才。

5. 第六届研究性学习大赛

2008年12月25日,高2011届学生在积健楼七楼举行第六届研究性学习大赛,傅玉蓉校长及市教科所专家、领导出席。赛后,教科所领导对学生的研究性学习成果给予充分肯定。

二、迎接新中国成立六十周年,素质教育蓬勃发展

为庆祝新中国成立六十周年,学校组织了系列庆祝活动,参加市区教委和西南大学的活动,展示了师生风采,提升了精气神。

1. 举办文艺活动

学校开展读书研讨活动,倡导教师多读教育经典、国学经典、文化名著,丰富人文内涵,提升文化品位,营造积极向上的文化氛围。2009年4月,学校举办以"雅言传承文明·经典浸润人生"为主题的第九届学生缤纷节,包括经典诵读比赛、"祖国在我心中"文艺会演、"课本剧大赛"、"心苑漫步"等板块。7月,举办教师歌咏比赛。9月,举办退休教师重阳节唱歌比赛暨重阳节师生联欢活动。10月,参加庆祝新中国成立六十周年重庆市千名中小学生现场书法比赛,获1个一等奖。

2. 京剧小票友邀请赛

2009年8月,京剧社师生参加第二届"和平杯"中国京剧小票友邀请赛,获二、三等和纪念奖各1个,1名学生获"小票友"称号,学校获优秀组织奖。接待重庆市第二届"汉语桥"世界中学生中文比赛"狗队",这9名来自美国、瑞典、加拿大、新加坡和泰国的学生,喜爱中国传统文化,到京剧社拜师学艺。

3. 学校获奖

学校注重科技教育实效。2009年3月,全国青少年科学教育师训计划领导小组授予附中"2008年度优秀科技教育实验基地"。4月,重庆市教委、市科协授予附中"重庆市科技教育特色学校"和"2008年度重庆市青少年科技教育工作先进集体"。同月,学校参加重庆市青少年网球锦标赛获甲组女子单打季军,乙组男子单打季军,甲组男子单打第五名,甲组男子双打第五名。6月,在第三届"地球小博士"全国地理科技大赛中,中国地理学会授予附中"地理科普教育基地"。9月,学校成功申报2010年国家级青少年体育俱乐部。参加重庆市第五届中小学生艺术展演,合唱获一等奖,课本剧获一等奖,绘画获1个一等奖,2个二等奖,书法获2个二等奖。11月,参加北碚区第29届中学生田径运动会,获5项第一名,2项第二名。

4. 防控甲型H1N1流感

2009年下半年,在甲型H1N1流感的防控工作中,学校成立防控领导小组,按照防疫部门的要求,制定应急预案,严格执行晨检、午检、晚检、缺课学生原因追查和疫情报告制度,印发流感防控告家长书、防控知识宣传材料、防控流程表等,有效预防疫情传播,防控工作得到北碚区政府的高度评价。11月,全校师生接种甲型H1N1流感疫苗。

第四节 更新添置教学设备 修建环保标准操场

2008—2009年,为改善办学条件,学校多方努力,完善了修扩建运动场的手续,落实了所需经费。义务教育阶段的学杂费和日常维修等款项获教育部拨款单列。2009—2011年的修购专项经费获教育部批准。学校还完善了公有住房管理办法,制定了教职工已购住房回购办法,解决了教职工的住房问题。

一、加强网络建设

1.实现办公现代化

2008年,学校信息技术建设加大力度,更换了办公室电脑,教师配笔记本电脑,并定期进行维护,实现了办公现代化。

2.更新校园网络设备

2009年2月,重庆市教委授予附中2008年度教育信息技术与装备工作绩效考核一等奖。2009年暑假期间,学校对网络系统、广播系统、监控系统进行了维护,安装了教学楼考试屏蔽系统,更新了科技室、美术室、实验室的仪器设备,扩建了15间多媒体教室,改造了2间美术教室和1间音乐教室。完成逸夫楼远程教育教室的装修改造。2个计算机机房改造为防静电地板机房。

二、打造校园环境

1.修建运动场

2009年3月,运动场改造工程动工,原被戏称为"布达拉宫"的山梁被爆破、移走,耗时近半年,2010年暑期一期工程完工,后又进一步扩建。2012年10月,整个工程竣工,彻底解决了附中没有400米标准运动场的老大难问题,为学生活动提供了充足的场地,为学校发展提供了全新的空间。

2.改造图书馆

2008年,图书馆改造工程完成,建立了图书门禁及借阅系统、监控系统和电子阅览系统。图书馆分为学生阅览区、教师阅览区、电子阅览区、休闲区、明德英文区,各区相对独立。图书馆一流的硬件设施和人性化服务,为师生员工提供了温馨舒适的书香环境。

3. 购置土地

学校充分利用北碚区危房改造的机会,在北碚区政府的积极支持下,购买了校园周边原郭家沱、杜家街、戒毒所共51.8亩土地,为修建运动场和初中部创造了条件。

4. 后勤社会化

将安全保卫、学生公寓管理、清洁、水电、园林等工作交由物业管理公司运作,让学校从繁杂的后勤事务中解脱出来,集中更大的人力和物力服务教育教学工作,也让学校从劳资纠纷中摆脱出来,避免了不必要的麻烦和经济损失。

5. 蔡家办学

在北碚区政府的积极推动下,学校同东原集团协商在北碚蔡家合作办学。

第三章

大潮磅礴顺势而动
求新求变缤纷附中

2010年7月,张万琼担任附中中校长,傅玉蓉续任党委书记。这一时期,班子成员有刘永凤、刘东升、游伟、曾万学、刘其宪、梁学友、黄仕友、彭红军。2013年4月,邓晓鹏接任党委书记。此间,刘永凤、傅玉蓉、刘东升、游伟先后调西南大学工作。新班子团结和带领全校教职工锐意进取、改革创新,学校步入快速发展的新时期。这一时期,从安全管理制度到后勤保障制度,学校各项制度进一步完善;从教研组建设到年级组建设,教育教学工作扎实推进;从打造典礼仪式教育到丰富缤纷德育体系,学校内涵发展不断取得新突破;从探索创新实验班到新校区拓展办学,学校在纵向大中学一体化和横向办学空间的拓展上都取得了新的突破,附中在全市人民心中的美誉度不断提升。

第一节 求真务实抓好党建 制度建设强校固本

一、党建引领学校发展

1. 坚持党的办学方针

在党的领导下,中国综合国力日益提升,教育事业不断发展,教育变革的趋势日益明显,教育公平均衡成为首要教育目标,发展学生核心素养全面践行,新高考改革也呼之欲出,重庆市范围内开始启动特色示范高中建设,极大改变了全市中小学格局。多年来,学校领导班子按照"信念坚定、为民服务、勤政务实、敢于担当、清正廉洁"的要求,认真学习贯彻党的系列会议精神,全面贯彻党的教育方针,落实立德树人根本任务,探索基层党建服务于中学教育教学实际新路径,探索党的系列会议精神落实到中学课堂一线并确保"入脑、入心"的新举措,狠抓党建责任落实、党风廉政建设、基层党建工作、意识形态责任落实,"创新""务实"两不误,引领和保证了附中改革发展。

2017年,学校研制审定首部西南大学附属中学章程,修改西南大学附属中学"十三五"发展规划,拟定西南大学附属中学特色示范高中建设方案,明确了学校各项工作基本章程和学校发展目标、发展特色和发展步骤,引领学校发展成为"文化理念先进、教育质量卓越、办学特色鲜明的全国一流、国际知名的学术型中学"。

2018年,教育在国家和全社会受到空前关注,几件大事引导和规定了学校发展变革的方向:一是全国教育大会和全市教育大会的成功召开,再次明确了教育事业定位和教育发展根本任务;二是教育部印发普通高中课程方案和课程标准(2017年版),体现出鲜明的育人导向,提供了新课程实施指南;三是中共中央、国务院印发《关于全面深化新时代教师队伍建设改革的意见》,对新时代教师队伍建设做出顶层设计;四是重庆市明确2018年进入新高考改革,重庆基础教育格局面临重新洗牌。基于此,学校将2018年工作主题定位为:面向未来,创新发展;师生为本,凝练团队;夯实根基,提升质量。这些工作主题,体现了西南大学附中始终坚持党对学校工作的领导,发挥党委政治核心作用,严格执行党的理论和路线方针政策,全面贯彻执行党的教育方针,以确保学校办学的正确方向。

2. 领导班子民主集中制建设

学校以党政联席会议为核心,加强和健全党内监督,促进领导班子民主集中制建设,促进班子民主、科学、规范决策,确保"三重一大"(重大事项决策、重要干部任免、重要项目安排、大额资金的使用)必须经广泛征求意见然后由党政联席会集体讨论做出决定,涉及教职工利益和学校发展的大事项必须由教代会研究通过后方可执行。在领导班子集体研究决策"三重一大"事项时,必须严格遵守"集体领导、民主集中、个别酝酿、会议决定"的原则,实行集体议事事项并以会议表决形式体现领导集体的意志。2017年,学校领导完成了西南大学第三次党代会附中党代表选举工作,进一步健全党内监督和领导班子民主集中制,确保学校办学规范、健康,为教育教学活动的开展提供良好的基础。2018年党委政治核心作用进一步得到发挥,按照"围绕教育教学抓党建,抓好党建促学校发展"的宗旨,确保了学校领导班子平稳过渡。领导班子进一步强化了学习制度,坚持领导班子民主集中制,坚持党政联席会制度,确保"三重一大"事项决策科学规范。

3. 制定学校发展规划

为了明确目标,凝聚人心,调动教职工的积极性和创造性,把学校品牌做大做强,把学校发展推向新的高度,2010年9月,学校成立了4个研究团队,派出30多位教师分赴北京、上海、江苏、山东、浙江、广东、湖南等地进行考察调研,深入研究国家教育政策,结合重庆市情和附中实际,前后召开专家研讨会1次,教代会2次,交流讨论会30多次,为学校发展把脉定调,制定2010—2015年发展规划,即附中"十二五"规划。规划以科学发展观为指导,坚持邓小平同志"三个面向",贯彻党的教育方针,着力培养学生的基础学力和健全人格,实施严谨大气的通才教育,培养学生的创新精神、科学精神和人文精神,立足学生终身发展,培养现代国家公民,锻铸未来国家精英,走"中学里的大学,真教育的殿堂"的发展之路,把学校建成具有"一流师资,一流环境,一流管理"的国家级示范性高中。

2014年3月5日下午,西南大学副校长陈时见到附中现场办公。附中校长张万琼主持会议,党委书记邓晓鹏等校领导做办学历史、拓展办学、初中部建设等方面的工作汇报。陈时见充分肯定了附中的办学成绩,并提出了新要求,指出:附中处于发展的关键期,一是办学空间拓展、办学体制改革迫在眉睫,但一定要规范办学行为,准确定位,合理规划布局;二是要充分发挥大学资源优势,依托教师教育学院"卓越教师培养计划"等平台,加强师资队伍建设;三是要扎实开展课程改革,狠抓教育教学质量,深入基础教育研究,抓品牌,抓特色。

二、制度保障强校固本

1.建立学术委员会

学校重视学术委员专家库建设,制定了学术委员管理制度与办法,明确了学术委员会的职责范围。学术委员会作为学校的独立学术评价机构,对学校的教育教学研究工作进行评价,强化了教育教学研究氛围和对教学的研究和指导,发挥了教研组、备课组在学科建设中的主导作用,推进了教研组"青蓝工程",培养了教学能手、教学专家。

2.明确部门岗位职责

规范化、制度化是学校良好运作的前提和基础,为了确保学校各项工作科学、规范开展,2014年4月—5月,各职能部门在分管校级领导带领下,以制度文化建设课题申报的形式,就各职能部门岗位职责、职能分工及具体的事务流程,进行了全面系统的梳理和完善;6月,学校进行各部门制度建设专题汇报、交流、讨论与完善,梳理完成了公务接待流程、新教师进校手续办理流程、印章使用流程、公务车使用流程、学校招标工作流程、财务保障流程、各类请假流程、外出学习培训流程、课题申报流程、应急事件处理流程、班主任评聘流程、临聘员工事务管理流程等涉及学校安全、行政管理、教育教学管理、硬件建设等各方面的管理流程120余项。

2016年，学校进一步完善部门岗位职责，细化财务审计、采购、招标、教师招聘、招生等制度。一是细化各部门职能和岗位职责，严格按照廉政风险防控要求制定部门岗位管理制度，形成规范、科学、完善的各项管理制度；二是对财务审计、采购、招标、教师招聘、招生等学校管理重点领域进行了制度细化，完善了过程监督。按照西南大学相关文件精神和制度要求，实施严格的招投标管理制度和采购制度；教师招聘实行学校集中考核，决定权重心在基层；招生工作实现了招考分离，在原有制度基础上进一步梳理细化过程中的各环节；进一步强化纪律要求，防止漏洞产生，保证了教师招聘及招生工作公正、公平，从而确保学校办学规范、健康，为教育教学活动的开展提供良好的基础。同时，为适应拓展办学发展的需要，学校实施梯级人才储备、培养、选拔、任用机制，强化干部队伍建设。实行干部队伍、教师队伍跨校区流动，增强学校发展活力。同年，学校选拔部分中层和管理人员，进行干部多岗位锻炼，促进干部队伍综合素养和能力的提升，以适应学校拓展办学发展的需要。2017年，学校调整和优化了校本部与重大校区、西南大学银翔实验学校、西大两江实验学校的管理干部和部门设置，同年本部成立创新实验中心，整合竞赛课程、创新班、实验课程管理。在中层干部的选任方面，加强多元化选拔、多岗位锻炼，促进中层干部队伍综合素养和能力的提升。通过教代会调整全校教职工津贴方案、初中教学目标管理办法，将学期绩效改革为月考核机制，强化绩效优先过程管理。制定完善采购与招投标管理办法及财务零余额账户管理等相关规定，强化管理风险防控，确保学校规范健康发展。进一步完善部门岗位职责，细化财务审计、采购、招标、教师招聘、招生等学校"重点区域"管理制度，形成完善的廉政风险防控制度。2018年，学校进一步充实完善各分校区管理干部和部门设置。

通过细致、周密的体制机制改革，学校逐渐建立起九大中心的部门管理制度，助推学校发展再上新台阶。

3.施行年级五人负责制

为了加强年级管理，使管理重心下移，把"立德树人"放在教育首位，践行"立人·新民"的办学理念，2013年9月，学校制定年级管理改革实施方案，实施年级五人小组管理模式。年级分管中层干部1人；支部书记1人，负责教师思想动态，拟定年级教师工作激励机制、青年教师成长方案,协助年级组长抓学生的思想和教育工作,负责学生业余党校和业余团校以及教师和学生的组织发展,负责工会等群团工作;年级组长1人,协调德育为先和教育中心两者的平衡,拟定年级德育工作计划和教育教学目标,负责年级德育工作和班主任工作;年级组长助理1人,负责教学工作,协调年级各学科的教学目标、计划、实施方案;青年委员1人,分管年级学生分会,联系学生处,开展年级德育活动和常规考核及评比等。

2016年,年级五人小组管理模式进一步优化,形成年级分管干部、支部书记、年级主任、年级副主任、青年委员五人小组;五人共同统筹年级发展规划与目标,务实年级管理考评细则,以管理促成效。

4. 深化教研组建设

2016年,学校进行教研组长、备课组长重新选聘工作,明确任期制,成立"1+6"教研组运行机制,即一位教研组长带六位备课组长,开展教研组的学术工作和管理工作,进一步明确了备课组长责、权、利。将年级组、教研组打造成学校教育教学管理和教师发展的中坚力量,强化了教育教学一线的职能,提升了管理效能。2017年,学校将改革重点放到了推进教研组建设上来,不断强化教研组学术引领、业务指导功能。推动各教研组以培养学生学科核心素养,适应新高考改革为目标,针对教学实践中的困惑、争议、盲点为主题开展形式多样的教研活动,组织、落实各备课组开展形式多样的跨校区集体备课活动。同时组织教研组积极参与各级、各类培训和市、区教研活动,深化教研组建设。2018年,教研组、备课组教研机制进一步优化,教研活动进一步务实:一是组织各教研组开展了以培养学生学科核心素养、新高考改革等为主题的教研活动,全覆盖完成高中教师新版课标培训;二是推动教研活动多样化,组织、落实各备课组开展了跨校区集体备课活动,提升了备课实效性。

5. 完善后勤管理制度

学校推进节约型校园建设,严格执行财务制度。总务处制定岗位职责,落实岗位责任,严格考核制度,加强教育培训,端正思想意识,转变用人观念,完善固定资产管理、物资采购及领用管理、报账结算等制度。在信息中心协助下实行了电脑及网络管理,对固定资产、低值易耗品、库房进行了清理,对废弃物品进行了处理。建立了主管蹲点制度,提高了督办力度。2012年,由于基建和后勤任务繁重,学校成立了基建科和财务科。2013年起,严格按照国家相关政策及法律法规进行财务工作。基建、后勤、财务、校办、信息中心等部门每月开展一次廉政教育。按照西南大学的要求,规范经费支出程序,于2013年9月开始实行公务卡管理制度,完善了财务管理制度及国有资产电子信息档案,保证了学校各个项目合法化、程序化。

6.细化安全管理制度

(1)成立领导小组

2010年,学校成立以校长、书记为双组长的安全领导小组。分管校领导刘东升具体负责,成立安稳办公室,配保安干部2名、保卫人员20名。设立学校警务室(门卫室),配备盾牌、钢叉等防暴设备。对生活老师和食堂员工进行岗前培训和消防器材使用培训。组建义务消防队和抢险救援队。要求值周人员和保安都加强巡逻,每天不少于3次。加强与派出所、社区和城管等部门的联系,实现综合治理。

(2)增强安全意识

学校利用国旗下讲话、班会课、校园广播、专题宣传图片展等形式,进行各项安全教育及普法教育。

定期召开安全工作例会,制定安全主题教育活动的实施方案,有针对性地进行安全主题教育。各班开展安全主题班会,查找身边的安全隐患。定期对消防设施、器材进行排查。组织教学楼和学生寝室应急疏散演练。组织教职员工、保安人员、外聘人员进行消防知识和消防技能培训。在校警的指导下,加强与保安公司的沟通和合作,对保安人员进行岗位培训和督查。

学校每学期开展应急疏散演练,以提高师生的安全防范意识,增强自防自救和互救的能力。通过应急疏散演练,师生熟悉了教室和寝室的安全通道布局,掌握了灭火器材的使用方法等。

(3)落实管理职责

对食堂、宿舍及校园周边环境进行安全排查,消除安全隐患。学校把安全工作作为首要职责,列入重要议事日程,与中心工作同研究、同部署、同考核。学校与各部门、教职工、学生及家长层层签订安全稳定责任书,落实干部教师"一岗双责"制度。

规范应急事件处理流程,完善安全层级责任制。加强常规安全巡查,强化对师生的安全教育和培训。修订学校安全工作指南,印发法治宣传、安全教育等教辅资料。组建校内外安全信息员队伍。建立安全系统信息档案,畅通信息渠道。加强对学生进行防溺水、防森林火灾、防雷击、防洪水的安全教育,杜绝意外事故的发生。

严格执行凭有效证件登记进校制度,学生凭校卡进出校门制度。规范校内车辆管理,禁止校外车辆进入校园,对接送病伤学生的车辆和老教师乘坐的车辆可灵活处理。按照"谁主管,谁负责"的原则,层层签订安全责任书或安全承诺书。

第二节 立足学生全面发展 教育教学捷报频传

一、坚持立德树人根本任务

学校认真贯彻党的十八大精神,坚持"和谐育德"的育人理念,从学校工作实际和学生的思想实际出发,以学生思想道德教育、理想信念教育为核心,以社团活动为基点,以心理健康教育为突破口,以大学资源为依托,以学生终身发展为目标,融心理健康教育、艺体教育、环境教育、科技教育为一体,彰显附中体验式大德育观。

(一)提出"3D熏论"德育理念

2011年7月,学校提出打造"第一课堂课程育德、第二课堂活动育德、第三课堂环境育德"的三维立体课堂,全面实施"3D熏论"德育。落实"立人·新民"办学理念,秉承"行己有耻,君子不器"的校训,通过常规化、系列化、实效化、特色化的主题教育活动,使校园文化元素深入人心。以"生命·安全""爱国·励志""感恩·关心""生态·环境""生涯·博雅"五位一体的责任教育为主线,利用班主任博客、QQ群等多种形式,发挥新媒体在思想政治教育中的重要作用,使学校德育工作追求缤纷德育境界。

(二)践行"3D熏论"德育理念

1. 培养全员育德队伍

2010年9月19日,学校邀请教育部国培2010全国初中骨干班主任培训班的朱永春和郑英两位专家,给班主任分别做了《班主任漫谈》《做一个快乐的班主任》的精彩讲座。

学校注重发挥优秀班主任的示范作用,借助优秀班主任评选、班主任论文评比、课程育德精品课程评比、青年班主任圆桌论坛、"首席班主任"评选、"我最喜爱的班主任"评选、班主任微型讲坛、班主任基本功竞赛等活动,激发班主任的研究意识和成长意识,既做一线教育教学能手,又做研究解决实际问题的教育专家。学校加强对班主任后备力量的培养,实行班主任准入制、导师制、科任教师跟班制、年级助理制和班主任名师工程,造就了一支以班主任队伍为主体,科任教师、学校员工、学生干部为辅助的德育工作队伍。

2. 打造典礼仪式教育

学校德育工作坚持以学生为本,以养成教育为基础,以学生全面成长为核心目标,重视典礼仪式教育,切实推进德育工作。

附中组织升学礼、成人礼和毕业典礼。初一、高一年级举行升学礼,即"入格教育",使新生的习惯、规范和思想等融入新阶段的学习和生活,也是爱校教育的第一步。升学礼让他们产生强烈的身份认同感和归属感。成人礼是高三学生在即将告别中学生涯前的一次洗礼。颁发成人证、系蓝丝带、读家长来信三个环节,让学生进一步明确自己的成长目标,更加深入地思考人的社会属性,领悟对自己、对家人、对社会需要承担的责任。初中、高中毕业典礼则是对学习生涯的回顾,对教师、家长、同学、学校的一种感恩,对学习生活的一次阶段性总结。

3. 构建活动育人体系

2010年,学校开展系列主题活动月活动,加强学生的思想政治教育,提升学生的自立意识、规范意识和爱国情怀。主题活动月活动包括:1月的"规范在我心中",3月的"激扬生命、健康成长",5月的"我的青春我做主",9月的"弘扬和培育民族精神",10月的"爱我中华"、三立培训、"温馨教室、文化教室"班级文化建设评比等。至2014年底,学校通过进行禁毒教育、"十佳"评比、主题征文、黑板报评比、教室寝室美化评比、社会实践活动评比、军训、义捐义卖、职业体验等主题活动,模拟市政机构、学生语言艺术团、合唱团、京剧社、广播站、微影社、绿色志愿者协会、模拟联合国社团、青年志愿者协会等社团活动,及《年轻潮》《附中生活》等刊物,使"立人·新民"的办学理念落到了实处。

2013—2014学年秋,学校共举行19次主题晨会。每次学生和教师的演讲都贴近生活,拉近了师生的距离,增强了教育实效。学校创新表彰形式,各年级开展多元化学生评比和表彰,激发了学生的荣誉感和责任感。

2011年9月,校团委制定《西南大学附属中学学生社团建设实施方案》,明确了社团的职责和任务,完善了社团成立的程序,为社团的成立与管理提供依据。截至2014年9月,经过严格审核,学校批准成立了艺术文化类、体育运动类、学术科技类、社会实践类、兴趣爱好类五个类别的学生社团。

4. 打造精品缤纷活动

"缤纷"寓意附中学生缤纷的青春,缤纷的风采,缤纷的个性,缤纷的创意,缤纷的发展。缤纷节是附中实施缤纷教育的重要途径,从2000年开始,历经十几年,已成为附中素质教育的一张名片。它以综艺晚会、英语风采大赛、爱心易物、美术设计创作大赛、附中好诗词、STEAM创新创意展评、青春歌会等形式为载体,以缤纷的葱茏时空,诠释青春之激情飞扬,追逐青春之远大梦想,演绎附中人"游天地之美,析万物之理"的精神气质,培植附中丰富多彩的校园文化。它是附中学生参与度最高的综合课堂,也是学生进行自我展示的盛大舞台,已然成为附中学子永恒的眷恋、温暖的记忆。通过历届缤纷节、缤纷体育节、春季运动会、冬季长跑等活动的举办,学生综合素质得到全面发展,真正走向"素质与应试双优"。

在已有缤纷节基础上,学校逐渐形成以体育文化为核心的缤纷体育节和以艺术、传统文化为核心的缤纷艺术节,同时不断凝练缤纷节内涵、拓宽缤纷节外延。2017年缤纷节首次加入人工智能元素,智能机器人"晓曼"助阵综艺晚会,与时俱进,进一步打造附中精品缤纷活动。学校缤纷节多次受到新华网、光明网、华龙网、腾讯大渝网、网易新闻、今日头条、重庆晚报、重庆晨报等市内外各大主流媒体的争相报道,赢得了社会各界和家长的一致好评,学校综合实力进一步增长,声誉和形象进一步提升。

5.加强心理健康教育

在西南大学心理援助中心的支持下,学校于2010年12月设立多功能心理疏导室——"青艾小屋",对学生进行专业的心理疏导和帮助。还将心理辅导课程设到班级,针对不同年级学生的身心发展规律开展适宜的心理辅导,重视有心理问题学生的心理健康教育与转化,注重学生的心理状况,促进了学生身心全面健康发展。2012年3月15日,西南大学心理学院黄蓓教授为高三学生做题为《缓解学习压力和情绪管理》的精彩讲座,拉开了"成长守护,心灵相约"系列活动的序幕。2013年3月,开展"传递正能量,生命放光芒"生命教育活动周,3月19日—21日在万象楼到百汇园间的小树林开展了"心苑漫步"心理咨询活动。2014年4月15日,学校编制《西南大学附中学生生涯发展指导纲要》和《西南大学附中学生生涯教育指导手册》。学校加强心理健康教育专职教师配备,开展心理健康教育教师培训,建立系统的心理健康教育课程,引导男女生正常交往,开放心理咨询信箱(邮箱),开通心理辅导电话和网站,建立应对心理突发事件的预防预警机制,让学生在轻松愉悦的氛围里成长。

2017年,学校完成心理咨询室和学生生涯指导中心从场馆硬件装修、配套管理到人员引进的前期筹备,并进行相关项目招标,专业高标准的心理咨询室即将建设完成并投入使用。举办多场次心理健康教育专题讲座,进一步完善学校心理健康教育课程。2018年,学校以心育导航中心建设为主要推手,全面提升学校心理健康教育水平:一是引进专业的心理健康教育教师,为开设心理健康教育课程做了充分准备;二是利用西南大学心理学部优质资源,加强本校教师尤其是班主任专业能力提升;三是积极组织学校教师参加全国各类心理健康教育培训;四是推动完善心育导航中心建设,齐全配备相关设施设备。经过不懈努力,心育导航已经成为附中心理健康教育的一张名片。

6.畅通家校协作渠道

学校充分利用校外德育教育基地,开展家校合作,形成德育教育的合力,引导学生沿着正确的轨迹健康发展。学校组织建立"班级—年级—学校"三级家长委员会,召开家长学期例会,建立家长群,开设家长讲堂,邀请家长参与升学礼、成人礼、毕业礼、参与清华"新百年领军计划"候选人答辩等活动,让家长成为学生职业体验的组织者、学生地域文化探访活动的护航者、学校教育管理的参与者和见证者、学校教育策略的理解者和推行者。学校还利用社区、街道及社会企事业单位的教育资源,为学生的志愿者服务、社会实践提供平台。

二、积极推进教育教学改革

（一）把握教育改革方向

早在新高考改革正式落地重庆之前,西南大学附中已经积极部署,提前追踪教育改革潮流。学校全面落实中小学"减负提质"十条规定,将"超标"的教学要求、"超限"的教学时间、"超量"的课外作业、"超高"的考试评价减下来,落实市教委学生课业负担监测和公告制度,完善"减负"督导与责任追究制度,切实减轻学生过重课业负担。2012至2013年学校开展"减课"探索。2013年9月始,初中所有年级下午第3节不上课,学生上自习或参加体育锻炼。落实高效课堂的要求,以翻转课堂为基本载体探索知识小板块课堂,转变教与学的方式,提高三维立体课堂的精细化和系统性,尊重学生兴趣和需求。在班级、学科教师不变的情况下,以班主任为核心的学科导师,实施"行政班分层管理模式",落实"人人都是德育工作者"。实行学科分层分类教学、作业分层布置、选修、走班和艺体类模块分项教学。发挥学生自主管理和班级民主、集中、特色管理。学校教育呈现缤纷活力,师生阳光幸福。

2016年,为加强对重庆高考回归全国卷和新高考的研究,学校采取"走出去"与"引进来"相结合的方式,分批次派高中教师团队到全国各地名校学习考察,学理念,学方法,同时邀请高考命题专家到校讲学,把脉全国卷命题方向,剖析新高考变化趋势。2017年,学校发展面临的形势日益明确:一是党的十九大的召开给学校教育明确了新任务,教育公平均衡成为首要教育目标;二是发展学生核心素养的要求和2018年将全面实施的新高考对学校工作的全面变革;三是重庆市启动特色示范高中建设,将极大改变全市中小学格局;四是大数据、人工智能等新技术全面深入影响重塑教育形态。从这一年开始,学校把工作主旋律定为:面向未来,创新实践;以人为本,强化团队;内涵发展,提升质量。以人为本、求新求变,成为西南大学附中应对新高考、新形势的核心思路。

在紧锣密鼓谋划适应新高考改革的同时,学校在义务教育阶段的新举措也逐步展开,"减负提质"新要求与学校一以贯之的"素质与应试双优"的立场交融汇通,共同开辟学校义务教育的新天地。为强化初中教育教学,提升初中教育教学质量,学校多次派团队分赴南京、长沙等地知名初中学习交流,学习考察初中教育教学经验,拓宽"素质与应试双优"发展之路。学校还开设各类综合素质实践选修课程,开展各类研学活动。在教学研究的核心生命线上,学校关注学生发展核心素养,提升试题质量。以提升中考质量为目标,充分发挥学科核心组的作用,初步探索集全校之力为毕业年级打造经典试题,形成了初中教学指导、服务长效机制。强化毕业年级教师对课标、考纲的研读,梳理细化考点,同时关注、研究发展学生核心素养的相关理念和要求,将其融入教学与试题之中,注重试题命制、评讲、分析、评价,强化考试分析,多维度诊断考试情况,加强学生核心素养培养,牢固把握中考这一学校"生命线"。

(二)推动教育教学改革

1.深化课堂教学改革

学校以"有效教学、高效课堂"为引导,通过推门听课制、骨干教师示范课制、高级教师示范课制、新教师汇报课等常态听课制度的推行,促进教师全方位观摩、反思、改进自己的教学,不断吸收新的教育理念和思想,改革教育方式方法,全面提升教学质量。组织各校区之间的"同课异构"研讨课、年级组层面的青年教师汇报课等,在"素质与应试双优"理念下倡导百花齐放、百家争鸣,鼓励教师个性化发展,创新教学方式和手段,进一步深化教学改革,将改革成果转化成教育教学质量的提升。2014年学校承办由重庆市教育科学研究院主办的"重庆市2014届初三物理复习研讨会",来自全市的近400名一线物理教学骨干参会交流,开展"微视频与翻转课堂"教学展示周,聚焦教育前沿,转变教学观念,探索新的教学模式。在常规教学层面,学校积极落实分层分项教育,提高教学针对性,细化调整学科安排和课时设置,合理安排必修选修课程、培优补差课程和特色拔尖课程,重视基础和特长平衡。2018年,学校组织青年教师汇报课(30余名青年教师上课,听课1300余人次)、骨干教师示范课(18名骨干教师上课,听课1383人次)、高三复习研讨课、一校多区同课异构、"万象新秀竞风采"年级青年教师研讨课等多形态课堂,有效地推动了课堂教学改革的进一步深化。

2. 提升教学研究质量

学校完善教研组组长管理办法和教研制度,加强对教研常规活动的督查和指导,每周开展一次备课组集体备课,每月进行一次教研组活动。教研活动做到了定专题、定主讲、定时间、定地点,有计划、有组织、有记录、有实效。倡导合作精神,完善学科资源库建设,重视资源共享,推进校本教材建设。严格执行《西南大学附中命题要求》,组建各学科的考试命题研究团队,研究考纲和考试命题方向,强化命题质量,以备战中考、高考,提升学校的综合竞争力。组建慕课研究团队,发挥慕课课程优势,分学科、分学段推进慕课项目。进行对学科前瞻性教育教学思想的学习,关注基础教育新动态、新方向,开展对公开课的观摩和研讨,对教学思想、教学模式、课堂形态的研究和提炼等,培养多元、有特色的教师队伍。

3. 强化命题研究与教学督导

学校坚持以教育教学工作为中心,以全面提高教育质量和办学效益为主线,认真落实课程计划,加强教学常规管理,深化教学改革,加强教学督导,高考、中考全面丰收,学校教育教学质量稳步提升。

首先,强化教学常规,加强教学督导。学校完善了一校多区巡课、督导工作机制,开学集中督导与日常分散督导相结合,重点督查高三、初三年级。开展"高三教学督导月"活动,邀请市内专家、校内其他年级名师进行高三教学专题督导,切实加强高三教学工作和高考研究。及时发现、解决问题,保障教学秩序正常、稳定开展。在年级组的常规管理方面,学校要求年级组加强教案、听课情况、作业批改、研讨课等的检查,以检查促落实。以督导听课为契机,发现了众多课堂教学特色鲜明的一线教师、青年教师,同时将督导情况在全校范围内通报,助推了良好教学氛围的形成。

其次,为了狠抓高考、中考质量,学校制订了高三年级命题质量提升计划,狠抓试题质量。通过充分发挥学科核心组的作用,组织参加毕业年级学科复习研讨会、校际间的交流学习,加强毕业年级教师对课标、考纲的研读,梳理细化考点,注重对试题的命制、评讲、分析、评价,强化考试分析,多维度诊断考试情况,牢固把握好高考、中考这一学校"生命线"。

(三)探索创新实验班建设

为未来社会培养道德高尚、才华出众、心系天下的杰出人才,是附中人一以贯之的目标和理想。2011年9月,首届创新实验班正式成立。创新实验班以张万国老师的班级建设理论为指导,以"创现代典范班级,铸未来国家精英"为目标,以"规范、高效、民主、法治"为方针,实现理念创新、管理创新、培养模式创新、课程设置创新和学科教学创新,培养"有高远理想、有现代人格、有文化教养、有领袖气质"的"四有"新人。创新实验班由西南大学校长担任名誉班主任,西南大学专家顾问团提供智力支撑,担任实践课程导师,指导课题研究,帮助建立人生规划等。

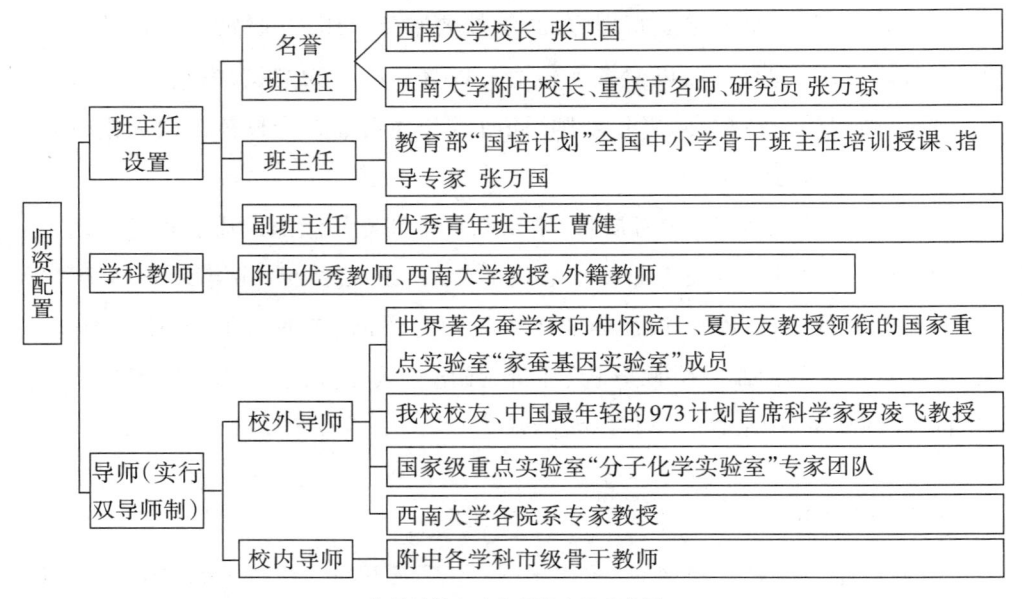

首届创新实验班师资配置示意图

- 师资配置
  - 班主任设置
    - 名誉班主任
      - 西南大学校长 张卫国
      - 西南大学附中校长、重庆市名师、研究员 张万琼
    - 班主任：教育部"国培计划"全国中小学骨干班主任培训授课、指导专家 张万国
    - 副班主任：优秀青年班主任 曹健
  - 学科教师：附中优秀教师、西南大学教授、外籍教师
  - 导师（实行双导师制）
    - 校外导师
      - 世界著名蚕学家向仲怀院士、夏庆友教授领衔的国家重点实验室"家蚕基因实验室"成员
      - 我校校友、中国最年轻的973计划首席科学家罗凌飞教授
      - 国家级重点实验室"分子化学实验室"专家团队
      - 西南大学各院系专家教授
    - 校内导师：附中各学科市级骨干教师

学校按照"科学与人文并重"的原则安排课程。语文课分为基础课和讲座两大块，第一块由专职教师承担，第二块由全校优秀的教师及校外人士共同承担；外语课分为基础课和拓展课两大部分，拓展课及口语教学由大学教师承担；数理化三科均由基础课和竞赛课构成，竞赛课由西南大学的专家参与指导。创新实验班注重人文精神的培养，使学生有积极进取的价值取向和健康有为的人生态度。学生还可以在周末选修大学课程，参加大学的学术讲座等。

创新实验班课程设置表

课程领域	学科	教师	备注
语文及社会类	政治、语文、外语、历史、人文地理等	西南大学教师 本校骨干教师	国内高考
理科类课程	数学、物理、化学、生物、计算机、自然地理等	西南大学教师 本校骨干教师	国内高考
国际课程	SAT、AP、A-level课程	外教(本校国际部教师)	国际高考
科学研究	科学研究、创新发明、创意设计等	西南大学教师	自主招生
艺体技课程	美术、音乐、体育、信息技术	西南大学教师 本校骨干教师	自主招生

高2014届首届创新实验班在各类竞赛、自主招生等方面成绩卓著,吸引了社会各界的广泛关注。2012年,重庆卫视连续25天播放附中创新实验班实施情况视频,重庆市市长黄奇帆为张万琼校长颁发"创新培育奖"。2014年7月,高考结果表明:创新实验班教育理念、课程设计,学生的自主管理和自我教育,重视实践和创新、素养能力和应试成绩双优的培养方式等都超过实验预期,精英人才培养发展模式得到确证。历时三年,创新实验班的教师团队用自己锐意进取和精进不休的精神,创新实验班的学子用自己的睿智、博学与胆略,成就了附中"创新教育""素质与应试双优"的教育特色与品牌,成为附中走向全国乃至国际的一张名片。

高2014届创新实验班学生在全国五大学科奥林匹克竞赛及各类创新大赛中取得成绩统计表 （单位:人次）

项目	数学	物理	化学	生物	信息技术	科技创新	创新作文	创新英语	合计
冬令营	1		3			2	2	2	10
一等奖	3	1	8		1	2	7	8	30
二等奖	11	10	15	5	6		2	2	51
三等奖	18	11	21	17	13		4	1	85
备注	➢ 胡俊男在全国化学奥林匹克竞赛决赛(冬令营)中获金牌,殷晨、张思源获银牌。 ➢ 周川琦、彭丽宇在全国科技创新大赛决赛中获银牌(重庆无金牌,共3块银牌),并被授予"小科学家"称号。 ➢ 甘坦在全国数学奥林匹克竞赛决赛(冬令营)中获铜牌。 ➢ 别致、杨雪蔓在第八届全国中小学生创新作文大赛决赛中获一等奖(重庆仅4名),西大附中因成绩卓著被授予"全国创新作文教育示范学校"称号,是重庆唯一入选学校。 ➢ 王旎瑞在全国创新英语大赛决赛中获一等奖,邓佳获二等奖。									

（四）创新拔尖人才培养

作为中学里的大学,大学里的中学,学校致力于在新时代背景下回答培养什么人、怎样培养人和为谁培养人的问题。在日益内卷的教育生态中,学校始终保持立德树人的初心,坚持以学生生涯幸福发展为出发点,提出了"素质与应试双优"的承诺。为了办好人民满意的教育,既要通过各类多元缤纷的教育活动促进学生个性发展,也要巩固好教育质量这一根本阵地,在拔尖创新人才培养方面积极作为，以回应广大人民的教育期待。

2014年以后，学校在创新实验班建设、"雏鹰计划"、研学旅行等方面的工作进一步巩固发展，取得了诸多成就，在摘取国际国内多项大奖的同时，学生的自理能力、创新精神和实践能力都得到了很大提高。学校逐步确立统筹学科奥赛工作、集中发力的工作思路，逐步制定并完善学科竞赛管理制度。同时，初中奥赛也逐步走上正轨。

2016年开始，学校在学生评价机制、拔尖生初高中一贯培养模式等方面进行全面、系统、综合改革，力争实现创新拔尖人才培养质的飞跃。同时，针对初中学生良莠不齐的情况，启动初中多元化分层培养模式改革，从班级设置、课程内容、学习目标、评价机制等方面进行了一些大胆的探索，取得了良好的阶段性成效，在中考抽签政策导致学生生源参差不齐的情况下，2016年学校中考各分数段指标均居北碚区第一位并占据绝对优势，与入学成绩相比提升幅度较大。2017年，学校成立创新实验中心，统筹起学科奥赛工作、创新实验班改革、创新实践操作、实验课程开发等各方面工作，学校竞赛工作全面加强，在教练团队建设、学生自主发展、学科竞赛对外联络方面做出了重大改革并取得显著成效。以自主招生一项为例，西南大学附中在高考改革的风浪之间，始终勇立潮头，稳居重庆市第一位，并连续两年位列全国前十。2018年，学校全面施行初中广延课程改革，实施初高中一体化培养，初2019届在总结初2018届经验基础上，全面实施广延课程改革。在学生选拔、课程设置、评价管理、初高中衔接长效机制建立等方面均进行了有益的探索，为班级发展、保苗工作积累了重要经验，为学校长期高质量发展提供了重要的人才基础。

2018年，西南大学附中学子获全国"新时代好少年"称号1人，中国科技创新奖2人，在学科奥赛、科技创新、生态环保等领域获全国总决赛32金36银73铜、17个优秀奖、14个专项奖，重庆市38金50银75铜、733个优秀奖、37个专项奖，彰显了西南大学附中在创新拔尖人才培养的实践与改革方面的突出成就。

（五）稳步推进课程研发

2010年9月，学校成立课程研发中心，负责统筹教学研究、课程、课题等，将国家课程、地方课程、校本课程进行全面整合,将高中各类课程划分为人文素养、艺术素养、科技素养、人际交往、体育健康五大课程系列,开设基础类、拓展类、特长类课程。

1.艺体课程

学校一直注重艺体教育。艺体分项教学是附中探索素质教育的一大举措。2011年,国家级青少年体育俱乐部——附中阳光青少年体育俱乐部成立。学校成为中国中学生体育协会、国家体育训练中心跆拳道协会副主席单位。

2012年3月,在全国新一轮课程改革的大背景下,初2014届实施艺体分项教学,在音、体、美学科分16个项目进行教学。艺体分项教学课程使学生艺术才能得到多元发展,激发了学生的学习激情,丰富了学生的学校生活。例如,初2016届开展了拔河比赛和青春韵律操比赛。高2015届进行了青春韵律操比赛和排球联赛。高2016届举行了篮球联赛。在全校师生的共同努力下,艺体事业取得累累硕果。在重庆市青少年田径锦标赛上,高2016届金慧宁同学获跳远第二名,成绩(5.85米)达到国家一级运动员水平。高2015届赵晨晨同学获400米第二名。高2016届梁心怡同学获100米第二名。高2015届何涛、粟露同学获铅球第二名。金慧宁、赵晨晨、李怡琳、梁心怡同学获4×100接力赛第一名。

2.研学课程

2013年2月,国务院办公厅印发《国民旅游休闲纲要(2013—2020年)》(国办发〔2013〕10号),明确要"逐步推行中小学生研学旅行"。12月,西南大学附属中学正式获教育部批准,在西南地区率先开展中学生研学旅行试点工作。

(1)以乡土乡情研学旅行为主,组织生态环境调研

初中生结合寒暑期社会实践,实施家乡生态环境调研行动;高中生结合重庆市青少年创新人才培养雏鹰计划,利用寒暑期和周末,对重庆及周边地区进行生物多样性评估。

学校相继获"中国中小学气候变化教育行动项目学校"(2013年3月)、"中国—欧盟生物多样性保护教育示范学校"(2013年4月)、"全国未成年人生态道德教育示范学校"(2013年12月)、"中国青少年环境监督计划项目学校"(2014年1月)等荣誉称号。2013年12月,西大附中中瑞"环境小硕士"项目组获全国青少

年生态环保领域最高奖项——第六届"母亲河奖"组织奖。2014年12月,《青少年生态环境接力调研行动》获首届中国青年志愿服务项目大赛银奖。

(2)培养学生国际视野,举办境外研学旅行

学校严格按照教育部《中小学学生赴境外研学旅行活动指南(试行)》规定,结合学校国际教育教学计划(国际部、国际实验班),利用寒暑期,通过市科协、《课堂内外》杂志社、亿通国际等举办境外研学旅行夏(冬)令营。

2013至2014年,学校学生参加夏(冬)令营的情况为:英国语言文化体验夏令营50人,美国斯坦福名校创新夏令营28人,新加坡—马来西亚名校参观夏令营3人,以及美国夏令营13人和冬令营3人,欧洲夏令营5人,日本夏令营2人,澳洲冬令营2人。

作为教育部在西南地区唯一的研学旅行项目试点校,学校着力从研学课程目的与意义的定位、相关学科素养的融入、研学路线的选择、带队教师的搭配、安全预案的制定等出发,逐步形成分学科、分学段,常规化、规范化的多条研学路线。2016年以来,在原有研学项目的基础上,进一步整合各方资源,结合学校办学发展历史、学生学习发展需要等,开创了暑期重走抗战西迁路研学营、丽江研学营、"三好"励志营,以及为创新实验班量身打造的北京研学行、以"小星星观世界"为代表的国际研学营等异彩纷呈的研学活动,这些活动给了不同年级、不同需求的学生更多的选择和更鲜活的"在路上"的课堂。同时学生处、课程研发中心结合学生假期综合实践课程,打造品牌化假期学生个人分散研学课程。形成研学课程资源库,供学生自主选择,逐步形成了具有附中特色的研学课程体系,以课程育人,以实践育人。在第一届重庆市中小学研学旅行成果大赛中,附中共夺得4个一等奖,数量位居重庆市第一位。

3. 科创课程

2010年,学校成为首批创新型人才培养项目学校。3月,学校出台支持学生优势智能发展方案,成立"雏鹰计划"领导小组,由课程研发中心负责统筹创新人才培养,推动学校科创事业发展。2012年4月8日,第27届重庆市青少年科技创新大赛颁奖典礼上,杨诗程的研究课题获一等奖。2013年5月,杨诗程同学获青少年科技创新市长奖。8月,在第八届全国中小学生创新作文大赛决赛中,高

2014届别致和杨雪蔓同学获一等奖。2013年8月,第28届全国青少年科技创新大赛在南京国际博览中心举行,高2014届周川琦同学发明的阀门限位开关凸轮调整装置和高2015届彭丽宇同学的论文《綦江河重庆市江津段中华秋沙鸭越冬种群调查研究》获银牌。2014年5月,高2016届创新实验班("雏鹰计划"基地班)学员组成的5支参赛队获3金2银,1个单项奖(共3项)。2014年5月,首届创新班学生王旎瑞参加清华大学"领军计划",总成绩全国第一。8月,在北京举行的第29届全国青少年科技创新大赛中,傅煌峻同学发明的新型聋哑盲人门铃获二等奖和北京公益学会颁发的专项奖。赖文琦和王思维同学的研究成果《北碚抗战文化资源的调查与利用》获二等奖,王子舟发明的电动自行车智能助力装置获第10届宋庆龄少年儿童发明奖银奖。

4. 附中大讲堂

2011年9月,学校启动附中大讲堂。大讲堂给学生打开了一扇扇遥望天空的窗户,还为家长开设讲座,让家长共同学习、共同参与。

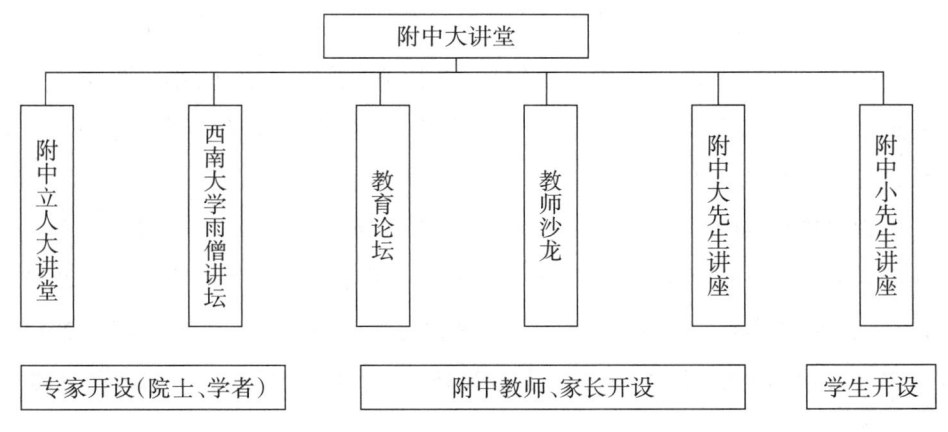

附中大讲堂内容示意图

(1)专家讲座

学校每年都邀请知名专家学者来校开讲座。如2010年,邀请了蚕学基因专家向仲怀院士,"百家讲坛"西部第一人曾国平教授,加拿大Dalhousie大学Martin Willison教授,凤凰资讯台总编阮次山先生,人民大学金元浦教授,北京大学郭建栋教授,北京师范大学李怡教授,973计划首席科学家罗凌飞教授,教育专家宋乃庆、靳玉乐教授,当代作家莫怀戚先生,施华洛世奇"长江水学校"项目专家

Crostoph先生、市教委基教处邓沁泉处长、市教科院万明春院长等,先后来校开讲座、做报告,拓宽了学生视野。向仲怀院士与附中签订了家蚕基因附中实验室建设协议。2012年,开展大先生讲座30余场。12月,极地科学家、中国地震局地质研究所研究员位梦华教授为高2013届师生做了《关注两极就是关注我们未来》的极地科普知识讲座。同日,中国科学院院士、中国科学院理论物理研究所所长吴岳良教授为师生做了《从夸克到宇宙——探索宇宙奥秘》的科技讲座。2013年5月6日,著名亲子教育专家、吉林大学法学院副教授董进宇为初2016届家长做了题为《创建"学习型家庭"亲子教育》的精彩讲座。2014年11月11日下午和12日上午,中央电视台新闻节目策划人、著名作家王开岭先生为学生做了两场精彩讲座。18日上午,航天技术专家、中国运载火箭系列总设计师龙乐豪院士为师生做了题为《我与共和国的火箭事业》的精彩讲座。21日下午,中国航天气象专业委员会委员、北京大学焦维新教授为初2017届1000余名师生做了题为《月球与月球探测》的精彩讲座。

(2)小先生讲座

"小先生讲座"由课程研发中心统筹,校团委、学生会承办,小先生学术委员会全面参与。2011年11月开设,经自愿报名、课程设计、审核、开讲等环节开设专题讲座,内容涵盖政治、历史、人文、科技、经济、社会、音乐、生活等方面。12月9日,在"有效教学与创新人才培养"学术交流活动中,小先生讲座受到凤凰网、网易、搜狐、雅虎等媒体的报道。2012年,共有50余学生开讲座。2013年12月,小先生讲座在初2016届举行,开设了人文、科技等讲座80余场。2014年10月27日,通过自愿报名、面试、公告等环节,小先生讲座第二届学术委员会成立。

三、教育教学成绩斐然

在初高中一体化培养的总体思路之下,学校在中高考方面取得显著成就。学校高考重本率一直处于全市最好水平。

2010年4月,学校被市教委评为重庆市示范性普通高中建设研究先进集体;

是年,高中师生双适应、双发展教育模式研究课题获教育部基础教育课程改革成果评选三等奖、重庆市示范性普通高中建设研究课题优秀成果评选特等奖。2011年,2项重庆市级课题开题,1项课题结题。2013年,学校教师在国内各级各类刊物上发表论文共计68篇,参与7项市级课题。2013年,学校获"重庆市新课程改革先进集体"称号。2014年4月,国家"十一五"规划课题的子课题"三峡库区中学环境与可持续发展教育实施策略研究"顺利结题。9月,"教师教育职前职后一体化培养体系创新与改革实践"课题获教育部国家级教学成果奖二等奖。11月,"重庆市两栖爬行类多样性研究"课题获重庆市青少年创新人才培养雏鹰计划优秀课题成果奖。同月,"北碚区青少年知识产权和创新意识培养模式研究"课题获重庆市北碚区政府科技进步二等奖。

第三节 名师荟萃共筑高地 青蓝汇流队伍雄强

师资是学校的第一资源,一流的学校必须具备一流的师资队伍。教师的年龄结构、职称结构、性别结构、学历结构、学缘结构要合理;教师的教育理念、师德修养、知识结构、教学能力、科研水平、信息素养、创新能力等指标要达到国内一流水准。

一、形成教师培养体系

1.成立教师发展领导小组

2012年,学校成立教师发展五年计划领导小组,设立执行办公室——课程研发中心,制定《西南大学附中教师考评细则(讨论稿)》和《学生评价教师量表》。完成教师职称评审工作,制定教师岗位评聘制度,顺利完成教师岗位评聘。制定《西南大学附中命题要求(讨论稿)》,积极探索期中、期末考试命题方式的改革;实行交叉命题、交叉阅卷,命题费用与试题质量挂钩。制定《西南大学附属中学教研组管理及建设方法》,加强教研组管理,保证每周(或间周)一次的教研组活动,教研活动做到定主题、定时间、定地点、定中心发言人。制定《西南大学附属中学特殊贡献奖奖励实施办法》,调动教职工的积极性和创造性。

2. 加强师德师风建设

师德师风直接影响教师队伍整体素质,关乎培养什么人、怎样培养人、为谁培养人这一教育的根本问题,关乎立德树人根本任务的落实,以及培养社会主义建设者和接班人的教育使命和职责。党的十八大以来,学校组织教师认真学习领会习近平总书记关于师德师风的重要指示精神,坚持加强思想政治引领,坚持弘扬尊师重教社会风尚,坚持师德师风第一标准,坚持立规矩明底线,使师德师风严的基调基本确立,师德师风建设力度明显加大,师德师风持续向好的态势不断稳固,教师队伍整体素质不断提升。2017年,以学习党的十九大精神为契机,学校通过多种途径全面落实中小学教师职业道德规范,通过不同层面、不同形式的警示教育,层层签订师德师风建设责任书,推动建立师德师风长效机制,从而加强教师师德教育、思想政治教育,注重教师教育情怀培养,落实教书育人责任,树立良好的人民教师形象。到2018年,学校师德师风建设已经实现制度化:一是由校党委、课程研发中心牵头,根据中共中央、国务院《关于全面深化新时代教师队伍建设改革的意见》文件精神,加强教师队伍建设,进一步落实中小学教师职业道德规范,严厉禁止有偿家教、违规补课等行为,抓典型、严师风。二是严格师德师风考评制度,开展教师从教行为专项教育考核,进一步完善了教师问卷调查反馈机制。通过制度化、系统化的师德师风建设,西南大学附中教师在"精神成长"方面取得了长足进步。

3. 制订教师发展计划

2012年,学校开始实施培养青年教师的"青蓝工程",为青年教师成长创造优良条件。学校制定《"春笋计划"——西南大学附属中学教师专业发展五年计划(讨论稿)》,以教师成长为核心目标,着力提高教师队伍素质。学校规划,至2017年实现学科教师队伍年龄结构合理,有带头人、名师、特级教师和研究员,培养一批在全市、全国有影响的优秀教师,教师队伍整体素质得到提升。

经过多年的积极建设,学校在教师培训方面已经形成一系列具有附中特色的举措,包括"领雁工程""青蓝计划""影子研修计划""青年教师成长计划";推行

"1+1"导师制、校区教师交流制、学术小团队制,鼓励名师工作室、青年教师沙龙、教师读书会等开展活动,构建附中教师"职业生涯共同体";实施教师学历提升补助计划;举行骨干教师示范课、青年教师汇报课、班主任基本功大赛、微课比赛、好课邀请赛、教师解题技能大赛、校本教研论文比赛等常规竞技活动,多种形式助推教师队伍成长。为了帮助青年教师快速成长,学校实施教师成长系列措施强化教师培训和学习,建设名师工作室和导师制,鼓励学术组织和读书会,建立目标管理和出口质量评价制度,等等。

4.优化教师激励机制

教师幸福是学校发展的重要基础,为了学校的长远发展,多年来学校高度重视教师的福利待遇提升。根据国家和西南大学关于教师岗位设置管理有关规定,按照西南大学人事处统一要求与部署,学校实施了多轮教师岗位聘用。这是基于建设高水平师资队伍,推动学校内部管理体制改革,从而促进教师合理流动,增强教师队伍活力,加快实现学校中长期发展目标的重要举措。为了切实保障教职员工利益,学校坚持保证校签教师同工同酬,根据重庆市及西南大学相关文件精神,改革住房公积金制度,与西南大学协调校签教师体检、理疗、校园一卡通办理等事宜,同时利用多方资源,各方协调,尽最大努力为校签教师在社保购买、医保补贴、职称评定等方面争取最大利益,切实保障校签教师同工同酬,增强教师队伍活力与动力,提升教职员工幸福指数。2017年,学校实施了教师绩效考核改革,将学期绩效考核由期末集中发放改为每月根据工作实绩发放,真正体现绩效功能,更加体现公平、公正;参照上级文件精神,实施了津贴调整,进一步合理提升教职员工收入。实施中考目标绩效改革方案,进一步激发初中年级教师活力。

除必要的物质激励手段之外,学校更重视对教师队伍的精神激励。一是通过三八妇女节主题活动,教师节表彰,优秀教师、优秀教育工作者、优秀党员、优秀党务工作者、优秀班主任评选等举措,彰显价值引领。二是完善师训中心运营,打造附中特色对外培训课程,让附中教师的职业价值得到更大提升。三是多方听取意见,形成学校发展合力。先后召开了竞赛教练座谈会、青年教师座谈会、资深教师座谈会、离退休教师座谈会等,听取多方意见,为学校发展出谋划策,形成学校发展合力。

5.系统开展教师培训

在"以研促教""以赛促训"的思路之下,学校积极开展各类教师培训项目和赛事活动。一是制定教师专业发展层级方案,加强新教师全员培训,明确未来教师发展方向。持续化推进各校区新入职教师团队熔炼与岗前培训,系好教师生涯第一颗扣子,开展青年教师命题大赛;发挥"导师制"作用,起始年级举行师徒结对仪式,制定青年教师常规备课、听课要求,明确导师责权利。二是组织各教研组以培养学生学科核心素养、新高考改革等为主题开展教研活动,全覆盖完成高中教师新版课标培训。三是推动教研活动多样化,组织、落实各备课组开展跨校区集体备课活动,提升备课实效性。四是及时发布市、区教研活动信息,积极组织各组教师参与相关教研活动,促进校际交流合作。五是借助信息化东风,着眼未来学科教育发展。组织各学科教师参观全国教育技术装备展、全国基础教育信息化应用展示等活动,拓展教师视野,以信息化提升教研组建设质量,助力未来发展。

除学科类培训项目外,学校还积极组织多元化的"师本德育课程","请进来"与"走出去"相结合,拓宽德育队伍专业发展的途径。以培养全员德育队伍为目的的"知困"德育沙龙,每月举办一期,旨在通过专家引领、同伴互助、自我反思,在轻松、热烈的思辨氛围中点燃智慧的火花,解决德育难题、探索德育规律、追寻德育本质,从而为营造德育研究氛围、拓宽德育工作思路、提升德育实施品质搭建平台,进一步促进西大附中德育工作的时代性、规律性、实效性。举办"用智慧点亮课堂 用爱心守护成长"心理健康教育主题班会课大赛,搭建特色平台,提升班主任德育水平。为班主任购买相关书籍、光盘,积极组织班主任对外学习、交流,实现德育队伍内涵发展。张万国名师工作室实现了德育工作专业引领,获评重庆市中小学市级班主任工作室,吸引了众多外校团队到工作室参观学习交流。2016年,学校举办了"全球化背景下中美加高中课程改革"研讨会,邀请了美国大学理事会全球副总裁王湘波博士进行题为《新SAT的应考策略及AP课程的选择与优势》的专题讲座。

6.推动教研组建设

学校加强教研组建设,制定教研组组长管理办法,教研组和教师个人均拟定五年发展规划,依托高校及专家对教师进行培训,利用"请进来,走出去"方式,建立专家引领、自主学习、同伴互助的校本培训模式,通过国培、市培、校培和对外交流活动,实施以老带新的双导师制,开展青年教师沙龙和青年班主任论坛,注重教师学历和能力的同步提高。

7.打造名师工作室

2012年,学校启动名师工作室建设,成立学科和班主任名师工作室,实施名师培养工作。至2014年底,学校先后成立张万琼(化学)、代宇(数学)、张万国(班主任)、姚杰(地理)、黄仕友(科技)、张宏(美术)、李越(生物)等7个名师工作室。姚杰老师被评为重庆市名师;张万国老师入选教育部"国培计划"第二批专家库;黄仕友老师被评为重庆市科技名师工作室主持人。

基于名师工作室建设的重大成果,学校层面也积极给予各种后勤保障支持,2016年,学校完善万象楼6楼7个名师工作室的硬软件建设。课程研发中心会同学生处承办重庆市市级中小学班主任工作室经验交流会暨名师工作室首次授牌仪式,张万国名师工作室正式升格为重庆市中小学市级班主任工作室(全市12个,排名第1)。学校还积极支持姚杰"特殊人才支持计划",协助各名师工作室组织开展各种教学研究活动。

8.推动课程创新基地建设

2015年,为贯彻落实《国家中长期教育改革和发展规划纲要(2010—2020年)》《教育部关于全面深化课程改革落实立德树人根本任务的意见》精神,全面深化教育改革,在重庆市委市政府的部署下,市教委、市财政局共同实施了普通高中发展促进计划,并推行重庆市普通高中学科课程创新基地建设。附中人因势而动,吹响新时期教育改革的冲锋号,继2015年成功申报综合实践活动课程基地后,2016年,历史、英语等3项课程创新基地成功立项。

课程基地的建设过程,展示了顶层设计与基层创造相结合、政策推动与学校自主建设相结合的工作特点,充分凸显了西南大学附中教育的深厚底蕴和广大基地成员勇于探索创新、善于建设的风采,为新课程实施提供了先导性、前沿性的示范。课程基地建设在实践中创新,形成了以课程文化为核心支撑的改革理念与转型模式,为解决重庆市基础教育重大问题提供了附中方案,贡献了附中智慧。

二、师资力量日益雄厚

2010年,学校共有教职工231名,其中,专任教师199名,正高级职称8名,副高级职称73名,中学高级职称达40%,本科及以上学历达100%,各类教育学硕士及在读研究生68名,特级教师6名,西南大学兼职教授及硕士生导师8名,全国教育系统先进工作者1名,市级学科带头人2名,首批国家级骨干教师6名,重庆市教育学会及专业委员会理事8名,重庆市课程改革学科指导教师4名,中国数学、化学奥林匹克高级教练4名。

截至2018年底,数百位教师获得重庆市级及以上赛课、征文大奖。如向颢老师的课例入选教育部课程育德精品课程;张宏老师的课《虎》入选中央电化教育馆教学视频辑录;在全国劳动技术、通用技术、综合实践优质录像课活动中,杨林卡老师获一等奖;在全国历史优质课(高中组)评比中,杨泽新老师获一等奖;在中国地理学会主办的学术年会活动中,谢世正老师的论文《中国地理多媒体课件制作运用存在问题及对策探究》获一等奖;在全国地理优质课评选活动中,梅建波老师获特等奖;在第七届全国高中英语教学基本功大赛中,应斌老师获一等奖;在首届全国"华夏杯"教学技能大赛中,李杨老师获一等奖;陈辉国老师获全国高中化学优质课特等奖;刘馨橘老师荣获2014年全国中图版初中地理教材优质课展示一等奖;李正吉老师荣获中国教育学会物理教学名师赛一等奖;陈渝老师获第八届全国中小学外语教师园丁奖、十佳高中外语教师。此外,学校教师在各级各类刊物发表文章150余篇,获各级荣誉及奖励200余项。2016年中青年教师在国家级优质课、教学基本功、教学技能大赛中,获全国特等奖、一等奖、专项奖近20人次。2017年度教师获优课、优秀教案、优秀论文作品国家级特等奖、一等奖15个,重庆市级特等奖、一等奖30个。2018年在优质课、教学技能、基本功等教学类赛事中获省级一等奖及以上37人,其中全国特等奖、一等奖共5人,二等奖7人,三等奖2人。

在学校倾力支持之下,名师辈出、专家云集逐渐成为"附中现象"。2014年代宇老师入选教育部"国培计划"第三批专家库;姚杰老师被纳入重庆市教学名师培养计划;黄仕友老师获重庆市学科教学名师称号。2015年,梁学友被评为重庆市第二批中小学学科名师,陈渝、向颢、林艳华、梁雷4人被评为市级普通中小学骨干教师,吴丹丹、张万国、代宇入选重庆市教师培训专家库。经过多年发展,仅2018年一年学校新增正高级教师2人、重庆市教学名师1人、教育改革专家1人、教育信息化专家1人、"未来教育家"1人、名师工作室主持人2人。这一年,学校拥有副高级职称教师104人,市级及以上学科带头人2人,市级及以上教学名师6人,特级教师6人,已有蔚为大观之象。

三、教研成果硕果累累

2014年,国家"十一五"规划课题的子课题"三峡库区中学环境与可持续发展教育实施策略研究"顺利结题。并成功申报新课题"基于广延课程和立体课堂奠基创新人才培养的实践研究——以西南大学附中创新实验班为例"和国培项目"重庆市义务教育教师片区帮带集中研修与校本研修整合培训"。参与创新教育论文评比获市二等奖及优秀组织奖。3月25日,在渝举行的2014中英(重庆)基础教育质量保障研讨会上,学校荣膺重庆市教育评估院和英国总领事馆文化教育处联合颁发的"中英学校自评文化与能力建设项目学校"。2015年,学校在重庆市普通高中发展促进计划中组织申报重庆市普通高中课程创新基地1个、教育教学改革研究课题立项3项,精品选修课程立项3项,重庆市教师队伍建设重点项目立项2项,重庆市教育学会第八届基础教育科研课题在审5项,重庆市第六届优秀基础教育著述评奖中著作类成果申报2项、文章类成果申报9项。2016年成功立项市级及以上课题12项,其中重大课题1项,重点课题5项。参研国家哲学社会科学基金教育重点(重大)课题1项("人才培养模式的国际经验及改革研究")。获历史、英语等3项课程创新基地,8门精品课程。2017年制定出台了西南大学附中科研课题管理办法,鼓励教师多做贴近教育教学、服务教育教学的课题,让课题具备生命力,提供生产力。重点做好了市政府教育教学成果奖的申报、重庆市普通高中发展促进计划申报。承担了"人才培养模式的国际经验及改革研究"等重要课题研究。通过重庆市普通高中发展促进计划课程创新基地立项建设项目专家论证调研5个,精品选修课程论证调研9门。重庆市普通高中教改研究课题新增立项10项。重庆市教育科学"十三五"规划2017年度规划课题立项3项。2018年,张万国老师主持的"立足学生综合素养的CIS班级育人模式实践研究"获全国教学成果奖二等奖、重庆市教学成果奖一等奖。

四、辐射引领日益凸显

对义务教育均衡问题,学校做了诸多努力。为帮助贫困地区教育发展,学校联合十几位社会热心人士建立"青苗基金",专门帮扶那些家庭贫困的孩子。

学校先后与万州丁阳中学、开州德阳中学等签订结对发展协议,将丰都仁沙中学纳入学校领雁工程项目统筹管理。把结对发展任务分解为问题顾问、共同研训、CIS班级育人、探究展评四大项目。把行之有效的教育教学管理经验、教育科研成果、校园文化建设措施等通过项目方式迁延至对口学校,从而实现"理念共享、资源共享、方法共享、成果共享"。先后成立了教师发展组、课程建设组、德育工作组、体育艺术组对接四大项目,订单式培养对口学校管理队伍和教师队伍。与此同时,组织制订校际联动计划,确定教学管理联动计划、班主任工作联动计划、试题研究联动计划、学业评价研究联动计划,把工作一步步落到实处,超额高效地完成了帮扶任务。正是基于西南大学附中在学校乡村帮扶计划中所做出的突出贡献,2017年,重庆市教育学会授予西大附中"重庆市教育学会送教下乡先进集体"荣誉称号。

重庆市外,学校通过"组团式援藏""西藏教育改革支持计划""普洱中学帮扶培训""领雁工程""乡村帮扶计划",承担教育责任,签约帮扶的学校在2017年新增4所,达14所。接待专项来校学习几十次,既扩大了学校的辐射影响,也锻炼提高了教师自身的业务水平和指导能力。

第四节 校园建设与时俱进 环境育人成效凸显

一、推动校园文化建设

2011年,学校对修建于1952年的老教室进行排危加固,并装修万象楼顶楼作为临时办公区域。2012年3月,博雅楼开工,8月竣工,建筑面积4900平方米,投资756.45万元。9月,高2015届新生成为该楼的首届学生。廊道把博雅楼和逸夫楼连为一体。2013年,通用技术教室、机器人教室、校园安防监控系统全面建成。更新了青柠广播站设备,规范了管理。2014年3月,学校办公楼重新投入使用,在办学百年庆典前的校园道路、建筑、广场命名征选中,更名为"勤朴楼",取自四川省立第二女子师范学校校训"勤朴弘毅"。7月,完成学生宿舍玉树楼和兰蕙楼的外墙及内部改造,以及教师宿舍红楼、灰楼、亭楼及黄楼的外墙改造工程。完成武术馆、艺术体操馆、网球馆、室外篮球场建设,以及食堂内部改造和国际部教室装修。开始校史馆建设工作。积健楼七楼礼堂装修工程开工,9月完工。8月,完善运动场、万象楼和积健楼过道、部分家属区的监控系统,保障教职员工及学生的人身财产安全。边坡整治、岱宗楼和逸夫楼内部和外墙装修、万象楼和积健楼及科学馆厕所改造、标准考场建设及校园安全系统等多项工程在暑期完成。9月,校门及塑胶篮球场改建工程开工,工程总价600万元。10月,建成全国唯一的巴斯夫蓝色400米标准跑道运动场,中国田径协会授予"中国田径协会合格田径场地(Ⅱ)"牌匾。

在北碚区委、区政府和西南大学的支持下,学校购买了杜家街的50余亩土地,修建初中部,完成了初中部建设方案的报批、边坡设计、土地平整和边坡施工等阶段性工作。2016年,在西南大学和北碚区相关职能部门的大力支持下,学校校园文化环境进一步提档升级。一是保质保量完成了初中部项目的建设、验收工作,确保了9月高三、初三顺利入驻崭新的格致楼、临风楼、毓秀楼学习、生活,为莘莘学子创造了良好的学习、生活条件;二是完成了学术报告厅的室内装修设计及招标工作;三是完成了万象楼排危抢险和内外重新设计装修,旧貌换新颜,革新附中重要文化标识;四是在改造原临风楼的基础上,打造全新的师训中心,已经完成主体工程内外建设和内部装修,家具即将到位;五是购买了健身器材,为校内教师尤其是离退休教师锻炼提供了好去处。2017年,学校重点完成了以下建设工程:完成容纳1400余人、设施设备一流的立人学术报告厅、积健楼STEAM与综合教育中心、物理实验室,科学馆外墙翻新及化学、生物实验室,校门口家长服务中心、至善楼师训中心、学生服务中心、红楼、黄楼原排水铸铁管更换UPVC管道工程等一系列项目的新建和维护。2018年完成创客中心、物理实验室、国际部、运动场等的建设与修缮工程。

学校通过这些措施,进一步打造了优质校园环境,全面优化了办学条件,提升了校园文化品位。

二、打造智慧校园平台

伴随着信息时代的春风吹拂,学校敏锐捕捉智慧教育的新方向。结合先进教育理念,2014年,学校为学科组创设了优质的微视频录制平台,积极开展翻转课堂活动,并开发了学校自己的慕课学习平台;同时加强了学校网站的建设和维护,研发并启用数字校园管理(OA)平台,减少能耗,推进数字化办公,加强学校教育信息化管理。此外,学校还充分发挥了通用技术教室及机器人教室功能,组织学生进行通用技术的实作考试,进行通用技术课程开展和内容的探究。2015年,学校信息化建设全面提质升级,除了保障日常的设备、网络的维护工作,信息中心还致力于探索、开发、规范学校各类平台,信息化硬件建设,规划设计学校信息化发展的方向和目标,探索学校数字化实验室建设。具体措施有:(1)为了提升信息技术的服务能力,更好地服务于办公和教学,开发了校友网。(2)完成了重大附中弱电设计;认真讨论方案并考察各类设备,制定了本部初中部弱电施工设计图;考察各类信息化设备,例如多媒体LED一体机、中控设备、数字实验室设备等,为学校后期信息化建设做准备。(3)信息中心认真思考学校办学发展中所需要的信息化建设的支撑条件,规划设计了学校信息化建设的未来方向和目标,包括云校园建设计划、实验室改造计划、创新实验室建设规划、资源中心建设规划。

（4）通过与多家公司联系，了解数字化实验室的建设信息，联系了一家公司免费供应教师使用的数字化实验设备，供学校物理、化学教师试用，并组织两个学科、部分教师由公司进行详细的培训。2016年，学校进行了国际部、智创中心、3D智能教室、物理实验室等项目的相关推进工作，进一步打造校园物联网，积极推进"智慧校园"建设。2017年，学校组建新高考学习研究团队和信息化建设研究团队，多批次深入上海、浙江等新高考改革试点学校和北京、合肥、广州、南通、蚌埠等地教育信息化建设示范学校，观摩新高考改革措施、课程体系建设、智慧校园建设、教育技术装备配备等。邀请了余姚中学、镇海中学、杭州育才中学、上海复兴中学等新高考试点学校校长来校全员培训，转变教职工观念。举办全市"融合创新智美未来"教育信息化课堂应用推进活动，来自全国各地共1200余名教育专家、名校校长、一线教师齐聚西大附中，共同探讨"AI＋教育"背景下信息化应用、课堂改革、人才培养等实施新路径，影响巨大。在一系列举措下，附中人用敢想敢做的态度，在智慧教育的浪潮中勇立潮头，引领了智慧教育的新形态。

2017年，学校加强硬件设备，成立STEAM与综合教育中心，建设智慧校园，推动大数据管理；按照新高考要求重建物理、化学、生物实验室，协调推进物理、化学、生物的数字化实验教学设备的培训工作，教室安装了86英寸西沃交互式智能白板或短焦投影电子白板；在全面选课走班的背景下，研究碎片化校园生活的数字化管理，用"智能校园建设"和物联网管理解决基于个性化学习下的组织管理问题；后勤和安全管理、学生选课、分类分层分项的走班排课、场馆使用、社团活动安排等都实现了电子化管理，既节约成本又提高了管理效能。在成立STEAM与综合教育中心的同时，学校还常态化开展智教智学工作，推动智慧学习和泛在学习。使用"平板教学"探索基于动态学习数据分析和"云、网、端"的运用，推动课堂教与学的方式变革和精准高效。高三年级通过引进智学系统，引领学校智慧教育发展，实施智能阅卷和智学网大数据分析，实现个性化指导和学习资源个性化推送等辅助性学习功能。推动精准教学，加强过程管理和评价反馈机制，通过精准教学提升工作效率，提高学生学习兴趣和学习成绩，以点的探索带动面的提升。

三、推动缙佳苑小区建设

住房问题是牵涉教师职业幸福感的大事,城北小区的建设一直以来都受到附中教职员工的高度关注,在这一重大民生课题之下,学校千方百计保证工程的正常进展,回应老师们的关切和期待。2014年,城北小区进入最后的验收阶段,学校规范推进城北小区管理工作:协调并实施小区停车库、电梯井抽水泵维修更换;完成小区后山防护网施工招标、安装;完成小区消防验收之前的准备工作;完成小区1、2号楼一层商场的招租;协助北碚区电业局开通小区商场变压器安装工作,督促电业局落实小区居民用电的设备移交工作;协调规划局、房管局、民政局、市政委、街道落实小区物管用房、社区用房变更,垃圾站、公厕延期修建工作,为小区验收做好了前期准备。2015年学校基建科协调设计、施工、监理、物管等单位对小区消防设施设备进行检查修复,协调北碚区消防支队多次到小区现场检查,完成了小区的消防验收;通过与北碚区公安局联系,对小区门牌号进行了规范编制;通过与相关单位协调后,上报了房屋面积测量资料。2016年,城北小区面临新的问题,按照西南大学要求,需早日办理房产证。受限于各种现实条件,房产证的办理工作面临各种困难,房产证成为悬在附中人心头的一块大石。2017年,在西南大学的领导下,召开有大学相关部门参与的工作组专题会12次,附中工作推进会、党政联席会共87次,共同研讨在时隔十多年,规范要求不同、资料不全、承建方不配合等等情况下如何推进房产证办理及其他方面的工作。由于城北小区项目时间较久,部分政策有所变化和调整,部分部门领导更换后对该项目不了解、不熟悉,故推进难度很大。尽管面临诸多困难,学校仍然全力以赴,力争早日解决这一涉及教职工切身利益的问题。到2018年底,城北小区产权证办理工作取得了新进展。

第五节 多元合作拓展办学 社会影响日益增强

一、拓展办学积极推进

1.西南大学银翔实验中学

西南大学银翔实验中学地处合川区土场镇重庆银翔新城,创建于2015年。西南大学银翔实验中学占地面积约200亩。截至2023年9月,共有85个班,学生总人数约4000人,教职工约300人。学校教职工中具有中高级教师职称者和研究生学历者占比达70%;荣获重庆市级骨干教师、合川区级骨干教师等称号者30余人。

西南大学银翔实验中学秉承西大附中百年教育文脉,沿用西大附中现代学校管理体系,保持和西大附中办学理念、教育教学、特色活动、考试评价等同轨同步。进入公办体制后,学校持续得到合川区委、区政府和区教委的方向引领和政策关怀,有着得天独厚的办学优势。

建校以来,学校不负众望,教育教学成绩斐然,办学特色鲜明,被外界赞誉为"这是一所适合读书的学校",被评为重庆市优质课程资源开发基地学校、重庆市大中小思政课一体化重点建设共同体单位、全国青少年科学素养大赛基地校、重庆市青少年科创教育实验基地、中国青少年创客奥林匹克系列活动实验基地、重庆市中学科创教育联盟理事单位。

2.西南大学两江实验学校

西南大学两江实验学校地处集高端生态居住业、休闲娱乐业以及会展经济产业于一体的蔡礼悦经济黄金三角核心板块,占地面积94987平方米。2017年正式招生,现有50余个教学班,在校师生2900余人。2021年8月由民办学校转制为公办学校,继续由西南大学附属中学全面管理。

学校始终坚持党对教育的全面领导,秉承"立人·新民"的办学理念,践行"立德树人"的根本任务,发展特色缤纷生涯课程体系,共享多元师生发展平台,探索教育教学改革举措,专注学科核心素养提升,力求"素质与应试双优",奠基学生终身发展。学校一直致力于义务教育优质均衡高效发展,办人民放心满意的"西大附中教育"。校风学风教风淳厚,师资队伍强劲,教学质量过硬,办学声誉日隆,品牌效应日盛。

3. 西南大学附属中学重大校区

2014年4月,在西南大学的支持下,西大附中与重庆大学达成合作意向,共建西南大学附属中学重大校区。2015年9月开始招收新生。2017年,学校进一步明确了附中与合作方重庆大学各自的责权利,调整合作模式,确保各方协同发展、互利共赢,西南大学附属中学重大校区实现教育教学特色内涵发展。

二、国际合作不断发展

学校长期重视国际教育。2010年以来,学校加大国际教育硬件环境建设投入,强化国际教育管理团队及师资队伍建设,不断加强宣传力度,完善招生政策,引导学生(家长)选择国际教育,逐步拓宽生源渠道。国际部规模逐年扩大,质量稳步提升。

1. 打造A-level课程

2010年9月,学校以新课程改革为契机,深化国际交流,成立国际部。学校与爱德思英国国家职业学历与学术考试局和香港爱德教育学院共同组建A-level考试中心——重庆唯一的教学和考试授权单位。A-level全称为General Certificate of Education Advanced Level,A-level课程是英国中学生进入正规大学学习的主流课程。

2. 深化国际交流

2010年1月,美国威斯康星大学教授团队访问附中。3月,加拿大阿尔伯特省的教育局长代表团继2009年后再访附中。5月,挪威南特郡与重庆市人民政府共同举办"挪威日"大型文化教育交流活动,南特郡副郡长Arne Braut等高级官员、音乐家和姐妹学校师生代表17人访问附中。2011年4月,德国威廉·法布里中学师生一行18人访问附中,与师生进行座谈,共同完成一堂中德音乐课,并观摩传统武术课。11月,来自瑞典斯德哥尔摩的教授Jan Andersson和延雪平大学国际商学院的Li Andersson Yang夫妇访问学校,并为学生们做了留学瑞典的精彩讲座。

2012年3月15日,学校举办重庆国际AP课程研讨会(即美国AP大学先修课程研讨会),研讨"AP与世界名校入学标准的契合"和"AP课程教学理念对中国基础教育发展的启示"。北碚区副区长王大勇、西南大学副校长陈时见、美国大学理事会副总裁王湘波、重庆市教科院副院长李常明、美国驻华使馆新闻文化处Education USA(中国)高级教育专员梁学明和鱼敏坚、北碚区教委处级督学张程垣、西南大学计算机与信息科学学院院长张自力、西南大学国际合作与交流处处长王静、美国考试服务中心总裁陈永汉、香港爱德教育集团副总裁程海伦等领导和嘉宾出席开幕式。来自16个省市的200多名中学校长、教师及教育机构项目主管到会。西南大学副校长陈时见讲话,希望研讨会能够研析问题,交流经验,分享成果,共同进步。北碚区副区长王大勇希望附中以研讨会为契机,进一步完善学校教育体制,改革和完善教育管理、人才培养、招生考试、投入保障和现代学校制度,继续为中学教育国际化添砖加瓦,贡献力量。

2012年10月,由加拿大温莎大学等18所著名高校组成的高校代表团来访,为国际部师生及学生家长讲解加拿大留学的最新资讯。11月,英国威尔士耶鲁学院国际部负责人Stelios和威尔士政府继续教育项目官员谭影,为2012年7月英伦游学"小新星观世界科技交流活动"的优秀学生颁发了学业证明,并为初2013届学生做了英国文化教育的讲座。2014年2月,丹麦哥本哈根Ejby小学和Nordvang初中的共同主管人比昂那·欧普思楚普·赫尔格校长一行来校,举行了丹麦基础教育学术讲座。3月,泰国孔敬大学孔子学院赴华中小学校长团一行14人访问附中。同月,澳大利亚维多利亚州考罗娃女子学校(Korowa Anglican Girls' School)校长克里斯丁·简金斯(Christine Jenkins)夫人和澳大利亚教育管理集团李新庆总裁一行访问附中,并签署了合作备忘录。6月,香港中文大学、浸会大学、香港教育学院师生,台湾大学生大陆师范教育研习营来访。

3.国际化办学成效显著

2011年1月18日,高2012届两名学生顺利通过新加坡教育部组织的笔试和面试,赴新加坡进行一年的预科学习和四年的大学生活。同年6月,国际部有

3名学生顺利通过A-level考试和雅思考试,其中,刘芯杙同学被英国约克大学和美国东北大学录取,后选择了美国东北大学;张栏夕同学被英国拉夫堡大学和美国爱荷华州立大学录取,后选择了英国拉夫堡大学;华芮竹同学被英国兰卡斯特大学和瑞典延雪平大学录取,后就读于瑞典延雪平大学。2012年,匡妍郦同学被世界排名第五的英国帝国理工学院录取。高2013届游子同学通过中加双文凭项目,入读加拿大排名第一、世界排名前30的多伦多大学,主修商科,辅修音乐。高2013届尹念茹同学被英国排名前40的考文垂大学录取,主修商科。 2014年1月,在A-level全球统一考试中,彭丽宇、蒋诚、付滟茜同学的所有课程模块均获A等级或A^+等级;所有同学的数学、物理模块全部获得A等级或A^+等级。2月,在全球雅思考试中,谢心怡同学总分5.5分,李昕瀚、蒋诚同学总分6分,杨钰楸同学总分6.5分,彭丽宇同学总分7分,付滟茜同学总分7.5分。5月,在AP考试中,同学们参加了数学AB和物理B考试,向世界名牌大学进了一步。高2015届1班钟梦佳、2班彭弘毅同学完成新加坡高二项目,获全额奖学金,于2014年7月分别就读新加坡国立大学、南洋理工大学。高2015届付滟茜同学凭借优秀的雅思成绩和专业成绩,被加拿大滑铁卢大学录取,2014年9月入读世界排名前40的计算机工程专业。其他高2015届同学也都收到多所世界名校的录取通知书,如英国帝国学院、华威大学、伦敦大学学院、卡迪夫大学等。

  2015年上半年,在广大教职工直接参与下,国际部深入贯彻学校办学理念,按照学校坚持国际办学的战略构想,积极拓展业务领域,开拓创新。2015年6月6日与SBS美加海外学校正式签署合作协议,共建中外课程融合,共同启动中外师资培养计划。选定项目教室并申请教育部专项资金加紧改造。国际实验班每周日开设英语强化课。鼓励学生参加雅思考试,并根据雅思考试、平时学业和高考成绩申请国外高校。初一年级进行课程改革,国际部A-level教学中心配置优秀师资,开设外教口语课、IGCSE数学等特色兴趣课程,丰富学生的学习生活。同时,上半年的工作中,国际部重视拓宽宣传渠道,扩大影响。国际部协同学校招生办外派到区县、三峡库区进行A-level/AP中心、国际实验班和SBS招生宣传,扩大招生力度和深度。制定和完善招生政策及优秀学生奖励政策,制定本校老师推荐和招生团队奖励机制,制定附中及西南大学教职工子女学费优惠政策,多角度宣传国际部项目及其优势、教师奖励政策、招生和奖学金政策。成功举行了美加海外学校西南大学附属中学校区招生说明会,各方面反响热烈。加拿大SBS美加海外学校是行政隶属于加拿大海外学校局、获得温哥华公立教育系统及美国排名第一的肯斯顿海外学校系统支持的独立法人、公办学校,致力于美国及加拿大在海外中学教育领域的国际教育合作,推广北美课程体系及教育平台。加拿大海外学校局、温哥华鲍威尔市、温哥华第47教育局和SBS美加海外学校中国总部对我校美加海外学校校区特别重视,特别推出精英班交换生计划和中方教师培养计划,切实解决国内外基础教育和高等教育衔接问题。2016年学校继续坚持国际化办学的战略构想,积极拓展业务领域,开拓创新,同年结束与香港爱德思的合作,由加拿大SBS美加海外学校全面接手国际部教育教学,逐步实现课程融合、资源共享,积极推进常青藤名校精英培养计划。此外,学校还深化科罗拉多州立大学等国外大学升学合作项目、新加坡政府奖学金项目,拓展国际交流项目,进一步实现办学国际化与多元化。学校积极拓展业务领域,到2017年,国际部的办学规模和办学环境进一步升级;两江实验学校和两江水土校区的国际教育进入策划准备阶段;国际教育质量持续上升,2017届毕业生全部升入世界排名前100位的大学,2018届学生收到20余所世界一流名校录取通知书,连续6年有学生考入世界排名前10位大学;国际交流与合作的频次和深入度继续加强;国际课程项目进一步优化,海外研学项目进一步丰富,规模进一步扩大。

第五编 追逐梦想
（2018—2024）

　　在新时代背景下，学校全面落实立德树人根本任务，始终坚持社会主义办学方向，为党育人、为国育才。通过全面加强政治理论学习，全面加强党对教育的领导，筑强堡垒，落实党建工作。在传承基础上，学校逐步完成学校办学特色和发展愿景的凝练与重构，确立新时期学校办学发展新方向。建立九大中心，构建现代化治理体系的中心级责制度，提升校本部内部治理能力，优化集团化办学各学校统筹指导，从而保证集团化办学的教育教学质量，确保学校的办学品牌，助推新时期学校高质量发展。

第一章

筑强党建促事业兴 聚力创新开格局新

2018年11月，西南大学教育学博士、重庆一中党委书记欧健调任西南大学附属中学校长并兼任党委副书记（张万琼校长调任西南大学教师教育学院院长），邓晓鹏续任学校党委书记（至2023年1月）。班子成员有党委副书记、纪委书记曾万学（2022年调任重庆两江新区教育发展研究院院长）、副校长刘其宪（2023年调任西南大学培训与基础教育管理处副处长）、梁学友、黄仕友、彭红军。后进入班子的有副校长张勇（2021年6月）、党委副书记、纪委书记刘汭雪（2023年6月）、副校长徐川（2023年11月）。新领导班子传承学校优良办学传统，团结带领全体教职员工，践行"求实、务实、落实、扎实"的工作理念，顺应新时代基础教育发展大势，积极谋划学校新一轮办学改革，开拓创新，积极作为，在继承、稳定、创新、合作中求发展，稳步推进学校各项工作，推动学校事业发展迈向新台阶。

2022年12月，欧健兼任学校党委书记。2024年3月，张勇接任学校校长。西南大学附属中学在党委书记欧健、校长张勇的带领下，守正创新，踔厉奋发，按照学校"十四五"发展规划的既定目标勇毅前行，承担新时代教育使命，追求附中人教育理想，在教育热土上留下属于附中人的最美印记和缤纷华章！

第一节 党建引领强根基 事业融合共发展

一、党旗引领教育路,倡廉清风守初心

2018年学校新班子组建后,学校按照上级党委相关部署,高举习近平新时代中国特色社会主义思想伟大旗帜,全面落实立德树人根本任务,坚持社会主义办学方向,为党育人、为国育才。全面加强政治理论学习,全面加强党对教育的领导。根据上级党委要求,学校先后组织开展"不忘初心、牢记使命"主题教育、党史学习教育、党纪学习教育,以学习教育团结凝聚人心,积聚办学发展合力。认真履行全面从严治党主体责任,严格落实领导班子及成员落实全面从严治党主体责任清单。规范开展党委理论学习中心组学习、党支部组织生活会、主题党日活动等党内政治生活,组织党章党规和党性党纪学习教育,实施党委委员联系党支部制度。严格落实"三重一大"决策制度和廉政风险防控制度,落实"一岗双责",进一步健全党内监督和领导班子民主集中制,促进班子民主、科学、规范决策,确保"三重一大"事项体现领导集体的意志,多维并举推进党风廉政建设。在加强领导明确责任、强化宣传预警防控、建章立制标本兼治三个方面下功夫,探索建立切实可行的长效机制。

2022年党的二十大召开,明确提出"坚持教育优先发展、科技自立自强、人才引领驱动,加快建设教育强国、科技强国、人才强国,坚持为党育人、为国育才,全面提高人才自主培养质量,着力造就拔尖创新人才,聚天下英才而用之"。这为学校新时期办学发展提供了明确的方向指引,学校也以高度的政治自觉和历史自觉,投身"教育强国"建设中,为造就拔尖创新人才提供早期培养的丰厚土壤。同时,按照西南大学推进"党建与事业融合发展"要求,学校制定党建与事业融合

发展考核方案,以高质量党建赋能学校事业高质量发展。

2022年12月,邓晓鹏因年龄原因卸任,欧健兼任学校党委书记。2023年,重庆市中小学全面实施党组织领导的校长负责制,在西南大学的坚强领导下,学校于2024年初完成了这一重要组织变革——党组织领导的校长负责制的实施,进一步明确了学校党组织把方向、管大局、作决策、抓班子、带队伍、保落实的领导职责。

二、凝心聚力筑堡垒,逐梦前行强队伍

守好意识形态主阵地。完善学校知责明责的"责任链",领导班子成员与各职能部门负责人层层签订意识形态责任书,将意识形态纳入考核内容。定期研判,牢牢把握意识形态工作领导权。

深化能力作风建设。充分发挥党委理论学习中心组领学促学示范带动作用,形成"头雁效应",既作表率、树形象,又激发动力、形成合力。借助党委巡察、专题民主生活会和民主评议党员形成整改清单,改进作风,狠抓落实。严格落实"三重一大"决策制度和廉政风险防控制度,开展党风廉政专题教育学习,重要时间节点通过短信、微信等对全体教职员工进行廉政警示教育,进一步筑牢政治思想凝聚力、激发廉洁自律内生力、增强转变作风持久力、提高创业干事执行力,坚定不移推动廉政工作向纵深发展。

加强基层党组织建设。党支部建在年级,支部负责年级教师的思想政治教育,指导年级学生的思想品德教育和教师的党组织生活,切实围绕年级教育教学抓党建,抓好党建促教育教学高质量发展。结合中学实际,及时进行支部委员补选,成立5人支部委员会,形成"支部引领、支委领办"党建工作格局。实施党委委员联系党支部制度,进一步密切联系和加强对党支部的指导,进一步加强党支部的思想建设、组织建设和作风建设,促进工作的规范化、制度化。

三、特色党建展风采,品牌引领树新标

党建引领出品牌。学校持续推动党建与事业融合发展,"党建引领"成为带

动学校高质量发展的"鲜艳旗帜"和"红色引擎",形成"党建+"系列特色品牌。坚持以党建统揽全局、以党建凝聚合力、以党建促生亮点、以党建激活创新。在党建引领下,学校围绕育人使命不断干出实绩,学校入选新时代中小学校党建引领创新和质量创优工作培育创建单位,党委书记欧健2023年入选重庆市首批中小学校党组织书记"双带头人"。

党建引领团委建设。在党委指导下,学校在2023年度先后被评为重庆市五四红旗团委,重庆市"5个100"示范性团组织,"小平科技创新实验室"拟建学校等多项荣誉。"11·27少年画英烈"活动,受到新华社和光明日报等多家媒体报道。

党建引领思政课一体化建设。学校以入选教育部大中小学思政课一体化共同体建设成员单位为契机,充分利用西南大学优质资源,形成网状系统化思政课建设思路,多点并进,汇成合力,取得了丰硕成果。汤蕊嘉老师的思政课例入选全国中小学思政课教师教学基本功展示典型经验名单;学校思政教育案例《校长有约:共进午餐话心声》被评为全国中小学社会主义核心价值观教育优秀案例。同时,构建起"大思政"理念,推动各学科融通育人,2023年学校青年教师汇报课以"大思政背景下学科立德树人功能发挥"为主题,充分结合各学科核心素养挖掘学科思政教育资源。学校团委、少先队走进敬老院,以"行走的思政课"涵育学生社会主义核心价值观。开展大中小学思政课一体化研讨,以西南大学马克思主义学院"大思政课"建设为契机,邀请大学生宣讲团到校开展党的二十大精神宣讲。2024年,以"12345+"的体系架构为引领,打造出具有附中特色的大中小学思政课一体化的新模式,"思政一体启智润心,'立人新民'培根铸魂——'深入推进大中小学思想政治教育一体化建设'的西南大学附中实践"入选重庆市优秀实践案例并报送教育部。

党建引领教师专业化发展。针对学校教师队伍实际,学校党委贯彻"全员育师、全过程育师、全方位育师"的教师培养理念,构建起教师三级培养体系,即"新进教师三会培训—青年教师青蓝计划—成熟教师卓越计划",同时常态化打造教育部首批名师领航工程示范课培训、毕业年级教师伴随式培训等教师专业发展特色项目,打造了一支昂扬向上、互学互进、业务精湛的教师团队。教师平均每年获国家级、市级、区级赛课特等奖、一等奖100余人次。近年,正高级职称评审、副高级职称评审通过人数位居全市前列。学校"党建引领教师队伍建设"成功入选西南大学特色党建品牌。

第二节 构建现代治理体系 稳固发展强夯基石

一、明晰思路显活力,传承理念续新章

2018年领导班子换届后,学校逐步完成学校办学特色和发展愿景的凝练与重构,确立新时期学校办学发展新方向。为此,学校通过"引进来"与"走出去"相结合,做了大量工作。2019年初,举办了老校长办学思想研讨会,学习老校长们丰富厚重的办学思想,并邀请西南大学师范教育类学院主要负责人到校问诊把脉。2018年底到2019年初召开了各类教职员工座谈会,请他们为学校的发展建言献策。学校领导班子主动拜访教育部、重庆市、北碚区相关领导和职能部门,进一步理顺、畅通相关渠道,争取学校办学发展的外部支持。组织校领导、中层干部分组赴北京师范大学附属实验中学、东北师范大学附中、华东师范大学二附中、华中师范大学一附中、湖南师范大学附中、衡水中学、南京师范大学附中等全国一流名校学习,分组形成万字学习报告并进行专题汇报,谋划学校新一轮发展。在传承优良传统的基础上,逐步确立了新时期学校办学的脉络思路与发展定位,即"一个追求""两个定位""三个口碑""四个维度""五个特色"。

"一个追求":"把学校办成一所面向未来的开放、健康、智慧的大学附中"。"两个定位":一是建设"中学里的大学、大学里的中学";二是争做"基础教育课程改革的先行者、示范者和引领者"。"三个口碑":一是中学里的大学,"独一无二"的口碑;二是低进口高出口,"口口相传"的口碑;三是促进学生全面、个性、终身的高质量发展,"人民满意"的口碑。"四个维度":文化理念先进、教育质量卓越、办学特色鲜明、学术氛围浓厚。"五个特色":纯朴的教师队伍、独特的学生气

质、一贯(六年)的教学体系、丰富的课程资源、纵横的管理机制。

全新的办学思路带来的是全新的办学活力,处于新时期基础教育改革浪潮风口的附中人,做好了迎接各种挑战的准备。

二、创中心制明责任,行级责制强效能

2019年,学校基于集团化办学统筹发展的需要和新时期基础教育改革的要求,结合"党建与事业融合发展"的总体构想,深入推进学校现代治理体系建设,在传承发展的基础上,逐步构建起"纵向中心制、横向级责制"的治理机制新格局。"纵向中心制",将原有的10多个部门整合建立起两大系统、九大中心,突出"服务、指导、引领"核心职能。两大系统为服务保障系统和教育教学系统。服务保障系统包括党政服务中心(将安稳办纳入其中)、家长服务中心、信息技术中心、后勤服务中心(包含总务处、基建科、财务科)等四个中心,突出对教育教学的保障职能。教育教学系统包括学生成长中心、教学指导中心、课程创新中心、教师发展中心、国际交流中心等五个中心,突出对教育教学工作的服务、指导、引领。这看似简单的变革,背后反映出对新时期教育教学改革的深刻理解和把握,目标指向更加明确,管理体系更加优化。以学生成长中心和教学指导中心这两个事关学校教育教学核心工作的部门调整为例:学生成长中心原为学生处,之所以调整为学生成长中心,是依据2017年教育部发布的《中小学德育工作指南》和高考综合评价改革有关学生综合素质评价的相关要求,调整侧重学生事务管理的学生处为通过理念、课程、活动的顶层设计促进学生全面发展、健康成长的学生成长中心,更加彰显新时期学校德育工作的方向性、科学性、系统性,更加体现以学生为本,更加突出对学生发展的服务、指导、引领,从而为党育人、为国育才;教学指导中心原为教务处,是在承担原有考务、教务等具体事务的基础上,在实施高考综合改革的"三新"(新课标、新高考、新教材)背景下,更加突出对教学作为学校中心工作的深入研究、顶层设计、指导引领。由此看出,教学指导中心这一部门变革设计之初,主要突出对高中学段教学变革的适应与应对。2021年中共中央办公厅、国务院办公厅印发《关于进一步减轻义务教育阶段学生作业负担

和校外培训负担的意见》(俗称"双减"政策),对初中学段教育教学变革产生巨大影响。如何在"双减"政策下进一步提升初中教学质量,需要做好顶层设计。因此,做好高中"三新"、初中"双减"背景下学校教学质量的提升,正是学校实施中心制改革的初衷,也体现出学校中心制改革符合基础教育发展的趋势,具有一定意义上的前瞻性。中心制的职能与业务板块也随着形势变化而有所优化调整。

纵向中心制改革除了满足校本部内部提升治理能力的需要外,还有十分重要的职能就是做好集团化办学各学校相关业务的统筹指导。随着学校集团化办学的推进,集团化学校逐步增加,如何保证教育教学的理念、管理、课程呈现出"原汁原味的附中味",从而保证教育教学质量,确保学校的办学品牌,提升老百姓心中的口碑,除了"人"的因素外,核心的就是"制度"因素。因此,纵向中心制之下,在机构设置上,以本部为"中心",各集团校设置"部",如党政服务部、教学指导部等,但本部的"中心"与各集团校的"部"并非一一对应,各集团校结合实际做整合和优化,比如不少集团校将"课程创新部"和"教师发展部"合二为一,实行两块牌子一套人马;集团校国际交流业务较少,基本没有开设国际课程,因此也就无须设置"国际交流部"。从运作流程上,本部各中心统筹集团校各部,充分体现"大附中"的理念,如学生成长中心统筹集团校在学校整体德育理念的指引下研讨学校德育工作,统筹集团校德育活动的开展、德育课程的开发和实施等,充分把学校的文化理念、管理思想等贯彻到各集团校,确保集团化办学下的附中教育品牌。

横向实施并强化级责制。级责制就是年级负责制,是大多数中学常用的基层管理机制。学校自2013年起实施了年级五人管理小组,即年级分管干部、年级主任、年级支部书记、年级副主任和青年委员,取得了非常好的管理成效。2018年以后,年级五人小组管理机制继续沿用,并在几个方面呈现出新的亮点,也进一步强化了年级五人小组管理机制的效能,提升了学校办学质量。一是根据实际情况革新年级五人小组的架构、职责和功能。为进一步压实年级责任制,2019年起学校明确将年级分管干部定位为"年级第一责任人",强化"第一责任人"的责权利。随着2023年党组织领导的校长负责制的推行,为进一步强化基层党组织领导,作为学校中层干部的"年级第一责任人"兼任年级支部书记,原支部书记改任"年级支部副书记",同时青年委员改设"青联委员",以加强对年级学生工作的协助和落实。此外,自2022年起,将年级主任上挂至各中心担任副职,加强对学校总体工作的了解,也更加利于年级工作的落实。二是进一步明确年级发展目标和管理方式。明确"和谐的年级氛围、成长的教师队伍、突出的教学业绩"为年级发展三大目标,其中"和谐的年级氛围"是基础,"成长的教师队伍"是关键,"突出的教学成绩"是根本。此外,要求年级管理必须"抓早、抓细、抓实",严格落实年级管理的结果导向、目标导向、问题导向,取得了很好的成效。

三、集团引领聚合力,开放办学展新篇

优质中学进行集团化办学有着多方面的重大意义。一是集团化办学有助于解决优质教育发展不均衡、不充分的矛盾。就基础教育而言,以前国家是要解决人民群众"有学上"的问题,现在尤为重要的则是解决"上好学"的问题。党的二十大报告提出,加快义务教育优质均衡发展和城乡一体化,优化区域教育资源配置。当前优质教育发展不均衡、不充分的矛盾依然突出,必须着眼于新时代社会主要矛盾转化,切实以人民的利益为重,积极推进区域教育优质均衡发展,进而为人民群众创造高品质生活,不断满足人民对教育美好生活的期盼。二是突破拔尖创新人才早期培养问题。党的二十大报告提出,着力造就拔尖创新人才,将拔尖创新人才培养上升到党和国家战略高度。从基础教育对拔尖创新人才进行早期培养的主要路径看,第一,科学识别和选拔,从而开展拔尖创新人才早期培养。第二,通过学校课程、文化、环境的熏育,助力人才成长。由于区域教育发展不均衡,客观上存在部分具备拔尖创新人才潜质的学生被埋没的可能性,因此,通过集团化办学实现联动培养十分必要。三是优质中学彰显名校社会责任,提升自身品牌价值以及促进自身内涵发展、高质量发展。

西南大学附中集团化办学始于2015年。2015—2020年是附中集团化办学稳步推进阶段。2015年学校与合川区教委合作开办西南大学银翔实验中学(民办),与重庆大学合作开办西南大学附中重大校区(公办),开启了学校集团化办学的第一步。两所学校开办后,在学校本部的大力支持下,在所在区域教育行政

主管部门和两所学校教职工的努力下,2018年首届中考取得了较好的成绩,打响了学校集团化办学的第一枪,也为校本部的发展强本固基。

2020年至今,可视为附中集团化办学的快速发展阶段。2020年是学校集团化办学迎来里程碑的年份,位于两江新区水土新城的西南大学附中(东区)正式开学;同时,两江新区西南大学附中正式成立,由高中部(位于两江新区大竹林)和初中部(位于两江新区金州)组成。这一布局既丰富了两江新区优质教育资源,同时对学校而言,这是学校集团化办学第一次迈入重庆主城核心区域,具有十分重要的战略意义。2021年,重庆市启动民办学校转为公办学校的转制工作,西南大学银翔实验中学和西大两江实验学校按政策均由民办学校分别转制为合川区、北碚区公办学校,并设置两年过渡期(至2023年结束)。客观而言,这对两所学校办学发展和学校稳定带来了较大的影响,也对学校整体集团化布局产生了一定冲击,但学校克服了种种困难,保证了两所学校过渡期的安全稳定和教育教学质量。2023年过渡期结束,学校分别与合川区、北碚区签署正式协议,继续托管两所学校,使其继续成为西南大学附中教育集团的重要成员。此外,2022年9月,学校与荣昌区教委合作开办的西南大学附属中学荣昌实验学校正式开学,成为学校进驻渝西片区的桥头堡,进一步完善了学校在成渝经济圈建设大背景下教育发展的新布局。2022年,两江新区西大附中将两江新区星辰中学纳入教育集团,更名为两江新区西大附中星辰学校。2023年,学校与大渡口教委签署开办大渡口区西南大学附中合作协议,共同建设西南大学附中大渡口校区,并于2024年9月正式开学,成为进驻大渡口区的第一所重庆"七龙珠"学校。2024年,学校与渝北区教委合作托管悦来中学,更名为西南大学附中渝北悦来实验学校,这是学校进驻重庆经济强区、人口大区——渝北区的重要一步。此外,2024年西南大学附属中学荣昌实验学校将荣昌老牌的荣昌初级中学纳入,挂牌"西南大学附属中学荣昌实验学校(海棠校区)",进一步完善在荣昌区的办学布局。

至此,学校已经形成了分布在重庆六个区县共十一个校区的集团化办学格局。集团化办学带来的学校增多,当然会面临干部队伍培养、教师队伍发展等挑战,但附中人牢牢把握住集团化办学的核心要义,就是"以附中文化理念统率、以附中制度标准规范、以附中目标定位导向"。同时,对于所有集团化学校,附中明确三年发展的阶段目标,要求所有集团校做到"一年立桩子、两年举旗子、三年树牌子",集团化学校管理干部要团结带领学校教师,对外充分挖掘有利于学校办学的资源,对内抓好教育教学、队伍建设以实现内涵发展,确保附中集团化学校办一所成功一所,办一所成名一所。目前,附中所办的学校均在各自区域内迅速发展为优质中学、领头中学甚至龙头中学,阶段性实现了学校集团化办学的目标,为优质教育均衡发展做出了应有贡献。

四、制度建设强基石,规范引领促发展

2018年新班子组建后,在传承之前已有制度基础上,学校进一步强化制度规范,以制度作为学校规范发展的重要保障。

学校完善了《西南大学附属中学校落实"三重一大"决策制度实施细则》。结合实际,从决策原则、决策范围、决策形式、决策程序、决策执行、决策监督、责任追究等方面明确要求。同时,根据西南大学党委、纪委要求,将"三重一大"制度与附中领导班子建设、学校党风廉政建设和推进学校发展紧密结合起来,对涉及学校建设发展中的重大事项以及涉及职工切身利益的重要问题,坚持通过学校教代会或全校教职工大会民主决策;对日常决策,坚持由校党政领导和工会主席、教代会主任参加,党政办公室主任列席的党政联席会决策,确保凡是涉及"三重一大"的相关问题都为集体领导、集体决策,并做好每个环节完整的决策过程记录,形成会议纪要后由参会领导签字确认,再进行实施、落实。通过这些措施,将"三重一大"政策制度制定落到实处、实施落到实处,成为学校科学化、民主化决策的依据和基础。

细化完善党政联席会议事规则,制定、修订中层干部选任管理办法,人才引进暂行管理办法,高、中考绩效改革方案,合同制、劳务派遣员工薪酬调整方案,跨校引领绩效方案,食品安全管理办法等规章制度,以制度建设引领学校发展。

重新修订《西南大学附属中学校采购与招投标管理办法》,重新建立采购工作领导小组、执行小组和监督小组,强化管理风险防控,同时修订招投标、工程管理等制度,做到规范前提下提高效率,确保学校规范、健康、快速发展。

2023年,随着党组织领导的校长负责制的实施,学校根据实际发展需要,修订完善《西南大学附属中学党委会议事规则》《西南大学附属中学校长办公会议事规则》《西南大学附属中学党委书记职责清单》《西南大学附属中学校长职责清单》。

2024年,学校以办学110周年为重要时间节点,进一步强化制度规范建设,先后出台《西南大学附中中心工作指南》《西南大学附中级责制指南》,助推新时期学校高质量发展。

第二章

奠基生涯幸福路径　助推拔尖人才培育

近年来，教育形势剧烈变化，教育改革不断深入，对学校发展提出了更高的要求，生涯教育、拔尖创新人才培养和德育工作成为学校教育探索的三大重点。学校提出『为生涯幸福奠基』的教育主张，通过系统化的育人思想、明确的办学目标、创新的教学思想、持续的教师发展、深邃的教育哲学以及坚定的党建统领，共同构筑起学生未来生涯幸福的坚实基石。学校结合国家政策和办学实际，推动生涯教育新发展，在生涯理念、生涯课程、生涯实践等领域做了诸多探索，取得了丰硕的成果。学校通过强化学科竞赛，开创人文强基，举办特色书院，深耕科创教育，在拔尖创新人才培养方面取得了显著成效，为学生的全面发展和国家的未来培养了大量优秀人才。学校厚植附中德育理念，多措并举，打造附中德育品牌，取得了积极的效果。

第一节 生涯教育启新程 砥行致远创未来

随着教育改革的不断深入,中学生涯教育的重要性日益凸显。2010年7月发布的《国家中长期教育改革和发展规划纲要(2010—2020年)》提出:"建立学生发展指导制度,加强对学生的理想、心理、学业等多方面指导。"2018年9月,重庆市教委印发了《关于开展普通高中学生生涯规划教育的通知》,要求全市高中学生生涯规划教育内容围绕生涯发展观、自我认知、学涯规划和职业探索四大模块展开。学校结合国家政策和办学实际,明确提出生涯教育是关乎孩子未来、面向未来的教育,推动生涯教育开启新征程,在生涯理念、生涯课程、生涯实践等领域做了诸多探索,取得了丰硕的成果,学校"基于综合实践活动的生涯教育"先后获得重庆市教学成果奖特等奖和国家基础教育成果奖二等奖。

一、理念引领人生路,作育时代好少年

近年来,随着新课改的深化和新高考的推进,我国的生涯教育事业迸发出了旺盛的生命力。全国各地陆续出台生涯教育政策,各高校、中小学校积极开发生涯教育课程,逐步形成自我认知、环境认知、生涯决策、生涯管理的链条式课程体系,生涯教育理论研究与实践活动遍地开花,成果丰硕。

学校作为教育部直属重点大学西南大学的附属中学,是国家基础教育改革的引领者、示范者、先行者。在最近二十余年的办学过程中,生涯教育一直是学校课程改革的重要路向之一。1997年,学校结合环境选修课程的开设,探索学生小课题的实施;2003年,学校开始举办一年一度的研究性学习成果多媒体展示活动;2011年,学校成为重庆市青少年科技创新人才培养雏鹰计划项目学校;2017年,学校成为"英才计划"试点学校;2020年,立项建设的全市首个研究性学

习课程创新基地成功通过验收。

2018年，学校新一届领导班子组建后，进一步思考和探索什么是教育，我们究竟想把学生教育成什么样的人，究竟想办一所什么样的学校，学校的学生怎么样学习以及奉行什么样的教师发展思想和教育哲学思想。新领导班子在继承中创新，在实践中摸索，最终形成了"为生涯幸福奠基"的教育思想和教育主张。这一主张缘起于对教育终极价值的深刻反思与前瞻规划，是学校对"什么是教育"的自我表达。西大附中坚信，教育的根本目的不仅在于传授知识，更在于塑造能够引领未来、享受幸福人生的个体。

为生涯幸福奠基不仅生发于教师的职业体验，也产生于教育的课程变革。2019年6月国务院办公厅印发的《关于新时代推进普通高中育人方式改革的指导意见》明确指出："坚持以习近平新时代中国特色社会主义思想为指导，深入贯彻党的十九大和十九届二中、三中全会精神，全面贯彻党的教育方针，落实立德树人根本任务，发展素质教育，遵循教育规律，围绕凝聚人心、完善人格、开发人力、培育人才、造福人民的工作目标，深化育人关键环节和重点领域改革，坚决扭转片面应试教育倾向，切实提高育人水平，为学生适应社会生活、接受高等教育和未来职业发展打好基础，努力培养德智体美劳全面发展的社会主义建设者和接班人。"这促使普通高中教育进入内涵发展与提高办学质量的新阶段，普通高中教育改革需要实现三个转变：从以"升学"为目标向以"升学""生涯"并重为目标转变，从以"数字"进行评价向以"数字""素质"并重进行评价转变，从以"共性"为方向向以"共性""个性"并重为方向转变。为生涯幸福奠基还传承于名校的时代诉求。西大附中作为一所百年名校，在当今时代高速发展之下，必须陶铸群英、培养品格、熔炼学生、强健体魄，立人新民、行己有耻，实现学生的三个发展和生涯幸福。在此背景之下，学校提出了为生涯幸福奠基的教育主张，我们的教育越来越清晰地指向学生的未来，指向学生未来的生涯幸福，西大附中就是为孩子们的幸福生涯发展奠基的。整个中学生活是影响学生一生的重要阶段，我们倡导的幸福是个人、国家和全人类的幸福，而习惯、品质、信仰是奠基学生生涯幸福的关键。学校以"杂交水稻之父"袁隆平的题词"为学生终身发展奠基"为理念，探索基于综合实践活动的生涯教育。

经过长期的探索，学校逐渐形成了"基于综合实践活动的生涯教育"的教育体系。学校的生涯教育体系具有探究性、实践性、发展性等特点，其理念目标集中体现在激发学生学习兴趣、激活学生学习潜能、激励学生终身学习三方面。该体系形成了多元化实践形式，包括与研究性学习对接的调查研究类实践，与社区服务、社会实践对接的志愿服务类实践，与信息技术、劳动教育对接的职业体验类实践，以及其他非指定领域的实践形式。

西大附中将基于综合实践活动的生涯教育目标确立为"让学生在最适当的时候遇见最美的自己"，提出"三个学会"和"四个提升"，通过基于综合实践活动的生涯教育让学生学会学习、学会选择、学会人生，提升学生认知能力、合作能力、创新能力、职业能力。我们相信，孩子们犹如海底的美丽贝壳，每一枚都正孕育着珍珠，如果我们以合适、恰当的方式，在适当的时候帮助他们发现自己、打开自己，他们便能看到自己心底的那颗美丽珍珠，珍珠的光将照亮他们前行的道路。

二、融创生涯新实践，聚力创新精教研

建立学生生涯发展与指导中心。2016年11月26日，学校召开了学生生涯教育研讨暨生涯指导中心成立大会，进一步开展了学生生涯规划教育研究，为未来新高考背景下学生个性化、多元化发展服务。2020年学校成立学生生涯发展与指导中心，负责生涯教育的管理、教学等工作，并制定生涯教育工作方案，全面开展生涯教育。

构筑系列生涯教育课程。学校基于校情、生情，自上而下对生涯教育进行整体设计，明确基于综合实践活动的生涯教育课程与学科课程、校本课程、其他教学活动之间的关系，科学制定生涯教育的总体课程实施方案。一是开设生涯自我认知的基础课程，主要包括认知自我与认知世界两大板块，涵盖了解生涯与生涯规划，认知自我的兴趣优势、气质类型、能力倾向、发展潜能，认知外界环境的复杂性与不确定性，职业探索，科学选课，志愿服务，企业见习等主题。秉持促进学生个性化发展的原则，学校以阅读成长课、博雅艺体课、特色选修课、生涯彩虹影院、缤纷艺术节、专业巡礼、大先生讲座等为主要实践形式，着重培养学生的观

察能力、记忆能力、思维能力、想象能力等。二是推出生涯交往合作的促进课程，强调培养学生的交往合作能力，主要包括两种实践形式：第一，合作式探究，围绕同一主题活动，如人格教育课程中的参悟训练《龙行万里》《驿站传书》《极限90秒》等，学生分团队进行无领导小组讨论与协作，探究问题，解决问题。第二，竞争式探究，以辩论社、模拟联合国、各学科竞赛课程等社团形式为主，学生既可以以小组的形式实现内部协作，习得思考问题的基本方法，又可以在"对话交流"的博弈过程中习得换位思考、适时妥协的合作方法，形成合作思维的多面向发展，继而提升学生的交往能力与水平。三是打造生涯发展规划的主干课程，既关注教学内容的系统化，要求学生完成知识学习与社会体验的内容整合，形成涵盖高中生"学业—专业—职业""操作—技能—能力""兴趣—理想—信念"一体化发展的序列内容，又重视能力的模块化，强调把生涯发展所需知识、能力分解成若干模块实行弹性教学，构建课程容量有弹性、教学难度有弹性、生涯师资有弹性、兴趣差异有弹性的理论与活动。如设置大学专业探索课、社会职业探索课、职业体验课、职业决策管理课等，引导学生通过循序渐进的模块化体验，有针对性地强化发展所需的关键能力。

打造彩虹生涯教育月活动。彩虹生涯教育月是西大附中生涯教育体系的重要组成部分，也是高一年级高考选科的"突围之法"，经过近五年的探索完善，逐渐形成了职业巡礼、专业巡礼和大学巡礼三大巡礼活动。巡礼活动以知名专家讲座、职业探索体验、行业精英分享等方式，邀请高校院所教师走进学校，向学生介绍大学及专业；邀请各行各业工作者（以学生家长为主体）带领学生体验不同职业，对学生进行全方位的生涯指导，帮助学子在人生的重要关口做出最适合最科学的选择。

建设生涯教育实践基地。学校开发建设互动式、体验式生涯教育学习实践基地，共享大学或机构的科技互动馆、实验室、图书馆等硬件设施，获得学习项目平台和数字化资源平台的支持，共同打造学习资源包，开展项目研究，深入有效开展生涯教育。2021年8月19日，西南大学附中与两江水土新城多家高新技术企业签订了生涯教育实践基地协议，为学校开展生涯教育拓展了更大的空间，能够助力学生获得认知、合作、创新、职业四大关键能力，最终学会选择，学会生活。

三、课程提炼勇前行,成果转化展实效

课程体系迭代升级。西南大学附属中学打造课程体系2.0——"三群"一线课程体系。所谓"三群",指的是全面发展课程群、终身发展课程群和个性发展课程群。在这三个课程群中,全面发展课程群是基础,它包含必修课程、课题研究学习、心理健康活动、研学旅行活动、高初三毕业典礼、离队入团仪式等课程设置。终身发展课程群是途径,通过人格教育、大小先生讲座、生涯规划教育、社团活动选修课、终身阅读教育、缤纷艺术节、缤纷科技节、缤纷体育节、缤纷美育节、缤纷劳动节、假期职业体验等课程,为促进学生终身发展打开更多元的路径。个性发展课程群是目标,通过学科竞赛课程、人文强基课程、人工智能课程、国际理解课程、艺体社团课程等的开展,最终达到促使学生个性发展的目的。全面发展课程群、终身发展课程群和个性发展课程群不是独立的毫无关系的三个课程体系,而是由下至上贯通一线的成熟课程体系。西南大学附属中学课程体系3.0,是基于综合实践活动的生涯教育课程,即蝴蝶课程体系,融合综合实践与生涯教育的价值共性和实践互补,以考察探究、社会服务、设计制作、职业体验等综合实践活动为基本形态,包含"基础课程+促进课程+主干课程"的基于综合实践活动的生涯教育课程,构建与实践活动结合、学科课程整合、高校院所联合、家校社企汇合的"四合"运行机制,实施智能、多元、动态跟踪,融合共生,形成基于综合实践活动的生涯教育。提升学生认知能力、合作能力、创新能力、职业能力。

课题研究。学校成功立项生涯教育、综合实践活动方向研究课题十余个,针对生涯教育中的实际问题进行实践研究。

教材开发。近年来,围绕基于综合实践活动的生涯教育,学校教师纷纷参与校本课程的开发、编著工作,培育与推广生涯教育典型经验。学校教师现已出版《学习的原野》《励生涯》《生涯规划与管理》《名校的那些"秘密"》等论著,《综合实践活动指南(研究性学习)》《高中研究性学习》《综合实践活动》《遇见最美的自己——基于综合实践活动的生涯教育(初中版)》及《遇见最美的自己——基于综合实践活动的生涯教育(高中版)》等教材。学校教师还共同打造了"附中文丛",出版了《水科技与可持续发展》《食育与健康生活》《数学视角看生活经济》《传统武术奠基康勇

人生》《乡土地理和家国情怀》《生物实践与创意生活》等读本。

赛课获奖。通过完善教师队伍结构,以班主任为主开展生涯规划师资培训,截至2024年6月,有40多位班主任获得生涯规划师资格证,在日常生活和学习中助力学生生涯发展。2019年,赵渊博老师的"从我心,择我路"生涯课堂获得重庆市中小学生涯教育优质课竞赛一等奖,并在重庆市教育学会学生生涯规划指导专委会年会上为全市教师授课展示。随后,赵老师又凭借"万花筒里看未来"一课,获得2019年重庆市中小学教师创新教学大赛特等奖,学生成长中心副主任陈辉国老师获优秀指导老师奖。2024年5月,西南大学附中郭锐和马彬琼老师双双获得重庆市第二届普通高中生涯教育优质课大赛一等奖。

辐射引领。学校每年至少举办1次主题学术会议,已辐射20余省份千余校,其中2020年10月30日召开的"新课程改革背景下生涯理论与实践研究"全国峰会吸引了来自全国各地的500余名代表线下参会,8000余人线上参会。学校承担的国培计划、市培计划的生涯专题培训,已开展宣讲培训600余场。

第二节 学段贯通释潜能 助推拔尖创未来

当今世界对创新型、复合型人才的需求日益增加,对学生综合素质和创新能力的要求越来越高。2019年2月,中共中央、国务院印发了《中国教育现代化2035》,强调了创新人才培养的重要性,提出了要增强学生的综合素质,弘扬劳动精神,强化实践动手能力、合作能力和创新能力的培养。2023年5月,教育部办公厅印发了《基础教育课程教学改革深化行动方案》,强调更新教育理念,转变育人方式,坚决扭转片面应试教育倾向,切实提高育人水平,促进学生德智体美劳全面发展。学校通过强化学科竞赛,开创人文强基,举办特色书院,深耕科创教育,在拔尖创新人才培养方面取得了显著成效,为学生的全面发展和国家的未来培养了大量优秀人才。

一、学科竞赛展锋芒，思维碰撞显才华

近年来，学校在常规教学的基础上，完善管理方案，全方面、多途径强化学科竞赛工作。

一是加强教练团队建设。在各校竞赛竞争白热化的情况下，学校多次组织召开各层级学科竞赛工作会，按照校内培养与校外引进相结合的原则，完善学校竞赛教练培养体系，逐步形成"卓越教练—金牌教练—优秀教练—优青教练"的小初高竞赛团队；重新制定细化过程管理、加大成果奖励的竞赛激励机制，完善教练薪酬体系；按照学科总教练统筹、年级主教练具体负责的思路，深化推进竞赛工作；提升年级五人组对竞赛重要性的认识，强化竞赛在各年级尤其是在初中年级的地位，给予竞赛教练更大自主权。为了加强学习，了解全国一流名校先进经验，学校组织竞赛团队先后赴成都七中、衡水中学、湖南师大附中和华中师大一附中等全国竞赛强校学习研修。

二是加强学生梯队建设。在教学指导中心的统筹安排下，各年级、各校区采取多种方式吸引优秀学生投身竞赛，做好各学科竞赛学生的合理分配，形成竞赛学生梯队。加强生源开拓，借助大学资源，开展小学信息、数学奥赛培训班；强化初高中衔接，初步建立竞赛一体化统筹体系。加强对学生竞赛团队的日常监督、科学管理和获奖激励。

三是完善竞赛课程体系。统筹竞赛课程设置，细化落实各学科、各学段课程规划，做好初高中学段统筹，引入优质课程资源；多途径完善五大学科竞赛"走出去请进来"培养体系，组织教练团队外出交流学习，带领竞赛学生赴竞赛名校学习，与一流名校建立合作培养机制，加强与市内外名校合作，取长补短，互利共赢。

2018—2023年，学校五大学科竞赛一等奖获奖人数屡创新高，省级队入选数量实现较大突破。其中信息学竞赛取得历史性突破，2019年10人获得省级一等奖，打破该学科的学校纪录，其中蒋凌宇同学获得重庆市第一名，进入国家集训队、保送北京大学。2020年，蒋凌宇以绝对优势进入国家集训队，再次保送北大。化学竞赛连续11年夺得全国化学冬令营金牌，连续4年入选国家集训队，重庆唯

一。2020年化学竞赛18人获得省级一等奖,钟淼存同学入选国家集训队,保送北京大学元培班。2021年化学竞赛11人获得省级一等奖,黄昱涵同学入选国家集训队,保送北京大学元培班。2022年化学竞赛汪江涛同学入选国家集训队,保送北京大学元培班,伍家榆、汪江涛参加北京大学化学金秋营考试,分别获得全国第一、第二。2023年化学竞赛19人获得省级一等奖,高二年级刘博锐同学入选国家集训队,保送北京大学元培班。

2018—2023年竞赛成果汇总表

项目	国家集训队	金牌	银牌	铜牌	省级队	省级一等奖	国家集训队名单
2018	—	1	1	1	3	14	—
2019	1	1	1	2	4	24	蒋凌宇
2020	2	2	3		6	42	蒋凌宇 钟淼存
2021	1	4	3	2	9	42	黄昱涵
2022	1	5	5	—	10	34	汪江涛
2023	1	1	3	1	5	45	刘博锐

二、强基固本成卓越,人文沁润铸灵魂

2020年1月,教育部制定出台了强基计划,旨在选拔和培养有志于服务国家重大战略且综合素质优秀或基础学科拔尖的学生,并将人文学科中具有支撑引领作用的历史、哲学、古文字学列入其中。为进一步配合国家人才选拔与培养战略的调整,发挥西南大学在人文学科和基础教育方面的优势,西南大学附中携手西南大学历史文化学院共建西南大学人文强基实验中心,中心旨在探索大学、中学创新人才贯通培养的路径,为国家培养面向未来的创新型文科人才。2020年7月5日,西南大学人文强基实验中心在西南大学附中成立,西南大学党委书记李旭锋为中心授牌。人文强基实验中心由西南大学历史文化学院与西大附中共建,西南大学历史文化学院院长邹芙都教授和重庆市历史教学专业委员会理事长、西南大学附中党委书记邓晓鹏共同兼任中心主任。

中心附设人文强基书院和人文强基创新班,打造人文学科拔尖创新人才培

养"试验场",系统实施人文强基实验课程。一是人文强基分班教学,打通初、高中贯通式人文学科培养模式:初三年级以兴趣激发为主,高一年级开设人文基础课程,高二年级开设人文应用课程,高三年级开设考后冲刺课程。学校邀请以来自清华、北大为代表的全国"双一流"高校教授,面向全体学生坚持每周一次开设"线上+线下"相结合的专家讲座。截至2024年8月,学校已邀请了北京大学何晋教授、清华大学刘国忠教授、李守奎教授、四川大学霍巍教授等80余位专家学者,面向全体学生和教师开设了近110场线下、线上课程。二是人文强基教材建设,学校邀请大学专家领衔论证人文强基教材体系,并由高校教师与中学教师分担建设任务,形成人文强基系列教材。三是人文强基课程建设,截至2024年8月,已形成系统化的大学专家教学课程、大中学名师精品课程等近50节。四是人文强基导师行动,学校为所有人文强基实验班学生选配导师,导师队伍在西南大学专家教授队伍中产生。每名导师带领3~5名学生,根据教学管理要求引导学生积极学习、全面发展。人文强基课程探索了大学、中学人才贯通培养的新路径,创新了"大学里的中学、中学里的大学"的特有课程模式。以2023年为例,十余名人文强基创新班学生通过历史学、哲学、古文字学强基计划,被清华、北大等国内重点高校录取,录取人数和比例全市领先!

此外,西南大学人文强基实验中心与其他强基联盟基地校,在历史、哲学、古文字学等学科专业方面开展深入的合作,加快推动成渝地区双城经济圈教育协同发展。强基联盟基地校有广东湛江爱周高级中学、成都石室蜀都中学、泸州高级中学、广安中学、贵州师大附中、江津中学、西南大学附属中学、字水中学、巴蜀中学、万州二中、涪陵五中、黔江中学、重庆实验中学、重庆兼善中学、合川实验中学等15所中学。

三、特色书院育英才,五育并举做教育

随着新高考政策的实施,探讨适应不同类型、不同发展方向的高中教育分类培养体系,形成与"分类考试、综合评价、多元录取"的考试招生模式相匹配的分类发展培养模式,促进学生多元化发展已是大势所趋。近年来,学校多举措助力拔尖创新人才培养,先后成立西南大学人文强基实验中心、人工智能实验中心、

STEAM与综合教育中心,并与北京大学建立博雅人才共育基地,与北京大学、清华大学建立优质生源基地,已构建起竞赛一体化创新人才课程体系。此外,为了更好地促进学生的全面发展,培养具有创新精神和社会责任感的现代公民,学校借鉴书院教育的精华,建立独具大学附中特色的书院教育体系。

广延书院。初2018届和初2019届实施全面的广延课程改革,在学生选拔、课程设置、评价管理、初高中衔接长效机制建立等方面均进行了有益的探索。2021年,学校整合资源,创新形式,成立广延书院。广延书院实行"2+4"初高中一体化贯通培养,选拔一部分在人文、科技、艺术等方面学有所长的学生,在初二年级结束后进入与其专业发展意向相适应的广延班级,完成初三及高中三年的学习,实现特色人才培养的连续性和系统性。学校立足学生实际,精心打造广延课程体系,为学生提供套餐式服务。广延书院立足学生个性化学科特长,挖掘学生的学科潜质,旨在培养学科突出、综合素质优秀的拔尖人才,业已成为西南大学附中拔尖创新人才培养的一张名片。

绘心书院。2018年,习近平总书记指出,美术教育是美育的重要组成部分,对塑造美好心灵具有重要作用。作为重庆市首批美育改革实验学校,西南大学附中坚持"五育并举",传承学校美术教育深厚底蕴,创新美术教育形式。学校于2021年成立绘心书院,为美术特长生提供了良好的发展环境和教育资源。书院坚持文化课程与专业课程"双结合",校内课程与校外课程"双统一",基础课程与特色课程"双发展",专业发展与生涯规划"双推进",立足培养有高远境界、民生情怀、艺术创造力的一代新人。2022年首届美创班学生顺利毕业,成绩突出,清华大学美术学院录取3人、中央美术学院录取3人、中国美术学院录取1人,众多学子进入全国一流艺术院校或综合性大学,办学成绩位居重庆市前列。

四、科创教育释潜能,博学善导向未来

2018—2023年,西南大学附中师生在科创教育各领域持续发力,取得了诸多突出成果。2018年,在科技创新、生态环保等领域获全国总决赛32金36银73铜、优秀奖17项、专项奖14项,重庆市38金50银75铜、优秀奖733项、专项奖37项。入选国际数学建模挑战赛(IMMC)、国际科学与工程大奖赛(ISEF)、中日

科技"樱花计划"、中美科考"飞越计划"32人；获全国"新时代好少年"1人，中国科技创新奖2人，全国"英才计划"优秀学员1人，科技创新市长奖2人，重庆市"雏鹰计划"优秀学员7人，小科学家、小发明家、科技小能手5人，科技创新区长奖2人。2019年，第34届全国青少年科技创新大赛1金2银、专项奖1项；4人入围2020年中国科协青少年国际科技交流项目遴选培训暨ISEF冬令营；4人结业于"英才计划"，1人获全国优秀学员，2人获重庆试点优秀学员；第十届全国青少年科学影像节获奖4人；2019年"空间站搭载"全国青少年科学实验方案获奖7人；全国第二届自然笔记大赛获奖34个；第三届钱易环境奖中学生奖3人。2020年，"英才计划"：2020年学员总结评优，1人获优秀学员。"雏鹰计划"：高2022届60名同学参加重庆市青少年创新人才培养雏鹰计划第九期中期展示。参加重庆市科技创新大赛共获得一等奖10项、二等奖8项、三等奖13项。2021年，全国信息素养提升实践活动重庆市级选拔赛，共获得一等奖9项、二等奖20项、三等奖30项，此外还有8项作品进行全国交流。积极开展国际环境小记者、水科技发明比赛、"美丽中国，我是行动者"小河长试点、"童眼观生态"、"守护青山小林长"、手绘地图、重庆市第五届生态文明建设新闻摄影大赛等项目。开发重庆缙云山自然教育"寄北"课程，在央视频、《中国绿色时报》《少年先锋报》等设自然教育专栏。对接清华大学，组织开展第五届钱易环境奖申报（5人获中学生奖）。参加重庆市青少年科技创新大赛获一等奖6项、二等奖8项、三等奖13项，获奖总数连续九年位居全市第一。2022年，学生科学素养、科创能力凸显。学生参加青少年科技创新大赛、"雏鹰计划"、"英才计划"等比赛，揽获大奖，彰显附中学子科创实力。2023年，附中学生荣获全国"新时代好少年"1人。英才学员4人顺利结业，1人获优秀学员，1人入选腾讯科学苗子，1人入选全国数学英才论坛。高中雏鹰、初中雏鹰学员结业人数全市第一，共计66人，其中优秀学员4人，另有优秀导师1人、优秀课题1个，附属中学学生连续6次获得钱易环境奖学生奖，受到《光明日报》《中国环境报》《长江日报》等十余家媒体深度报道。开设自然教育专栏，在15名教师指导下，22名学生的作品入选《孩子给孩子的自然笔记》，并获第四届全国青少年文化精品征集推介活动优秀奖。

第三节 缤纷德育致学铸魂 不器君子尽展芳华

中小学德育工作不仅是学校教育的重要内容,也是国家教育政策和社会发展战略的重要组成部分。2017年8月,教育部印发《中小学德育工作指南》,提出要深入贯彻落实习近平总书记系列重要讲话精神,落实立德树人根本任务,不断增强中小学德育工作的时代性、科学性和实效性。2020年10月,中共中央、国务院印发《深化新时代教育评价改革总体方案》,强调改革学校评价,推进落实立德树人根本任务,坚持把立德树人成效作为根本标准。近年来,学校植根附中德育理念,多措并举,打造附中德育品牌,取得了积极的效果。

一、缤纷教育谋浩然,致学铸魂成不器

西大附中的德育理念集中体现在校训、校风、学风和教风中,校训是"行己有耻,君子不器",强调个人品德的自我修养和不局限于单一角色或技能的宽广视野;校风"弘毅精进,至诚敦化"倡导坚韧不拔、精益求精的态度和真诚、敦厚的人格培养;学风"游天地之美,析万物之理"鼓励学生欣赏自然之美,探索事物的内在规律;教风"宁静致远,有教无类"则体现了教育的平等性和深远影响,强调教师应保持内心的平和,对所有学生一视同仁。

围绕着"为学生终身发展奠基"的办学宗旨,学校提出了"以人为本,德育为先"的德育理念,构建"三全育人"(全员、全程、全域)原则,"三性育人"(方向性、知识性、实践性)原则,"三方协同"(学校、家庭、社会)原则。

二、立德润心植信念,向美而行塑品格

德育团队专业化。一是常态化开展校本培训。学校开展了班主任通识培训课、一校四区班会课大赛、班主任德育交流例会、生涯规划专题培训等常规培训活动。重点开展了附属中学各校区范围内各年度"知困"德育沙龙,以沙龙的方式分享优秀班主任的经验,搭建一个班主任互相帮助、对话反思的平台。二是组

织外出交流学习,丰富视野,拓宽格局。组织班主任参加心理健康教育、中外教育家论坛、德育指南解读、德育教研年会,承办重庆市生涯规划教育年会等,班主任骨干队伍在学习中开阔了视野,丰富了眼界,实现了队伍内涵发展。三是以赛促建,联动发展。以组织和参加重庆市班主任基本功大赛为契机,通过赛前集体打磨、赛中集中观摩、赛后研讨反思等环节,以赛促建,实现联动发展。四是班主任名师工作室的引领示范。构建起了"市级优秀名师工作室—市级青年班主任工作室—区级班主任工作室"的班主任名师工作室网络平台,引领示范德育队伍发展。五是以各种形式传递优秀班主任工作经验,扩大附中德育的影响。如青年班主任工作室负责人刘建勇老师主持的德育播客节目"德育理想国",为年轻班主任的成长提供助力,也使得更多家长了解西南大学附中的德育工作。

社团活动课程化。学校积极响应国家政策,延续多年综合实践选修课的传统积淀,为学生提供更加丰富多彩的校园生活和不一样的学习体验,开设人工智能选修课、校园击剑等校本选修课程。继续推进实施研学旅行课程,打造暑假、寒假国内国际品牌研学线路和特色课程。完成了重庆市2019年春季学期《开学第一课:劳动颂歌》的录制,全市300万中小学生观看了节目,受到各方好评;2019年5月举行了纪念五四运动100周年"青春心向党,建功新时代"主题团日活动,得到团市委高度评价。

缤纷节日系列化。学校以"缤纷德育"为核心,统筹一校多区持续推进缤纷德育的系列化,缤纷艺术节、缤纷体育节、缤纷科技节、缤纷美育节和缤纷心育节持续优化。缤纷美育节完善以"美术作品展—美育论坛—美育融合课程—美育活动"为主线的美育内容体系,助推美育核心素养浸润学生、浸润教师、浸润学校,从而促进学校美育工作高质量发展,成为附中德育的又一名片。值得一提的是,2022年12月,原本是第22届缤纷艺术节举办的时间,但是因为特殊原因,缤纷艺术节不能如约而至。学校回应学子期待,决定在2023年缤纷体育节举办的晚上,增加一台缤纷艺术节晚会,使学生们完全投入去体验、去感受附中缤纷的魅力,附中缤纷艺术节也得以线下延续23年。学校对"2023缤纷绽放之夜"同步进行了微信直播,整场晚会观看人数突破5万人,点赞突破60万次,学校官微粉丝也一举突破10万人。2023年12月,学校正常举办第23届缤纷艺术节,一年之内两次缤纷艺术节,将成为附中学生们另一份独特的记忆。

心理教育体系化。学校以心育导航中心建设为主推手,挂牌"北师大心理学实训中心""西南大学心理学实训中心""西南大学邱江教授'教育部认知与人格重点实验室'实训中心",全面提升学校心理健康教育水平。一是引进专业的心理健康教育教师。利用西南大学心理学部优质资源,加强本校教师尤其是班主任专业能力的提升;积极组织教师参加全国各类心理健康教育培训,提升心理健康教育水平与层次。二是构建系统的心理健康教育课程。丰富学校心理健康课程体系;完成团辅、个辅制度建设;开通家长咨询通道,加强对危机心理问题的干预。三是进行多样的心理健康教育活动。开通每天14小时咨询热线和心语信箱,为学生排忧解难;开设一校多区心理健康课;建立了学生心理社团;成立教学实训团队;开展覆盖全校的2次心理普测;举办"5·25"心理健康活动周活动和缤纷节"心苑漫步"系列活动;通过励志心理影片展映、举办外场体验系列活动、积极心理知识展示、"心语心愿"展板宣传等方式,培养学生健康心理,取得了良好效果。

入格教育迭代创新。持续开展入格教育,在"一训三风"的指导下,针对学生的思想品德行为、学习行为、生活行为进行规范教育,完成一校多区入格教育的统筹实施,并结合各校区实际创新形式、内容,延续附中传统德育品牌。学校充实师资队伍,建构多元课程,扩大辐射影响。2024年5月,西南大学附中的入格教育入选重庆市教委组织的重庆市第四届中小学(幼儿园)德育品牌。此外,西南大学附中的入格教育还持续得到央广网、人民网、新华网、重庆日报、重庆电视台、华龙网等媒体的报道,凸显出入格教育品牌和学校缤纷德育品牌的价值。

典礼教育提质升级。丰富典礼文化,实现德育浸润,入格礼、拜师礼、成人礼、离队入团仪式、毕业典礼等活动以礼塑人。2024年4月26日,以"青春践行二十大,逐梦奋进新时代"为主题的标准化离队入团仪式市级示范活动在西南大学附中成功举行。入团仪式在满满的仪式感中引导广大青少年厚植爱党、爱国、爱社会主义的情感,切实增强团员先进性和光荣感,引领青少年迈好"青春第一步"。本次活动现场氛围浓厚,得到广泛好评。新华网、人民网、中国教育电视台、中国教育在线、重庆日报、华龙网等多家主流媒体聚焦本次活动进行了相关报道。

第三章

推进教师队伍建设 促教研一体化发展

教师、教学、教研是学校高质量发展的"核心引擎"。学校以"基于学科建设的教师发展队伍建设"为导向和引领,充分利用作为"大学里的中学"的办学优势,整合大学中的高端学术平台和优质教研资源,融合共生,创新发展,层次化推进教师队伍专业素质和综合能力提升,推动学校师资建设迈上新台阶,教师发展取得丰硕成果。学校围绕提高教育教学质量这一战略主题,积极探索高、初中教育教学理念与方式改革,实施"精准教学",突出内涵发展,高考、中考全面丰收,教育教学质量稳步提升。学校坚持"学术立校",注重课程改革背景下教育教学成果提炼,提升教师科研能力,在教育科研领域结出累累硕果。在西南大学附中的校园里,展现的是一种纯粹而美好的师生生活图景:一群淳朴的教师,以高尚的师德为示范,引领着一队纯真的学生,在追求生涯幸福的道路上携手前行。学校通过构建专业化的幸福体验,让师生在相互成全中感受职业与学习的乐趣;通过强化专业化的价值认同,树立了高尚的师德典范,为师生生涯赋予了深远的意义;通过搭建专业化的成长平台,为教师的专业发展提供了广阔的空间;而专业化的评价方式,则营造了一个相互欣赏、共同进步的生涯生态,让每一位师生都能在其中找到属于自己的位置与价值。

第一节 沃土培育园丁志 专业引领师道新

百年大计,教育为本。教育大计,教师为要。习近平总书记在党的二十大报告中强调:"加强师德师风建设,培养高素质教师队伍,弘扬尊师重教社会风尚。"教师是学生锤炼品格、学习知识、创新思维和奉献祖国的引路人,是教育发展的第一资源。一个人遇到好老师是一生的幸运,一个学校拥有好老师是学校的光荣,一个民族不断涌现一批又一批好老师是民族的希望。学校一直以来引以为傲的就是拥有一支师德高尚、爱岗敬业、水平一流的师资队伍,教师队伍建设也是学校工作的重中之重,力促教师实现精神成长和专业成长。新班子组建以来,以校长、党委书记为班长的领导班子传承学校优良办学传统,团结带领全体教职员工,围绕"基于问题,从零到一"的教学思想和"找准定位、做好规划、凝聚人心、实现价值"的教师发展理念,努力让所有教师实现"在职业上有幸福感、在岗位上有成就感、在学校里有存在感、在业界内有自豪感"。

一、筑师德师风底线,守教育初心使命

新班子组建后,学校按照上级党委相关部署,由学校党委、纪委牵头,严格按照教育部《关于切实减轻中小学生课外负担开展校外培训机构专项治理行动的通知》和重庆市《中小学教师职业道德"十不准"》等文件要求,进一步全面落实中小学教师职业道德规范,继续推动师德师风建设长效机制。一是深化师德师风学习方式。以线上和线下、自学和集中学习等形式开展师德师风专题政治理论学习,严厉禁止有偿家教、违规补课等行为。在重要节假日前通过短信、微信等对全体教职员工进行廉政警示教育,牢固树立教师的底线意识、责任意识。二是加强防范意识形态风险管控。学校制定中学教师从教行为负面清单,通过与教

师签订承诺书、年级自查、学校自查等活动,严肃查处违反师德师风的失范现象。三是认真执行教育部、市教委对教师提出的"六个严禁"的规定,结合"不忘初心、牢记使命"主题教育,严格师德师风考评,完善师德师风考评制度,开展教师从教行为专项教育考核,完善教师问卷调查反馈机制。

二、促师资队伍建设,强教师核心素养

西南大学附中的教师发展愿景是成为"四有四导"好教师,即有理想信念、有道德情操、有扎实学识、有仁爱之心,导学业方法、导心理健康、导人生规划、导习惯品质。新班子提出了基于问题导学的"三有"课堂教学,学校扎实推进师资队伍建设,在强师计划的指导下,结合学校自身的发展,围绕"基于学科建设的教师发展队伍建设"进一步丰富教师发展的内涵,完善教师发展的方式,增强学科实力,提升教师综合素养。一是学校不断完善教师招聘机制。学校在实践中制定了高端人才引进方案,以"抓早、抓准、抓实"为工作原则,先后赴北师大、华东师大、东北师大、华中师大、陕西师大等部属师范大学,以及清华大学、北京大学、中国人民大学、上海交通大学、武汉大学等综合性高校进行教师招聘,同时联系西南大学各学院,了解优质本科生、研究生,并进行了有针对性的招聘。教师招聘整体质量提升较大,教师学历学位结构进一步提高和完善。二是学校注重常态化提升教师能力素质。根据学校教师队伍现状,起草制定了《西南大学附中教师专业化发展方案》,以"基于学科建设的教师发展队伍建设"为导向和引领,为教师发展提供了"三会培训""青蓝工程""卓越计划""领航计划"等教师专业发展特色项目,助力年轻教师、成熟教师、专家教师的发展,按照"年轻教师有平台、骨干教师有展示、资深教师有引领"的指导思想,贯彻全员育师、全过程育师、全方位育师的管理理念,赋能教师专业成长。三是学校注重多元化彰显价值引领。学校通过三八节主题活动,教师节表彰,优秀教师、优秀教育工作者、优秀党员、优秀党务工作者、优秀班主任评选等,彰显价值引领。先后召开了竞赛教练座谈会、青年教师座谈会、资深教师座谈会、离退休教师座谈会等,听取多方意见,为学校发展出谋划策,形成发展合力。四是学校注重提升班主任思想水平及业务

水平,促进德育队伍专业成长、内涵发展。学校围绕"基于专业能力建设的班主任队伍发展",通过目标化、系统化、项目化的实施,最终促进学校发展、促进学生成长、促进自我提升。如成立了党员班主任工作室、组织开展了年度"知困"德育沙龙、班主任基本功大赛,以各种形式传递附中优秀班主任工作经验,扩大了附中德育的影响力。五是学校极力打造基于问题导学的"三有"课堂教学。所谓"三有"即"有情""有气""有效"。

"有情"包含热情、激情、美情。"热情"是指教师内化于心的热情和对学科教学的热爱,"激情"是指外化于形的教学语言和教师体态,"美情"是指课堂上所传达的善意和美意。学校倡导教师要以热情打动学生,以激情感染学生,以美情熏陶学生。而这所有的一切都有一个前提:一定是"真情"。

"有气"包含气量、气度、气场。"气量"指的是能容纳不同意见的度量,也指容忍谦让的限度。"气度"是指教师风采、气魄风度、诗文气韵和素质修养。"气场"是指一个人的气质对其周围人产生的影响。欧健校长提出教师的"气量"关乎师生的平等,教师的"气度"关乎师生的修养,教师的"气场"关乎师生的影响。

"有效"包含效率、效果、效益。"效率"指的是教师课堂内容的饱满性,学生对课堂内容的吸收程度。"效果"可分为"外效"和"内效"。"效益"指的是学科教学中渗透的价值观、学习方法等。欧健校长指出教师效率要高且过手,效果要好且有趣,效益要佳且圆满。

学校提出基于问题导学的"三有"课堂教学从教学思维来讲,有"七化",即教材内容生活化、生活内容问题化、问题内容学习化、学习内容问题化、问题内容教学化、教学内容思想化、思想内容实践化。还提出了基于问题导学的"三有"课堂教学从教学环节来讲,应该是"六步",即先讲后问(问题导讲),问后再读(问题导读),读后再说(问题导说),说后再教(问题导教),教中再议(问题导议),议后再做(问题导做)。

三、以新为矢强赋能,立研深耕拓新章

新班子组建以来,学校更加深入依托西南大学丰厚资源,充分利用作为"大

学里的中学"的办学优势,整合大学中的高端学术平台和优质教研资源,融合共生,创新发展,层次化推进教师队伍专业素质和综合能力提升,推动学校师资建设迈上新台阶,教师发展取得丰硕成果。

2020年,学校与西南大学教师教育学院合作开展"卓越教师培养对象"研修项目,双方不断开拓创新,推动教师培养工作更具专业性、针对性、引领性、共享性、合作性。采取首席专家制、一人一策制、多元培训制、教研融合制、平台共享制等"五制并举"模式,为卓越教师培养对象提供专业发展高端平台集群,推动教师从知识的传授者转变为学生学习的合作者、引导者、启发者、关怀者,将教育真正深入学生、深入心灵。项目历经三年实施,截至2024年初,共育34名学员在祖国大江南北躬耕教坛,结出累累硕果:1人人选教育部新时代名师培养计划、6人在培训期间晋升正高级职称、8人晋升副高级职称;获得各类教学成果奖47项、指导青年教师获奖63项、指导学生比赛获奖33项、发表论文113篇、申报各类课题65项、出版著作36部、申报各类教育教学平台4个,以及获得其他类型获奖与成果73项。以此为引领,学校高级职称评审通过人数居全市同类学校前列。

2020年7月,学校委托西南大学凭借教育科研和教师教育优势,对教师开展专项、系统、有针对性的培养和培训,促进学校教师队伍的整体水平持续提升。通过"跨界"共育——"跨课"集体教研,"跨班"客串教学,"跨科"整合课程,"跨校"打造三级课堂——培养了一批骨干教师,学校打造了一大批优质课例,在各级各类优质课大赛中取得累累硕果:2020—2024年,每年均有超过100位老师在各级各类优质课比赛中获得最高等次奖项,全市领先!2024年,研究生兼职导师集体聘任暨教育博士联合培养工作站成立授牌仪式隆重举行。截至2024年,学校192名教师获聘成为西南大学硕士研究生兼职导师,这192名老师是附中各个学科的精英,承担了西南大学师元班本科学生以及西南大学硕士研究生指导工作,成绩斐然。截至2024年,学校共计有20名老师在西南大学攻读博士学位或者取得博士学位。

未来,学校将依托西南大学教育学部和教师教育学院的雄厚教师教育学术力量,通过专家讲座、项目研究、课程建设、教师学历提升等方式助力高层次青年教师成长,这既是西南大学高层次青年人才群体的发展平台,也是学术型教师队伍的孵化平台。

第二节 教学改革绘蓝图 课程建设添动力

2017年,教育部印发普通高中课程方案和各科课程标准(2017年版)(后文简称"新课标");2018年9月入学的重庆高一新生开始实行新高考模式;2020年9月,基于新课标精神的高中新教材开始在重庆市投入使用;2021年,中共中央办公厅、国务院办公厅印发《关于进一步减轻义务教育阶段学生作业负担和校外培训负担的意见》。伴随着初、高中教学改革的不断深化,重庆基础教育格局面临重新洗牌的关键节点。2018年,学校新班子组建以后,稳步推进学校内涵发展,树品牌、强根基;围绕提高教育教学质量这一战略主题,积极探索高、初中教育教学理念、方式改革,实施"精准教学",抓质量、上台阶;积极推进重庆新高考、新中考形势下的教育教学革新筹备,明思路、占先机;高度重视拔尖创新人才早期培养,为学生发展奠基,重落实、促成效。2018—2023年,学校以提升教育质量为根本,突出内涵发展,高考、中考全面丰收,教育教学质量稳步提升。

一、"三新"背景树品牌,提效增质斩佳绩

在新课标、新教材投入使用,新高考开始实施的背景下,学校"因势而动",及时成立新高考研究项目组,系统实施新高考改革研究。统筹高一年级分科走班方案,推进新高考形态下教育教学工作常态化、优质化、高效化。开设独具附中特色的生涯规划系列课程、成功举办了彩虹生涯教育月活动,邀请西南大学30余个院系知名教授对学生进行生涯规划指导;开设家长生涯规划系列讲座;开设国内知名大学专家生涯规划讲座;开设学长讲堂,助力学子在最合适的时候遇见最美的自己。此外,学校成立新高考命题研究小组,并邀请市教科院专家进行命题专题培训,多次进行专题研讨,扎实开展新高考命题研究工作,充分发挥研究小组的职能,明确责、权、利,通过试题质量分析,发现问题,引导教师日常教学,同时进一步提升命题质量,形成物化成果。2020年,西南大学附中成功入选重庆市首批普通高中新课程新教材实施示范校。借示范校建设之春风,学校扎实开展"三新"建设,连续举办三届全国学科教育联盟年会,举行教育论坛和同课

异构展示活动,来自全国各地百余位专家老师齐聚一堂,为大家带来近百场高质量课堂和讲座。在此过程中,各学科积极开展新课程新教材研究,各路大咖云集附中,课程改革如火如荼开展。2021年开始,各教研组开展了高三备考经验分享及高考试题分析,组织开展了"缙云问道"高考试题研究比赛。

在各方协同努力下,学校高考成绩取得历史性突破,高中教学质量大幅提高。2018年9月入学的重庆高一新生开始实行新高考模式,三年后的2021年,学校交出了一张亮眼的答卷:清北录取9人,C9大学录取32人,985大学录取280人,211大学录取605人,双一流大学录取635人,香港大学录取1人,香港中文大学录取3人。理科重本率达96%,文科重本率达93%,均创历史纪录。中考录取分数线维持高位,本部681.5分,大竹林校区677分,银翔校区663.5分,创近年新高。2022年,这一纪录再次被刷新,物理类最高分张灵珂同学成绩被屏蔽(全市前10名),680分以上4人,670分以上6人,650分以上47人,物理类裸分重庆市前10名1人,前30名4人,前100名7人。历史类最高分刘琳同学以659分位列全市第17名,650分以上2人,640分以上8人,历史类裸分重庆市前50名2人,前100名8人。以裸分被清华北大录取文理共计5人,其中物理类4人,历史类1人,裸分录取人数位居全市第2位。清华北大实际录取19人,创历史纪录。广延4班班级平均分653分,单班平均分位居全市第一位。2023年,特殊控制线上线率不断提高,稳定在96%以上,位居重庆市前列。清华北大实际录取人数继续稳定在10人以上的高位,2022、2023年连续两年实现5人以裸分被清华北大录取,位居重庆市前三位;清华北大录取人数较5年前平均增长三四倍,接近20人。

二、建章立制护"双减",精准施策固根基

"双减"背景下,学校初中教学始终以"减负增质"的总体思路为指导,持续推动学生"五项管理"工作,多角度、多方位探索育人新模式,家校社协同助力学生成长。一是在学生成长中心牵头下,多次研讨打磨,制定了"双减"方案并细化到初中三个年级,主持举办了"双减"背景下的"家校社共育"主题沙龙,为家长与老师提供有效有力的参考。2024年5月,在团区委、区妇联的大力支持下,成立了

幸福家长学校，旨在通过建立紧密的家校社合作关系，共享教育资源，赋能家庭教育，助力学生成长。二是在学校领导的高度重视与指导下，各年级、各学科组设计了激发学生自主性和内驱力的全新育人形式，如学生智力运动会、仿制历史文物、地理模型制作大赛等，开发了符合学生实际的特色作业体系，把课堂延伸到具体情境中去，让学生从学科知识出发，走出课堂、走出学校、走向生活和自然。此外，学校开设了人工智能选修课、校园击剑、合唱等50余项校本选修课程；常态化开展了缤纷艺术节、缤纷体育节、缤纷美育节、缤纷科技节、缤纷劳动节等学生活动，致力于学生全面发展、终身发展、个性发展。基于上述实践，学校"基于综合实践活动的生涯教育"获2022年国家基础教育成果奖二等奖、重庆市教学成果奖特等奖。2023年，学校成功申报重庆市艺术特色学校、重庆市体育特色学校等。同年，学校荣获重庆市优秀课后服务方案一等奖、精品课后服务课程案例一等奖、作业管理经验一等奖、假期作业一等奖、学科作业设计一等奖。2024年，学校荣获北碚区中小学"校家社协同育人"综合作业设计一等奖。近年来，学校每年均有10余项"双减"背景下课后服务优秀案例或特色作业案例获重庆市一等奖。

"双减"政策实施后，学校初中教学质量不断提升，中考成绩不断刷新学校纪录：五年间，每年700分以上人数均占全区100%，2023年，700分以上人数约150人，创历史纪录。五年间，联招上线率从83.1%上升到87.9%。

第三节 教育探索结硕果 科研深耕获丰收

高质量的课堂教学有赖于高质量的教研。2019年教育部发布的《关于加强和改进新时代基础教育教研工作的意见》明确提出"教研工作是保障基础教育质量的重要支撑"，同年颁布的《教育部关于加强新时代教育科学研究工作的意见》也明确指出："鼓励支持中小学教师增强科研意识，积极参与教育教学研究活动，不断深化对教育教学改革的规律性认识，探索适应新时代要求的教书育人有效方式和途径,推进素质教育发展。"2023年,更是将强化教科研的专业支撑作为更好实施国家课程、引领课程改革走上科学化道路的重要举措的一年。《基础教育课程教学改革深化行动方案》明确要求"强化教研专业引领""推进教研方式创新"。新班子组建以后,学校坚持"学术立校",注重课程改革背景下教育教学成果提炼,提升教师科研能力,在教育科研领域结出累累硕果。

一、以教立研勤探索,强师立本拓新程

"三新""双减"背景下,学校以教立研,以实际行动聚焦课堂教学质量提升。一是加强"治课",制定和完善听课评课制度,成立各年级、各教研组督课小组,落实每周示范引领课和汇报交流课的听课评课活动。二是制定和完善教研组、备课组管理制度,并做好教研组、备课组活动的管理工作,扎实开展新高考教学、命题研究工作。三是丰富教研活动形式。举办特色鲜明的教研活动周、新课程新教材学术活动月等活动。规范教研活动安排。教研活动时间与备课组活动时间、地点双统一,教研组集中教研与备课组分散教研相结合,备课活动时间不少于1小时,切实提升教研活动实效;组织教研组长专题会、教研活动周总结会进行教研活动专题研讨,同时通过青年教师汇报课、校领导及年级五人组常规督课等形式,强化教研活动成效。四是举办附中合作体成员校"同课异构"活动,加强学习交流,共同探讨新高考背景下课堂教学改革。近年来,学校编撰完成《附中故事》《附中教研》等文丛。2023年,学校以"大思政背景下学科立德树人功能发挥"为主题开展青年教师汇报课,充分结合各学科核心素养挖掘学科思政教育资源,助力青年教师专业发展。此外,学校安排了涵盖14个学科的19位骨干教师开展骨干教师示范课。学校组织完成了西南大学附中青年教师教学设计比赛,各校区共367人参赛,评出一等奖111人,二等奖184人,三等奖72人,并将优秀作品汇编成《青年教师教学设计比赛优秀作品》。

二、以研促教促提升,集智共研行致远

在全体附中人的共同努力下,学校教学研究成果不断刷新历史纪录。研究

成果运用于教学实践,以研促教,形成"教学—研究—教学"高质量发展的稳定格局。第一,学校课题项目取得历史性突破。一方面,学校屡获高质量奖项。2018年,学校获国家级教学成果奖1项,获重庆市教学成果奖1项。2019年,学校获国家级教学成果奖1项,获重庆市科技进步奖1项。2022年,学校获国家级教学成果奖1项,获重庆市教学成果奖2项(特等奖1项、一等奖1项)。另一方面,课题立项数量创历史新高。以2023年为例,2023年学校共立项125个课题(项目),结题36个,在研89个。这其中,国家级课题6个,省市级课题85个,区级课题34个,2023年,学校获高中发展促进计划省市级教改项目63个,成功立项省市级教改项目9个,居全市首位。第二,学校老师发表高质量论文、著述全市领先。以2023年为例,学校在各大期刊发表高质量论文,被中国知网收录112篇,领先全市同类中学,多位教师在基础教育著述比赛中获奖,硕果累累。第三,学校持续推进"附中文丛"读本学本编写。2022年开始,学校陆续编写并出版U⁺系列校本教材,其中《U⁺数学》校本教材率先完成正式出版工作,并不断推进第二批"附中文丛"读本学本出版工作。2024年西南大学附中办学110周年庆典之际,计划出版"附中文丛"100本。

2018—2024年学校教育科研突出成就一览表

时间	突出成就
2018年	"立足学生综合素养的CIS班级育人模式实践研究"获全国教学成果奖二等奖、重庆市教学成果奖一等奖
2019年	学校获国家级教学成果奖1项,获重庆市科技进步奖1项,学校教师获重庆市第七届优秀基础教育著述奖7人,重庆市第六届优秀教育科研成果奖12人,第27届全国青少年科技辅导员论文征集奖7人,市青少年科技辅导员论文征集获奖19人,市第八届中小学生科技节优秀科技活动方案获奖6人。完成各级各类教育科研课题开题3项、结题4项、完善10项、立项14项。市、区高中发展促进计划课程创新基地筹备结项1个、精品选修课程成功立项3门、教改研究课题成功立项4个,组织开展第二期高中发展促进计划申报
2020年	重磅发布生涯教育校本教材《遇见最美的自己——基于综合实践活动的生涯教育》(高中版、初中版),成功申报第二轮第二批高中发展促进计划校本教研基地和生物课程创新基地,成功申报精品选修课程1项、优秀学生社团3项,历史课程创新基地以优秀等次完成验收,成功申报2020年重庆市新课程新教材实施示范校。教师课题顺利结题3项,成功立项4项,开题14项

续表

时间	突出成就
2021年	学校在研课题66项,其中国家级课题8项,省市级课题42项,区级课题16项。本年度课题结题7项,课题开题14项;新立项市级课题15项,其中重点7项;即将结题6项,即将开题13项。省市级"双新"示范校立项1个,省市级课程创新基地立项1个,省市级校本教研基地立项1个,省市级精品选修课程立项1门,省市级优秀学生社团立项3个,省市级课程创新基地结项1个,省市级精品选修课程结项3门
2022年	"基于综合实践活动的生涯教育"获国家基础教育成果奖二等奖、重庆市教学成果奖特等奖。获首届全国青年教师教研成果奖12人,学校获全国优秀组织单位。第七届重庆市中小学教师优秀教育教学论文评选获奖16人,重庆市中小学生涯发展指导优秀案例评选获奖11人,重庆市科创教育教学优质成果评选获奖11人。本年度在研课题68项,其中国家级课题2个,省市级课题47个,地区级课题18个。出版《U⁺数学》2本,组织9学科读本学本的编写,推进第二批"附中文丛"出版
2023年	学校立项125个课题,结题36个,在研89个。这其中,国家级课题6个,省市级课题85个,区级课题34个。2023年,学校获高中发展促进计划省市级教改项目63个,成功立项省市级教改项目9个,学校教师在中国知网发表高质量论文112篇
2024年	学校成功立项各级各类课题42项(在研课题116项),完成省市级课程创新基地立项1个,省市级校本教研基地立项2个,精品选修课程立项5门,优秀学生社团立项8个,课程创新基地结项1个,精品选修课程结项4门

第四章

教育帮扶广赢赞誉
智慧办学熔铸品牌

学校作为教育部直属重点大学附中,不仅在办学育人上追求卓越,更注重在社会上发挥引领、辐射作用。学校始终以高度的政治责任感扎实开展教育帮扶工作,积极推进教育部定点帮扶和教育部县中托管帮扶工作,不断深化对外友好合作,为实现教育公平与均衡发展做出了巨大贡献。学校紧跟互联网技术的发展潮流,积极拓展在线教育领域,推动U云校高起点、高质量、高速度发展。学校积极响应国家教育对外开放的号召,通过国际课程中心建设,开展国际交流合作,不断提升学校的国际影响力和教育质量。

第一节 教泽广施担使命 帮扶助学显责任

西南大学附中作为教育部直属重点大学附中,不仅在办学育人上追求卓越,更注重在社会上发挥引领、辐射作用。作为"嘉陵江边一颗璀璨的明珠",附中以其深厚的历史文化底蕴和先进的教育理念,在历史发展进程中一直承担着教育帮扶"国家队"的使命,始终以高度的政治责任感扎实开展教育帮扶工作,积极推进教育部定点帮扶和教育部县中托管帮扶工作,不断深化对外友好合作,为实现教育公平与均衡发展做出了巨大贡献。

一、精准助力,共筑教育之梦——定点帮扶的实践与思考

党的十八大以后,以习近平同志为核心的党中央高度重视扶贫开发工作,把脱贫攻坚摆到治国理政的突出位置。打赢脱贫攻坚战,精准实施教育脱贫,是阻断贫困代际传递最有效的手段。西南大学附中积极响应党中央的号召,在教育部、重庆市教委和西南大学的领导下,先后对重庆市巫山县、丰都县、开州区和云南省普洱市宁洱哈尼族彝族自治县、贵州省铜仁市沿河土家族自治县、云南省保山市昌宁县等相关学校进行专项教育帮扶。

2019年,《教育部关于做好新时期直属高校定点扶贫工作的意见》强调直属高校应利用其教学资源和师资优势,通过选派骨干教师、开设远程课堂等形式,提升定点扶贫县的教育水平,推动教育扶贫。学校积极响应,与云南省昌宁县委县政府合作,全力推进对昌宁县的教育帮扶工作。2020年5月,学校名师团队在黄仕友副校长的带领下,赴昌宁县第一中学开展为期一周的教学帮扶活动。团队不仅展示了各学科的示范课,还对昌宁一中的复习课进行了评课,同时陈辉国副主任为昌宁一中的全体教师做了生涯规划讲座。此外,教师团队还与昌宁一

中的教师进行了高考专题复习的深入交流，活动效果显著，获得了昌宁县政府和教育界的高度评价。2021年，学校与昌宁县第一中学合作，创新教育帮扶模式，突破教育发展瓶颈，合办了"西南大学昌宁高中班"，共享学校U云校资源，开启了"OMO"教育模式，实现了教学资源共享和"双师型"课堂教学。该班于2021年9月1日开班，共招收100名学生，对提升昌宁县高中教育水平具有重要意义。为确保西南大学昌宁高中班的教学质量，学校选派了"1+N"教师团队，包括一名中层干部和多位学科骨干教师，长期驻昌宁县负责管理和教学工作。他们不仅完成教学任务，还通过"学科带头人+师徒结对+学科全员教师"的模式，培养昌宁县的高中学校骨干教师。这一支教活动体现了学校教师的政治站位和奉献精神。昌宁县也积极选派一线教师到学校跟岗交流，提升教师的教育教学能力。2020年11月，30多位昌宁县初、高中教师到西大附中跟岗两周，共同探讨新课程、新教材、新高考。2023年，昌宁一中的教师结束了在西大附中的一年跟岗学习。在跟岗学习教师座谈会上，教师们分享了他们的亲身感受和教学思考。欧健校长在会议最后表达了对未来教育帮扶工作的期许，并以深情的话语描述了跟岗教师与西大附中的紧密联系，祝愿他们未来在各自岗位上发光发热。

为确保2019年底52个贫困县的教育脱贫攻坚工作取得实效，教育部对这些地区进行了全面调研指导。西南大学被指定为贵州省铜仁市沿河土家族自治县的教育支持单位，重点通过选派支教团队和接收跟岗教师，助力当地基础教育质量提升。学校迅速响应，精选骨干教师赴沿河县支教，并欢迎沿河县教师来校交流学习。2020年11月4日，西南大学张卫国校长和靳玉乐副校长出席了援贵支教教师座谈会，强调了支教老师融入新环境、传播西南大学精神的重要性，并期望他们成为沿河县与西南大学、西大附中的桥梁。11月5日，铜仁市沿河县教育局召开了教育帮扶工作座谈会，铜仁市教育局局长汪潹等领导对西大附中的支教行动表示敬意和感谢，希望支教老师能为沿河教育带来质的飞跃。支教老师们表达了对参与脱贫攻坚事业的激情和决心。同年11月，沿河二中的4位老师到西大附中进行了为期一个月的跟岗学习，积极参与教学和教研活动，沿河县教育局随后又选派了6位初中老师进行为期3个月的深入学习。2020年，西大附中以坚定的决心和不懈的努力，成功助力云南省保山市昌宁县和贵州省铜仁市沿河县的教育事业发展，为脱贫攻坚战贡献了力量，圆满完成了教育脱贫攻坚的任务。

二、携手共进，点亮希望之光——县中托管帮扶的创新之路

2021年，教育部、国家发改委、财政部等九部门联合印发了《"十四五"县域普通高中发展提升行动计划》。县域普通高中（简称"县中"）在推进教育高质量发展和乡村振兴战略中承担着重要使命，寄托着广大农村学生对接受更好教育的美好期盼。2022年5月，教育部办公厅印发了《关于组织实施部属高校县中托管帮扶项目的通知》，提出主要依托举办附属高中的部属高校，托管帮扶一批县中，发挥示范引领作用。

为深入贯彻落实教育部县中托管帮扶工作，根据西南大学统筹安排，学校提高政治站位，将托管帮扶的责任"记在心上、扛在肩上、落实到行动上"，对托管帮扶的重庆市秀山高级中学、贵州道真中学、云南鲁甸一中等学校因地制宜、因校施策，自2022年秋季学期起，通过多元化举措切实履行托管帮扶责任。

2022年11月5日，学校与重庆市秀山高级中学的帮扶启动仪式隆重举行。欧健校长从师资、课程、学生发展和文化建设等方面介绍了西大附中的发展概况，并展望了未来三年的合作愿景，期望通过教育科研、心理健康、学生成长的深入交流，促进双方学校的内涵发展，实现从区域强校到国内名校的转变。启动仪式后，学校资深一线教师与秀山高级中学的教师进行了深入的教研交流。鉴于秀山高级中学在渝东南片区的办学基础和影响力，西大附中在托管帮扶中侧重于完善其"十四五"发展规划，提炼办学经验，指导校园文化建设。2023年11月27日下午，西南大学培训与基础教育管理处刘其宪处长、西大附中张勇副校长等一行人前往秀山高级中学，开展了"边城·秀高讲坛"第五期活动。张勇副校长围绕"高中学校拔尖人才培养策略及年级管理策略"主题，分享了县域普通高中的发展困惑与创新策略，强调了管理人员应坚持正确办学方向，紧跟新时代步伐，突破教育瓶颈，提升教育教学管理能力，开拓现代化发展新路径。

2022年，西南大学响应教育部号召，启动了对贵州道真中学的托管帮扶工

作,由西南大学附中具体实施。学校迅速行动,制订了教学质量提升计划,并组建了管理、教学、教研、学术专家团队,对道真中学进行长期和定期的指导,以全面提升道真中学教师的专业能力和业务水平。2023年2月20日,欧健校长带领团队到道真中学进行指导交流,签署了托管帮扶实施方案。4月19日,学校再次派出骨干教师,为道真中学高三学生提供复习备考指导。9月15日,西南大学教授和西大附中教育专家到道真中学开展讲座培训,为县中振兴和师资培训提供了高屋建瓴的指导。11月9日,学校党委书记邓晓鹏一行再次到道真中学开展帮扶指导,并选派骨干教师挂职,深化帮扶工作。同时,道真中学也积极组织教师赴西大附中交流学习。2023年3月27日,道真中学党委书记、校长带领教师团队赴西南大学附中进行为期两天的研修学习,深入观摩教学活动,学习先进的教学理念和教学设计。双方校长就下一步托管帮扶工作进行了深入交流。欧健校长表示:学校将全力支持道真中学,通过定期开展交流活动,共同提升教育质量。自帮扶工作开展以来,两校建立了深厚的友谊,共享资源,共谋发展,朝着更高的目标努力。总结来看,托管帮扶工作开展以来,西大附中与道真中学进行了密切而深入的交流合作。通过驻点帮扶、教研互动、学术交流、资源共享和师生互访等多种形式,有效推进了双方学校的互信互通。道真中学的办学特色日益鲜明,师资力量不断增强,办学条件持续改善,教学质量稳步提升。

2022年6月30日,西南大学党委副书记安春元与西南大学附中校长欧健访问云南鲁甸一中,考察其教育工作并商讨托管帮扶事宜。7月15日,西南大学与鲁甸县政府签署托管协议,学校随即根据协议内容,致力于促进两校深度交流,提升鲁甸一中的教育教学水平。9月27日,学校代表团前往鲁甸一中研讨帮扶措施,走访慰问师生,并深入课堂指导,推动学校内涵发展。鲁甸一中自秋季学期起开设U云班,学生得以共享西大附中的优质教育资源。2023年2月22日,鲁甸一中毕业班教师到西大附中进行交流学习,深入了解附中的教育理念和策略。3至4月,西大附中与鲁甸一中成功举办首届"双融"学术节,活动包括教师课堂展示、学生活动和综合性教育学术研讨。学术节期间,双方签署了托管帮扶实施方案,领导们就团队建设、管理机制、教师培养等议题进行了深入讨论,提出了改革举措。"双融"学术节的成功举办,不仅推动了双方合作体制的改良,也强化了资源优势互补，促进了鲁甸县普通高中育人方式和新高考改革的实施，提升了县域高中的办学水平和育人质量。

2023年5月6日，西大附中举办了全国学科教育联盟第二届年会，主题为"高水平协同提质·高质量双新示范"，旨在深入探讨"县中振兴"的策略，推动基础教育的优质均衡发展。论坛汇聚了众多市内外专家和学者，共同为提升人民满意度的教育出谋划策。贵州道真中学校长在论坛上发表了题为《托管帮扶助力县中振兴》的报告，强调了增强教育自信、强化教师培养、丰富课程设置和注重学生发展在县中发展中的重要性。西南大学附中欧健校长则在《积聚力量 双向赋能 共赴美好》的主旨报告中，阐述了托管帮扶的重大意义，并提出了"三个结合、四个推动、五个联合"的总体思路和"一校一策"的精准施策方案。他强调了县中振兴作为一项系统性工程的重要性，并呼吁各方共同努力，为教育发展提供有力支撑。此次论坛不仅是理论上的引领，更是实践上的创新。它深化了课程教学改革，探索了特色化发展振兴之路，构建了促进教师成长的教育生态系统，实现了学校管理与教育教学教研的有效联动，为提升被帮扶学校的教育质量和促进教师及学生的全面多元发展提供了有益的探索。

自2022年6月托管帮扶项目启动以来，学校积极响应教育部的号召，根据各校实际情况，实施了一校一策的帮扶计划，取得了显著成效。2023、2024年，被帮扶学校的高考成绩显著提升，赢得了社会各界的高度认可。截至2024年9月，与附中（含U云校）合作的帮扶学校有四川、贵州、云南、西藏、广西、重庆等省区市的45所。展望未来，学校将继续深化育人方式改革，推动教育教学发展，承担起名校的责任，为优质教育的均衡发展贡献力量。

第二节 云校聚智共发展 校际共享启智慧

学校紧跟互联网技术的发展潮流，积极拓展在线教育领域。2021年，西大附中与西南大学联合市内外学校，创建了U云校教育共同体，利用5G和高清直播技术,将优质教育资源和先进教育理念高效输出,与合作学校共同培育学生、师资,共谋教育发展。这一举措不仅继承了学校文化,也体现了新时代的发展理念,标志着学校在教育技术领域的创新探索。U云校的使命,就是探索数字化赋能基础教育,与合作学校共育学生、共培教师、共谋发展。U这个字母,有丰富的内涵。U,是你(You);U,是联合(Union);U,是大学(University);U,是特色(Unique);U,是优,是对优质产品的追求;U,是教育的库,满足个性化的教育需求。

三年来,U云校依托互联网平台、高清直播设备、线上教研、线上点评等技术,围绕共生·共创·共享理念,赋能学习型智慧课堂建设、赋能县中托管帮扶高质量发展、赋能教育治理体系现代化,打造U云校课程体系、U云校育人体系、U云校教学体系、U云校教师培养体系,构建了"人人皆学、处处能学、时时可学"的学习型校园,构建基于U云校的"名校+"智慧教育共同体,打造面向未来的数字教育新生态。学校积极利用U云校这一平台承担"县中振兴"的任务,形成了大学、我校、县中三方联动的"U-U-S"协同模式:U,university,大学,特指教育部直属的西南大学,模式核心所在;U,unite,联合协同,三方联动,共同成长;S,school,中学,西南大学附中和被帮扶县中。截至2024年7月,U云校共有近50所合作学校,近百个教学班,受益学生4000余人。

U云校成立以来,围绕"三个一"开展数字化赋能学习型智慧课堂建设实践:打造一套"双师课堂"新模式,开发一套U云校网络课程体系,培养一批适应数字时代的"智慧教师"。一是U云校"双师课堂"新模式,直播端和远端两位老师分别承担两种职能,以分层、分项、分科双师共育模式,确保合作校与西南大学附中学生在课堂上共参与共投入,最终实现学生共育。二是U云校持续开发包含"U智课程""U慧课程""U涯课程"在内的网络课程。"U智课程"指向中高考科目学科课程,以常态化直播双师课堂形式,实现西南大学附中名师教学课堂的异地同步,让远端学生能获取更优质教育资源;"U慧课程"指向竞赛课程和强基课程,以"直播+录播"的形式,利用西南大学附中竞赛团队的资源,为远端合作校的高水平学生开设竞赛课程和强基课程,满足高水平学生对高质量教育的需求;"U涯课程"指向生涯课程、学法指导课程和素质拓展课程,以线上公益微课程形式在寒暑假开设,提供生涯发展指导课、学法指导课、数学思维课、信息学思维课等课程,满足学生个性化发展需求。三是随着教育数字化转型进程的不断深入,教师角色正在从传统教师向"智慧教师"转变,需要不断适应数字时代赋予的新使命。U云校也通过教师共培,开展教师互派、教师同训、名师打造等教师培养项目,不断提升合作校师资教育教学能力。

面向未来,站在时代发展的大背景下,我们心怀梦想。U云校将继续做数字教育的先行者、示范者和引领者,加快教育数字化转型,以教育数字化带动教育现代化,支撑引领教育强国建设,为未来数字教育新生态贡献自己的力量。

第三节 国际视野拓未来 教育创新展宏图

西大附中积极响应国家教育对外开放的号召,通过国际课程中心建设,开展国际交流合作,不断提升学校的国际影响力和教育质量。

西南大学附属中学国际课程中心2006年成立,位于校本部,是重庆市首批融合中国课程与国际课程的学校之一。自2010年起,中心引进了英国A-level课程和加拿大高中课程,结合西大附中的教育理念和西方基础教育优势,构建了多元开放的课程体系,为学生提供全面的学习体验。其中A-level课程,作为英国大学的入学考试课程,具有高度的国际认可度,允许学生申请全球英文授课的大学。学生在西大附中校内参加A-level国际考试,每年有三次全球统考机会。然后是加拿大高中课程,以丰富多样的课程内容,培养学生的全方位能力,帮助学生发现个人特长和专业方向。西南大学附中提供的国际课程注重学业表现,强调过程与结果的统一,并鼓励学生参加国际活动和学术比赛,增强学生的软实力。此外,国际课程中心的学生同样享受西大附中丰富的社团和艺术选修课,充分利用学校活动设施和资源。通过户外课堂和参与科研院所活动,学生得以拓宽视野,体验自然和社会。科技创新人才培养计划如雏鹰计划、英才计划等,为学生提供展示学习天赋的平台。同时,中心注重中国传统文化和心育课程,强调培养学生的文化自信,塑造学生健全的人格。

　　学校在校际国际交流与合作方面,秉持开放姿态,采取了"广泛结交""深入合作""持久发展"的策略,积极构建中外教育文化交流的合作平台。通过一系列高品质的国际交流项目,西大附中与多个国家和地区的学术机构建立了深入的合作关系,尤其在加拿大、美国、法国、英国等国取得了显著成效。2014至2015年间,西大附中与挪威、加拿大、泰国、美国,以及我国香港、澳门的7所学校开展交流,建立了合作关系。2016年,在西南大学国际处的引荐下,西大附中与美国科罗拉多州立大学建立合作,为学生提供了高校直通车项目。2017年,西大附中加入加拿大多伦多大学士嘉堡校区的绿色通道项目,并参与中加国际教育研讨会,在其中扮演了重要的角色。学校与加拿大爱德华王子学校实现深度合作,与圣博特高中签署合作协议,启动常青藤名校精英培养计划。加拿大菲莎河谷大学等教育机构代表来访,共商国际教育合作。2023年11月,法国驻成都领事馆高等教育署代表来访,与西附国际学生就法国留学进行深入交流。12月,法国巴黎政治大学驻华代表进校宣讲,为学生带来顶尖大学的留学信息。此外,学校还积极参与国际教育交流会议和活动,如法国高等教育署教育展、重庆市"一带一路"国际教育特色展等,分享国际教育办学成果和经验,丰富学校的国际课程项目和生涯规划。这些交流与合作不仅拓展了国际教育的新领域,提升了教育教学水平,也为师生提供了更广阔的国际学习和研究平台,促进了学校教育质量的整体提升。

　　西南大学附中国际课程中心自成立以来,秉持"开放附中,面向世界"的理念,积极引进优质教育资源,开设多样化的国际课程,鼓励学生广泛参与各类国际竞赛与活动,拓宽了广大学子的升学渠道,成功培养了一大批兼具全球视野与强大竞争力的青年才俊,助力他们从附中迈向世界舞台。学生在各类国际学科竞赛中取得了卓越的成绩,仅在2023—2024年,物理类竞赛如英国物理测评(中高级)等,共有10名学生获奖,其中1人荣获全球金奖;化学类竞赛如加拿大初级化学奥赛(JCCO)等,6名学生获奖,其中1人获得全国金奖;数学类竞赛中,学生在加拿大滑铁卢、欧几里得,澳大利亚AMC等赛事总计获得45个奖项,其中3人荣获全国银奖。此外,在科技创新领域,学生共计获得26项奖项,其中1人荣获全国一等奖,3人获得全国三等奖。特别值得一提的是,2025届学生晏梓翔不仅被授予重庆市青少年科技创新市长奖,还成功入选2024年国际科学与工程大奖赛(ISEF)中国国家队。西大附中始终坚信,通过国际交流合作,可以培养出更多具有国际视野、创新精神和社会责任感的优秀人才,为实现教育强国的目标贡献力量。

通过学习国际课程,学生开阔了国际视野,拓宽了升学渠道,中心历届毕业生收到来自英国、美国、加拿大、澳大利亚、荷兰、瑞士,以及中国香港、澳门等大学的录取通知书,100%升入著名高校,每年都有优秀学子被世界一流名校录取,如英国帝国理工学院、英国伦敦大学学院、加拿大多伦多大学、加拿大英属哥伦比亚大学、美国华盛顿大学、美国纽约大学、澳大利亚墨尔本大学、澳大利亚悉尼大学等。其中2018届学生收到20所世界一流名校录取通知书。2020届毕业生全部升入世界排名前100位的大学。2021届毕业学生全部被境外优质大学录取,平均每人获得5份世界名校录取通知书,奖学金累计百余万元人民币。2022届毕业生获得英国剑桥大学、牛津大学、帝国理工学院等世界顶级名校的面试邀请,100%被世界排名前100位的大学录取。2023届毕业生共获得来自美国、加拿大、英国及澳大利亚等国家的59份录取通知书和奖学金,其中排名世界前30位的大学录取通知书共26份,毕业生100%就读世界排名前100知名大学。2024届毕业生全部被世界排名前50的大学录取,共获得来自加拿大、英国及澳大利亚等国家的48份录取通知书,共计奖学金75万元人民币。

第五章

智慧校园硬件升级 校园文化涵养精神

在教育质量的提升已成为国家发展的核心驱动力的当下，校园硬件设施的升级与完善，事关办学质量的提升。学校将校园硬件升级、校园文化建设和智慧校园建设视为推动教育现代化的重要支柱。通过丰富多样的校园文化活动，培养学生的道德品质和人文素养，营造积极向上的校园氛围；通过改善教学设施和生活条件，提高学生的学习和生活质量，为学生提供更好的成长环境；通过引入先进的信息技术和管理手段，实现教育资源的优化配置和高效利用，提高教育教学的质量和效率。三大核心相辅相成，共同构建高效、有序、创新的教育体系，为培养德智体美劳全面发展的社会主义建设者和接班人奠定坚实基础。

第一节 硬件升级启新篇 设施焕新展新貌

在当今知识经济的时代背景下,教育质量的提升已成为国家发展的核心驱动力。其中,学校硬件设施作为教育环境的重要组成部分,其升级与完善对于办学质量的提升具有举足轻重的意义。学校新领导班子在《中国教育现代化2035》和《加快推进教育现代化实施方案(2018—2022年)》等相关国家政策、文件的指引下,带领西南大学附属中学以科技和教育深度融合为引领,推动学校硬件设施的全面升级,改善学校基本办学条件,为师生提供更加优质、安全、舒适的学习和生活环境。

一、基建筑牢教育基,设施完善促腾飞

站在新的历史起点上,新班子深刻认识到优化办学条件的重要性。这不仅是对教育事业的尊重与投入,更是面向未来的责任与担当。2018年,学校完成容纳1400余人、设施设备一流的立人学术报告厅,格致楼嘉宾会议室,格致楼国际部,积健楼STEAM与综合教育中心、物理实验室,科学馆外墙翻新及化学、生物实验室,校门口家长服务中心,至善楼师训中心,缙佳苑过渡房装修,学生服务中心,红楼、黄楼原排水铸铁管更换UPVC管道工程等一系列项目的新建和维护。2019年,领导班子以更加饱满的热情和更加务实的行动,不断优化办学条件,学校完成各项校园基础设施建设及功能分区重新布局。完成历史功能室、万象楼阶梯教室、艺体馆、玉树楼、兰蕙楼、学生活动中心、积健楼七楼礼堂等装修和改造工程,以及室内运动场灯光改造,室外广场透水砖、花岗石维修,武术馆夹层消防整改,风雨操场重新规划布局,室内运动场灯光调亮等。2020年学校完成积健楼七楼礼堂建设,博雅楼、逸夫楼改造工程,学生生涯发展与指导中心建设,积健

楼天台防水及博雅楼卫生间吊顶维修工程,教学楼、食堂地面防滑处理,红楼及城北小区教师过渡房装修装饰等工作。2021年完成地下篮球场装修改造、教室办公室装修,推进家属区和教学区分离改造,推进家属区电梯安装等工作并持续推进校园景观、大校门设计和荣昌校区建设。2022年,学校完成校园环境文化建设提档升级,推进新校门、弘毅广场、凌江园建设,重新规划格致楼停车位。2023年,学校完成格致楼广场景观改造,新校门建设,绘心书院改造、扩建等数十项基建工作。学校办学条件的优化,在基础设施的修建上,辅以学校校园文化的打造,通过塑造学校的核心价值观和精神文化,形成具有较强凝聚力和向心力的办学文化,为学校的可持续发展奠基。

二、智慧点亮校园梦,科技赋能教育新

2018年,学校持续推进信息化及人工智能建设,建设"智慧校园",新领导班子希望通过高维知识数据空间支撑个性化的深度学习,因此,以建设"现代化附中"为目标,从"先进、便捷、实用"三原则出发推进新高考背景下教育信息化支撑及引领方案。一是拟定了新高考背景下附中教育信息化建设的三年计划。二是建设了附中教育云平台,综合推进学校新高考实施、现代化办公等"智慧校园"项目实施。三是安装近100个电子班牌,在展示班级文化、校园文化的同时,利用电子班牌、无感知考勤设备等科学收集利于师生发展的数据。四是积极探索教育信息化在教育教学中的应用。2019年1月,西南大学附中被评为重庆市第一批智慧校园示范校。2020年,学校持续开展信息化建设,完成操场扩音系统建设、校内LED屏幕建设、信息学竞赛教室建设等,一系列举措让技术赋能教育,学校的潜能得以激发。2021年,学校持续推动校园信息化建设,完成U云校教室、全域可视化安全预警系统建设工作。是年,U云校的建立将智慧校园打造提升为"人人皆学、处处能学、时时可学",共育学生、共培教师、共谋发展的学习型校园。2022年,学校加快信息化建设步伐,不断提升智慧校园层次,改善办学条件。组织申报2023—2025年教育部改善改办专项33个项目,总金额5627万元;其中13个项目(2904万元)参加评审,评定入库13个项目,金额2741万元。党委书记

欧健提出："致力于办一所面向未来的开放、健康、智慧的大学附中。"学校不断完善育人模式，将"智慧"写进教育教学的每个阶段。2023年，西南大学附中U云校荣获重庆2023十大智慧教育卓越品牌，党委书记、校长欧健获评重庆2023智慧教育卓越人物称号。

三、务实行动惠千家，心系民生暖人心

新班子2018年成立后，强调管理学校的本质不是制约人、治理人、控制人，而是服务人、凝聚人、激励人，要面对面地倾听教职员工的声音，做教职员工的贴心人。

需要大书特书的是学校教职工城北住宅小区房产证的问题最终解决。位于重庆市北碚区金华路306号的西南大学附属中学校教职工住宅小区教职工房产证办理是2016、2018年教育部两次巡视西南大学要求重点整改的事项。1997年，学校认购北碚城北新区14号地共计100亩，土地性质为划拨教育用地。2001年，李平校长为改善教职工的福利待遇，学校在补交土地出让金后，将其中80亩土地变更用途为商住地，使用权类型为出让地，保留20亩为划拨教育用地。2004年，学校将80亩商住地申报建设西师附中教职工住宅小区并获准立项。2006年，开工建设，2010年竣工。由于房屋竣工后施工单位拖延结算，双方争议很大，导致小区住宅迟迟不能完成竣工验收手续，从而无法办理房产证。加之年份已久，政策制约、领导更换、官司不断等因素，拖延十年一直无法办理不动产权登记。其间，学校教职工多次信访，教育部两次巡视西南大学都将此事项作为巡视重点整改事项。

教职工房产证办理关乎附属中学广大教职员工的切身利益，涉及学校的发展与社会稳定。因此，该小区教职工房产证的办理既是民生工程，更是巡视整改的政治任务，西南大学及西南大学附属中学承受巨大压力。2016年11月，西南大学成立了由分管校长牵头，审计、基建、国资、财务、纪检、法律事务部、附属中学等部门组成的工作领导小组。在西南大学党委、行政的坚强领导下，领导小组每月一次定期召开会议，对办证工作予以全面指导。附属中学成立了由校长、书

记牵头的房产证办理专门工作小组，开展了大量艰苦而细致的工作。2018年11月，调整后的学校班子精诚合作，在欧健校长的强力支持下，由党委书记邓晓鹏牵头，成立了由分管副校长、部门主任和工作人员组成的三人专项工作小组，负责全力推进整改工作。每周的党政联席会都有专项研究，每周都有上报西南大学的巡视整改推进报告。特别是在2019年高考之后，党委书记邓晓鹏带着工作人员（杨文谦、陈令、许文华）每周3次以上前往北碚区政府及北碚区不动产登记中心、北碚区住建委、北碚区税务局等相关职能部门协调联系，积极寻求房产证办理的有效途径。为解决附属中学这一历史遗留问题，为支持附属中学的发展，北碚区委、区政府和相关职能部门敢于担当作为，区委周旭书记、何庆区长都非常关心，多次过问工作推进情况。2020年1月6日，何庆区长在附属中学现场办公会上，专题研究了附属中学城北小区房产证办理工作，责成区不动产登记中心对附属中学给予具体指导，以妥善处理城北小区房产证办理的遗留问题。区政府刘小辉副区长非常关注附属中学发展，多次协调政府相关职能部门（区建委、区不动产登记中心、区税务局）召开现场工作会予以专门研究。同时，西南大学领导高度重视，西南大学校长办公会、西南大学党委常委会、西南大学工作领导小组会多次专题研究附属中学城北小区房产证办理工作。李旭锋书记、张卫国校长和分管附属中学的陈时见、靳玉乐副校长勇于担当，多次听取附属中学的专题汇报，全方位参与谋划，指导办证工作，并在北碚区政府及北碚区不动产登记中心、北碚区住建委、北碚区税务局等相关职能部门的指导下，从政策层面疏通了有效办理房产证的渠道。经过不懈努力，终于在2019年1月30日完成西南大学附属中学校教职工住宅小区房屋所有权首次登记（总证）。小区住宅共428套，其中学校人才房屋7套，教职工房屋421套。截至2020年4月15日，421套教职工房屋不动产登记已全部办结。7套学校人才房屋也于6月20日办理完结。至此，教育部巡视整改西南大学附属中学城北教职工住宅小区房产证办理事宜终于完成。

学校通过新建学生服务中心，增加食堂保温设备，增加窗口、设置套餐、放学错峰等措施减少学生就餐排队时间，为全体师生乐业、乐学提供服务，提升全体师生幸福指数。2019年学校招标引进龙湖物业管理公司，规范清洁标准，完善日常清洁检查制度,对校内植物进行修枝、移栽、补栽等。同时,提升餐饮服务水平。学生食堂增加了特色菜品,更换了餐具;教工食堂改善菜品质量,丰富菜品种类。并建立了全市首个食品安全快检室,保障食品卫生安全。完成万象楼教师办公桌椅的更换工作,全校教室、办公室安装饮水机。

2020年,学校完成公办校办学点的食材供应商、杜家街、水土办学点的学生服务中心供应商招标等工作,积极推进阳光餐饮的整改,开展各办学点库管人员、快检人员、一卡通充卡人员业务培训,并坚持每周一次的食品安全培训工作,同时全力推进巡视整改及城北小区品质提升工作。2021年,开展"与校长共进午餐"活动,打通为师生服务的渠道,收集并逐一回复师生意见百余条,不断提高学校服务能力和水平,不断提升师生的幸福感。为解决教职员工的后顾之忧,学校还为教职工的小学5、6年级学段的子女开设周末拓展课程,进行兴趣培养,心理团体辅导等,解决"双减"背景下教职工子女教育的难题,下一步将扩大教职工子女课后延时服务的学段,让更多教职工子女享受优质资源。

第二节 文化深耕塑品牌 品牌宣传赢信赖

校园文化作为学校精神风貌的集中体现,是学校核心竞争力的重要组成部分。品牌影响力源于学校独特的识别性、深厚的文化内涵和广泛的社会认可度,是办学综合实力和社会声誉的重要指标。附中在学校发展中,注重校园文化打造与品牌影响力提升相结合,以实现学校的全面、协调、可持续发展。

2018年学校教育工作、德育工作、新课程改革、学生发展等受到新华网、光明网、华龙网、腾讯大渝网、网易新闻、今日头条、重庆晚报、重庆晨报等市内外各大主流媒体的争相报道。学校官方微信、官网、QQ、微博等陆续推出的学校办学发展成果,赢得了社会各界和家长的一致好评,学校综合实力进一步增长,声誉和形象进一步提升。2019年学校进行校园文化环境重新布局打造,重新招标广告公司,制作校园文化产品设计与打造,拍摄完成学校全新形象宣传片《你的名字,我的印记》,广受社会和校友好评,同时开拓了10多所市内外优质生源学校进行校园文化宣传,加强对各校区校园文化宣传工作的统筹。学校入选改革开放40年中国教育典型性代表,取得了丰硕的发展成果,《光明日报》专题报道西南大学附中学生综合素质发展情况,《重庆日报》专题报道西南大学附中思政课开展情况。2019年全国历史教学年会、2019年重庆市教育学术年会得到重庆市乃至全国各地专家、学者同人的点赞。2019年附中创新教育、生涯教育、心理健康教育、学生综合素质全面发展情况受到教育部基础教育司吕玉刚司长、市教委舒立春主任、西南大学李旭锋书记等领导的高度评价。2020年,学校充分利用华龙网新重庆、学习强国、中国网、中国教育报、西南大学公众号、重庆热点、重庆晨报、上游新闻、附中官微等媒体平台持续发出附中好声音、战"疫"正能量,充分发挥宣传舆论的引导作用。2021—2022年累计发布通讯稿件300余篇,涉及学校各方面的核心办学成果,稿件质量和阅读量逐年上升。学校在各级各类媒体曝光度增加,重庆日报、重庆晨报、上游新闻、央广网、凤凰网、新家长报等媒体纷纷关注西南大学附中各项办学成果。是年7月,学校"最美网红"录取通知书获得各类媒体高度关注,获得超过100万次的阅读量,在社会各界引起强烈反响。此外,学校还制作了6款具有附中特色的校园文创产品,极大丰富了校园文化建设工作。2022年,学校成功申报重庆市文明校园,助力北碚区全国文明城区创建工作。学校制作多款具有附中特色的校园文创产品,录取通知书在"最美网红"录取通知书的基础上还增加了VR全景校园地图,极大丰富了校园文化建设工作。是年,学校成功入选全国首批急救教育试点学校。2023年学校完成多款附中特色校园文创产品制作,打造附中文化标识,通讯稿件阅读量和质量较快上升。

附录

附录1：西南大学附属中学大事记

1914年（甲寅）

四川省立第二女子师范学校（简称"二女师"）创办，校址初设在重庆府文庙后山临江门附近。

1922年（壬戌）

"二女师"改行新制，并附设普通初中班。

1924年（甲子）

"二女师"开办普通高中班。

1935年（乙亥）

9月，四川省立第二女子师范学校更名为四川省立重庆女子师范学校（简称"渝女师"）。

1936年（丙子）

"渝女师"推行陶行知先生倡导的"小先生制"。

1938年（戊寅）

"渝女师"的一批学生结伴奔赴延安，投入抗日民族革命斗争。

1939年（己卯）

1月，为避日机空袭，"渝女师"迁往江津白沙镇。

1941年（辛巳）

秋，第八中山中学班奉令改为国立第十七中学女中分校，吴子我先生任校长。

1942年（壬午）

2月，国立女子师范学院奉令接收国立第十七中学女中分校，并将其改名为国立女子师范学院附属中学，仍聘吴子我为校长。

1944年（甲申）

8月，吴子我调到国立女子师范学院，由原"渝女师"校长刘英舜接任国立女子师范学院附属中学校长。

1946年（丙戌）

10月，国立女子师范学院迁重庆九龙坡，其附属中学迁北碚，刘汉良任校长。

1949年（己丑）

8月，四川省立北碚师范学校部分师生并入国立女子师范学院附属中学。

12月2日，北碚和平解放，国立女子师范学院附属中学师生热烈欢迎解放军入城。10日，刘杖芸任国立女子师范学院附属中学校长。

1951年（辛卯）

7月，国立女子师范学院附属中学在北碚人民大礼堂（今作孚广场）隆重集会，热烈欢送8名女同学参加"军干校"。

12月，国立女子师范学院附属中学校更名为北碚市第二中学。

1952年（壬辰）

西南师范学院接管北碚市第二中学为西南师范学院附属中学，简称"西师附中"。

1954年（甲午）

在今博雅楼下百汇园处修建一栋砖木结构平房，建起了4间大教室。（相当长时间内专作高三教室，2005年拆除）

1956年（丙申）

1月起，附中教职工工资由西南师范学院统一领导与管理。

1958年（戊戌）

西师调教育系高振业任附中校长，刘杖芸、张增杰任副校长。

学校将生产劳动作为一门课程正式列入教学计划，排入课表。

1959年（己亥）

2月17日，西师院党委任命陈洪为附中校长兼党支部书记，谢立瑶为副校长，杨绍芙为副书记。

学校成为重庆市重点中学。

全国掀起爱国卫生运动,附中被评为北碚区爱国卫生运动红旗单位。

1961年(辛丑)

四川省举行语文统考,学校夺得初、高中平均分全川第一名的优异成绩。

1963年(癸卯)

学校成为四川省重点中学。

1965年(乙巳)

年初,西师任命谢立瑶为附中校长,杨绍芙续任党支部副书记,同时调王景光任附中副校长,陈洪奉命调西师。

学校制定保护学生视力执行计划,成立由校长任组长的保护学生视力领导小组。

1969年(己酉)

学校先后组织三批知识青年赴四川省苍溪县插队落户。

1971年(辛亥)

西南师范学院附属中学更名为重庆市第102中学,归重庆市管辖。

1973年(癸丑)

学校由重庆市102中学恢复为西南师范学院附属中学。

1977年(丁巳)

西师任命陈祥铸为学校党支部书记,谢立瑶续任校长。

1978年(戊午)

学校再度被确定为重庆市重点中学。

1980年(庚申)

附中被四川省教育厅批准为首批办好的重点中学。

1983年(癸亥)

西师附中受四川省体委、省教育厅表彰为田径传统项目学校。

1984年(甲子)

5月,李廷英任校长,陈祥铸续任党支部书记,杨戊生、胡惠亨任副校长。

1985年(乙丑)

西南师范学院附属中学更名为西南师范大学附属中学。

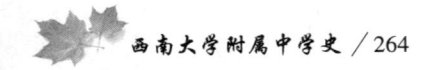

学校试行三级管理体制(校级、年级和班级),增设年级组长一职,年级组长分管年级的教学和学生等工作。

1987年(丁卯)

附中进行教师职称改革试点工作。

附中进行数学改革试验,开始使用西南师范大学陈重穆教授主编的《新编初中代数》作为教材。

1988年(戊辰)

2月,饶宁华从西师调任附中党支部书记,同年11月卸任,刘乾瑜接任党支部书记。6月20日,西师宣布陈幼华任附中校长,余直夫、廖仁理任副校长。

1990年(庚午)

附中参加全国高初中数学联赛,一等奖获奖人数居全省第一。

1991年(辛未)

重庆市6所首批办好的重点中学中,附中效益为第一名。

张皓同学以643分夺得四川省高考理科状元。

9月,张久轩接替刘乾瑜,任党总支书记。

1992年(壬申)

2月,陈幼华退休离任,罗文虎接任校长,张久轩任党总支书记,李平、廖仁理和夏大琼任副校长。

1994年(甲戌)

数学竞赛获全国、省、市一等奖13人次,获得四川省高中数学竞赛唯一团体奖。

1995年(乙亥)

6月,市教委批准学校为"重庆市社会主义礼仪示范学校"。

1996年(丙子)

6月,香港著名实业家邵逸夫先生和西师附中共同出资修建的逸夫楼竣工。

1997年(丁丑)

7月,李平接任校长,廖仁理接任党总支书记。

学校被重庆市教委评为"八五"以来重庆市中小学实验室建设与管理先进

集体。

学校在重庆市总工会、重庆市体委举办的"火车头杯"艺术体操、健美操大赛中获第一名。

1998年(戊寅)

莫思多同学以665分夺得重庆市高考文科状元。

在全国数理化联赛中取得突出成绩,共计25名学生获得一等奖。

西师附中"九五"重点课题"强化落实中学理科教学的实验、实践手段,提高学生动手能力和解决实际问题的能力",获重庆市首届中小学优秀教改成果一等奖。

1999年(己卯)

刘缙同学以695分的成绩获重庆市高考理科状元。

在全国高中数理化联赛重庆赛区中,21人获一等奖,其中刘涛同学获数学竞赛重庆赛区第一名。

学校举办首届理科实验班。

学校被纳入重庆市教委直属重点中学。

12月,重庆市教委、重庆市环保局授予附中绿色学校称号。

2000年(庚辰)

10月,中共重庆市委、重庆市人民政府授予附中重庆市文明单位称号。

2001年(辛巳)

学校被批准为重庆直辖后首批重点中学。

12月,学校举办了首届学生缤纷节。

学校入选首批中瑞(瑞典)合作"环境小硕士"(YMP)项目实验学校。

2002年(壬午)

11月,学校承担的重庆市"九五"社科规划重点课题"'人格·能力·特长'育人模式研究",获重庆市政府科技进步三等奖。

2003年(癸未)

12月,学校被重庆市教委评为重庆市中小学"德育示范学校"。

2004年（甲申）

国家自然科学基金会、教育部青少年科技后备人才创新能力培养师资计划领导小组授予学校"全国科学教育实验基地"。

学校被重庆市教委评为2004年度重庆市教育系统安全文明校园。

2005年（乙酉）

2月，国家自然科学基金会、教育部青少年科技后备人才创新能力培养师资计划领导小组授予学校"全国科学教育实验基地"。

3月，重庆市教委授予学校2004年度重庆市教育系统安全文明校园称号。重庆市教科院授予重庆市教育科研实践基地称号。

7月，教育部部长周济到学校调研工作，听取学校关于研究性学习的汇报。

2006年（丙戌）

李肇宇同学被耶鲁大学录取，何中野同学参加北大自主招生考试获得重庆考区第一名，保送北京大学。

2007年（丁亥）

西师附中获重庆市教委、重庆市政府教育督导室颁发的重庆市教育委员会直属中小学校督导评估一等奖。

第二届中学名校校长论坛组委会授予学校"2007年中国百强中学"牌匾。

2008年（戊子）

学校开设艺体分项教学。

学校创立学生艺术团。

2月，傅玉蓉同志担任党委书记兼代理校长职务。夏大琼、张万琼、邓晓鹏和刘永凤任副校长。

2月，在"重庆直辖十年十大教育品牌"评选中，学校被评为影响重庆教育十大品牌中学。

2010年（庚寅）

设立多功能心理疏导室——"青艾小屋"，用于对学生进行心理疏导和帮助。

学校以新课程改革为契机，深化国际交流，开办国际班。

7月，张万琼出任校长，傅玉蓉续任党委书记，刘东升任党委副书记兼纪委书记,邓晓鹏、刘永凤和游伟任副校长。

2011年（辛卯）

首届创新实验班正式成立。

12月9日,西南师范大学附属中学更名为西南大学附属中学,简称"西大附中"。

2012年（壬辰）

学校开设立人大讲堂。

学校获得全国科学教育先进单位、全国科技教育示范单位、教育部首批教育信息化试点学校、中瑞"环境小硕士"项目实验学校、环保30年——重庆市环境保护先进单位等荣誉称号。

2013年（癸巳）

在中国化学研究会主办的全国化学奥林匹克竞赛决赛（冬令营）中,胡俊男同学获得金牌,张思源、殷晨同学获得银牌。

在实施年级分管责任制的基础上,设立了年级五人小组的领导管理模式。

艺体分层分项开展竞技训练。初中年级开设"1+5"实践大课堂。

依托重庆市创新人才培训项目雏鹰计划,成立"雏鹰计划"基地班。

参加了中央电视台举办的《中国汉字听写大会》。附中代表队进入半决赛。

附中成为重庆首批获准举办国际班的学校之一。学校制定国际班建班方案,组建首届国际班。

2014年（甲午）

附中成功加入了C20慕课联盟,实现与名校慕课资源共享。

12月27日,西南大学附属中学办学百年庆典举行。

2015年（乙未）

西南大学银翔实验中学（银翔校区）、西南大学附中重大校区正式开学。

2016年（丙申）

11月,学校成立学生生涯指导中心。

2017年（丁酉）

学校成立STEAM与综合教育中心、创新实验中心。

学校与北碚区教委合作举办的西大两江实验学校(蔡家校区)正式开学。

2018年(戊戌)

5月,学校建立心育导航中心。

学校全面施行初中广延课程改革,实行初高中一体化培养。

张万琼同志调任西南大学教师教育学院,欧健同志任西南大学附属中学校长。党委书记邓晓鹏,副书记、纪委书记曾万学,副校长刘其宪、梁学友、黄仕友、彭红军。

12月,学校被重庆市教委评为重庆市首批智慧校园建设示范校。

2020年(庚子)

7月,学校成功入选重庆市首批普通高中新课程新教材实施示范校。

8月,第37届全国青少年信息学奥林匹克竞赛,蒋凌宇同学获得金牌,再夺重庆市第一名,再次入选国家集训队。

两江新区水土新城的西南大学附中(东区)正式开学。

两江新区西南大学附中(金州校区、竹林校区)正式开学。

2021年(辛丑)

4月,全国首批北京大学博雅人才共育基地落户西南大学附中。

9月,西南大学附中U云校正式成立,拉开探索数字教育的新篇章。

2022年(壬寅)

西南大学附属中学荣昌实验学校(荣昌校区)正式开学。

两江新区星辰中学更名为两江新区西大附中星辰学校(星辰校区)。

学校"基于综合实践活动的生涯教育"获国家基础教育成果奖二等奖、重庆市教学成果奖特等奖。

12月,邓晓鹏卸任学校党委书记,由校长欧健兼任。

2023年(癸卯)

学校与大渡口区教委签署开办大渡口区西南大学附中合作协议,并于2024年9月正式开学(大渡口校区)。

6月,西南大学物理科学与技术学院刘汭雪副书记调任附中党委副书记、纪委书记。

2024年(甲辰)

3月,张勇出任西南大学附属中学校长、党委副书记,欧健继续任党委书记。副校长有梁学友、黄仕友、彭红军、徐川。

学校与渝北区教委合作托管悦来中学,更名为西南大学附中渝北悦来实验学校(悦来校区)。

西南大学附属中学荣昌实验学校将荣昌初级中学纳入,挂牌"西南大学附属中学荣昌实验学校"(海棠校区)。

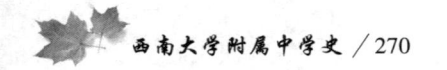

附录2：西南大学附属中学名师荟萃

（截至2024年9月，不完全统计）

一、正高级教师

蓝恒福（1997 地理）　　李　平（1998 数学）　　常嘉俊（1998 物理）
刘晓陵（2001 物理）　　代　宇（2002 数学）　　邓晓鹏（2003 历史）
张廷艳（2006 数学）　　刘永凤（2007 英语）　　张万琼（2008 化学）
杨泽新（2009 历史）　　李朝彬（2010 政治）　　刘芝花（2011 英语）
曾万学（2012 化学）　　李　越（2016 生物）　　梁学友（2016 数学）
张万国（2018 语文）　　黄仕友（2018 综合）　　林艳华（2019 生物）
吴丹丹（2019 化学）　　赵一旻（2020 地理）　　姚　杰（2020 地理）
罗　键（2020 生物）　　常　山（2021 英语）　　向　颢（2021 地理）
付新民（2022 语文）　　龙万明（2022 数学）　　谢世正（2022 地理）
蒋邦龙（2023 化学）　　李正吉（2023 物理）　　秦　耕（2023 历史）

注：高振业教授于1958—1959年为附中校长，2004.06评为正高级教师的傅玉蓉于2008年—2013年为附中党委书记，2010.11评为数学正高级的欧健于2018年入职附中并出任校长。

二、学术称号

（一）重庆市特级教师

蓝恒福（1991 地理）　　耿渝州（1998 物理）　　谢世正（2004 地理）
刘永凤（2004 英语）　　唐海英（2007 英语）　　吴丹丹（2009 化学）
张　宏（2021 美术）　　应　斌（2024 英语）

(二)国家级骨干教师培养对象

封贞琴(2002)　万礼修(2002)　邓晓鹏(2002)
林　林(2002)　李大圣(2002)　刘永凤(2002)
刘　猛(2002)

(三)教育部新时代中小学名师培养对象

向　颢(2022)

(四)重庆市学术技术带头人

常嘉俊(2002)

(五)重庆市名家名师

姚　杰(2013 特殊支持计划"教学名师")
向　颢(2018 特殊支持计划"教学名师")
张万国(2019 "重庆英才·名家名师")
欧　健(2020 "重庆英才·名家名师")
邓晓鹏(2022 "重庆英才·名家名师")

(六)重庆市政府名师

张万琼(2005)　姚　杰(2012)　向　颢(2015)

(七)重庆市学科名师

黄仕友(2013)　梁学友(2015)　林艳华(2017)
柴　华(2020)　马　钊(2022)　余业兵(2022)

(八)重庆市学科带头人

唐忠朴(1994)　代　宇(2008)　杨泽新(2017)
黄仕友(2022)　林艳华(2022)

（九）重庆市骨干校长

欧　健(2023)

（十）重庆市骨干教师

聂朝菊(2004)　　范　伟(2004)　　刘永凤(2004)
唐海英(2004)　　谢世正(2004)　　邓晓鹏(2004)
刘　猛(2005)　　刘芝花(2005)　　童　意(2005)
封贞琴(2005)　　张　耘(2005)　　龙万明(2005)
蒋　敏(2005)　　张万琼(2005)　　吴丹丹(2005)
姚　杰(2005)　　张小华(2007)　　张廷艳(2007)
李　越(2009)　　黄仕友(2009)　　蒋邦龙(2009)
周小莉(2009)　　杨泽新(2009)　　张万国(2012)
常　山(2012)　　李　平(2012)　　邓　静(2012)
秦　耕(2012)　　崔建萍(2013)　　李宗涛(2013)
李正吉(2013)　　王文姝(2013)　　梁学友(2013)
陈　渝(2015)　　向　颢(2015)　　林艳华(2015)
梁　雷(2015)　　余业兵(2015)　　付新民(2016)
曾志新(2016)　　杨　森(2016)　　李　辉(2016)
罗　键(2016)　　柴　华(2017)　　雷　鸣(2017)
李九彬(2017)　　马　钊(2017)　　付晓妮(2017)
应　斌(2020)　　朱　鑫(2020)　　赵一旻(2020)
杨　宇(2020)　　谭　鹃(2020)　　宁晓强(2022)
罗雅南(2022)　　郭鹏杰(2022)　　廖俊宇(2022)

（十一）区级人才英才

刘芝花(2016、2019"缙云英才")

张　勇(2018"钓鱼城英才")

曾万学（2019"缙云英才"）
常　山（2024"缙云英才"）

(十二)区级名家名师

2009"北碚名师"：
刘晓陵　代　宇　唐海英
张爱明　吴丹丹　谢世正
张廷艳　邓晓鹏　刘永凤
张万琼

2017"北碚名师"：
梁学友　向　颢　杨泽新
刘芝花　李　越　李朝彬
姚　杰　曾万学　黄仕友
付新民　张万国

2024"北碚名师"：
林艳华　罗　键　赵一旻
常　山　龙万明　蒋邦龙
李正吉　秦　耕　张　宏
柴　华　余业兵　马　钊

2024 西南大学"含弘名师"：
秦　耕

三、荣誉称号

(一)国家级荣誉

全国优秀班主任：陈幼华（1984）
全国优秀教师：蓝恒福（1989）

全国十佳科技教师：黄仕友（2004）

全国教育系统先进工作者：李　平（2004）

全国优秀教师：张爱明（2009）

全国科教先进校长：张万琼（2014）

全国十佳科技教师：李九彬（2015）

全国十佳科技教师：宋　洁（2015）

全国科教先进校长：张　勇（2017）

全国优秀共青团干部：张　洋（2018）

（二）省部级及市级荣誉

重庆市先进教育工作者：杨绍芙、陈文康、万维桢、周尚志（1956）

重庆市先进工作者：王景光、胥天佑、高振业、何启元（1960）

重庆市先进工作者：何启元、胥天佑（1961）

重庆市教育系统先进个人：陈幼华（1977）

重庆市模范班主任：陈幼华（1978）

重庆市抗洪救灾先进个人：涂一程、吕建中（1981）

重庆市思想政治教育优秀成绩奖：杨戊生（1981）

重庆市一百名优秀中小学体育教师：田　卫（1981）

重庆市青少年教育工作先进个人：余充先（1982）

重庆市"先进教师"（先进工作者）：余直夫、陈幼华、于　佩（1982）

重庆市劳动模范：罗文虎（1985）

重庆市优秀教师：罗文虎（1985）

重庆市先进德育工作者：朱大宁、黄喜梅（1990）

重庆市百名优秀青年教师：周建国（1992）

重庆市优秀教师：余直夫（1993）

四川省先进德育工作者：毛凤仪（1994）

重庆市优秀教师：邱延静（1995）

重庆市德育先进工作者：谢世正（1995）

重庆市"为人师表"先进个人：李　平（1996）
重庆市科技教育工作优秀科技辅导员：蓝恒福（1999）
重庆市教育系统优秀德育工作者：唐海英（1999.）
重庆市十佳校长：李　平（2000）
重庆市优秀教师：耿渝州（2000）
重庆市教育技术装备工作先进个人：范　伟（2000）
重庆市教育科研先进个人：谢世正（2001）
重庆市基础教育课程改革先进个人：张廷艳（2003）
重庆市优秀教师：龙万明（2003）
重庆市优秀共青团干部：崔建萍（2004）
重庆市科技教育工作优秀组织工作者：张万琼（2004、2007、2012）
重庆市科技教育工作优秀科技辅导员：黄仕友（2004）
重庆市思想道德建设工作先进个人：唐海英（2004）
重庆市师德先进个人：王文姝（2005）
重庆市教育安全稳定工作先进个人：易茂祥（2005、2007、2008）
重庆市中小学信息技术教育先进个人：范　伟（2005）
重庆市科技教育工作优秀组织工作者：黄仕友（2005、2008、2011）
重庆市科技教育工作优秀科技辅导员：甘永刚（2005）
重庆市教师教育工作先进个人：刘永凤（2005）
重庆市教育系统"四五"普法先进个人：刘　猛（2005）
重庆市教育管理年活动先进个人：谢世正（2006）
重庆市科技教育工作优秀组织工作者：曾万学（2007）
重庆市科技教育工作优秀科技辅导员：付晓妮（2007）
重庆市教育督导工作先进个人：易茂祥（2007）
重庆市优秀科研校长：刘永凤（2007）
重庆市优秀教科室主任：吴丹丹（2007）
重庆市优秀科研教师：黄仕友（2007）
重庆市教育系统优秀共产党员：刘　猛（2007）

重庆市科技教育工作优秀科技辅导员：李尔康（2008）

重庆市优秀教研组长：杨泽新（2008）

重庆市优秀德育工作者：张廷艳（2008）

重庆市教育科研先进个人：吴丹丹（2008）

重庆市优秀班主任：张小华（2008）

重庆市科技教育工作优秀组织工作者：吴丹丹（2009）

重庆市优秀班主任：向　颢（2009）

重庆市教育系统"巾帼建功先进个人"：邓　静（2009）

重庆市"弘扬生态文明共建绿色校园"先进个人：张万琼、郑　艺（2009）

重庆市教育系统节能减排工作先进个人：李东周（2010）

重庆市优秀女园丁：黎　萍（2010）

重庆市优秀德育工作者：张万琼（2010）

重庆市优秀班主任：刘　杨（2010）

重庆市教书育人楷模：刘芝花（2010）

重庆市支农支教支医计划先进个人：张　宏（2010）

重庆市科协系统先进个人：黄仕友（2011）

重庆市科技教育工作优秀科技辅导员：任建宾（2011、2016）

重庆市教育系统"巾帼建功之星"：赵月琼（2011）

重庆市教育系统"巾帼学习之星"：崔建萍（2011）

重庆市教育安全稳定工作先进个人：刘东升（2011）

重庆市教师教育工作先进个人：付新民（2011）

重庆市优秀班主任：文孔升（2011）

重庆市教育系统职业道德建设标兵：周先凤（2011）

重庆市学校艺术教育工作先进个人：黎　萍（2011）

重庆市教育史志年鉴工作先进个人：陈　铎（2011）

重庆市"最可敬可亲教师"：张万国（2012）

重庆市优秀青年志愿者：罗　键（2012）

重庆市教育系统"巾帼建功之星"：黎冬梅（2012）

重庆市科技教育工作优秀科技辅导员:马　特(2012)
重庆市教育系统"巾帼和谐之星":邓　静(2012)
重庆市教育系统"巾帼学习之星":张宗果(2012)
重庆市基础教育先进工作者:张万琼(2012)
重庆市教育安全稳定工作先进个人:崔建萍(2012)
重庆市艺术类优秀指导教师:黎　萍(2012)
重庆市教育系统优秀共产党员:李流芳(2012)
重庆市优秀德育工作者:曾万学、崔建萍(2012)
重庆市优秀班主任:张万国(2012)
重庆市学校卫生工作先进个人:李东周(2012)
重庆市教育科研先进个人:付新民(2012)
重庆市教育系统"巾帼建功之星":付晓妮(2013)
重庆市教育系统"巾帼和谐之星":许亚丽(2013)
重庆市教育系统"巾帼学习之星":葛良萍(2013)
重庆市科技教育工作优秀组织工作者:李尔康(2013)
重庆市科技教育工作优秀科技辅导员:林艳华、宋　洁(2013)
重庆市教育安全稳定工作先进个人:唐海英(2013)
重庆市艺术类优秀指导教师:朱　荣(2013)
重庆市优秀班主任:唐海英(2013)
重庆市艺术类优秀指导教师:赵月琼(2013)
重庆市"我最喜爱的班主任":刘　蕾(2013)
重庆市教育系统好家庭:熊雪梅(2014)
重庆市教育系统"三八红旗手":王　芳(2014)
重庆市教育系统"巾帼建功先进个人":陈　轶(2014)
重庆市艺术类优秀指导教师:方　芳(2014)
重庆市环保知识竞赛优秀导师:郑　艺、刘　杨(2014)
重庆市艺术类优秀指导教师:罗雅南(2014、2014、2015)
重庆市教育系统"三八红旗手":陈世碧(2015)

重庆市教育系统好家庭：申　莉（2015）

重庆市教育系统"巾帼建功先进个人"：刘　蕾、王文姝（2015），

重庆市"绿色园丁"：罗　键、陶永平（2015）

重庆市优秀班主任：杨亚华（2015）

重庆市高中学生综合素质评价工作先进个人：朱秀秀（2015），

重庆市"我最喜爱的班主任"：赵敏岩、肖　尧、杨芸屹（2015）

重庆市教育系统"三八红旗手"：陈　渝（2016）

重庆市教育系统"巾帼建功先进个人"：苏晟洁（2016），

重庆市优秀班主任：李海涛（2016）

重庆市优秀德育工作者：李尔康（2016）

重庆市教育系统"巾帼建功先进个人"：张小华（2017）

重庆市体育运动银质奖章教练员：涂泳华（2017）

重庆市优秀共青团干部：张　洋（2017）

重庆市义务教育质量监测工作先进个人：冯世伟（2017）

重庆市优秀班主任：郑莹莹（2017）

重庆市青少年创新人才培养雏鹰计划优秀项目负责人：罗　键（2017），

重庆市"一师一优课、一课一名师"工作先进个人：段志勇（2017）

重庆市主城区集团对口支援三峡库区工作先进个人：李　平（2008）

重庆市"巾帼文明标兵"：王文姝（2018）

重庆市"最美教师"：罗　键（2018）

重庆市优秀班主任：李流芳（2018）

重庆市科技教育先进个人：李九彬（2018）

重庆市青少年创新人才培养雏鹰计划优秀项目负责人：李九彬（2018）

重庆市十佳科技辅导员：段志勇（2018）

最美援藏教师：赵一旻（2018）

重庆市高中学生综合素质评价工作先进个人：杜瑞玥（2019）

重庆市教育系统优秀共产党员：颜冬生（2019）

优秀援藏教育工作者：赵一旻（2019）

重庆市优秀班主任:周正波(2019)

重庆市青少年创新人才培养雏鹰计划优秀项目负责人:宋　洁(2019)

重庆市青少年创新人才培养雏鹰计划优秀项目负责人:张兵娟(2020)

重庆市教育评价改革资讯指导委员会委员:欧　健(2021)

重庆市教育系统优秀共产党员:王文姝(2021)

重庆市"最美教师":谢世正(2021)

重庆市十佳科技辅导员:刘　轶(2022)

重庆市"新时代好老师":张小华(2022)

重庆市优秀班主任:李　梅(2022)

重庆市十佳科技辅导员:来　泽(2023)

重庆市首批中小学校党组织书记"双带头人":欧　健(2023)

重庆市优秀班主任:应　斌(2023)

重庆五一劳动奖章:欧　健(2024)

重庆市优秀班主任:崔宏晶(2024)

(三)各类专家

享受国务院特殊津贴专家:蓝恒福(2000.06)

教育部基础教育历史教学指导专委会委员:邓晓鹏(2021.01)

教育部"国培计划"专家:张万国(2012.10、2022.08),代　宇(2013.12),曾万学(2022.08),黄仕友、欧　健(2022.08)

全国师范类专业认证专家:张万国(2018.07),向　颢(2018.07、2021.07),林艳华(2019.07)

国家林草科普库专家:罗　键(2023.06)

重庆市政府督学:李　平(2009.03),张万琼(2018.06),邓晓鹏(2023.02)

重庆市教育评价改革咨询指导委员:欧　健(2021.05),张　勇(2024.05)

重庆市基教督导评估专家:张万琼(2015.10)

重庆市教育评估监测专家:曾万学、李　越、黄仕友、冯世伟、张　宏(2021.11)

重庆市教育改革专家:刘其宪(2018.08)

重庆市规划课题评审专家:张万国、欧　健、罗　键、黄仕友(2021.04)

重庆市基教项目评审专家:聂盛荣、杨峻峰、柴　华、李红梅、赵敏岩、秦耕、李　辉、唐志海、宁晓强、吴丹丹、郑　举、马　钊、王一波、张　宏、罗　键、黄仕友、张爱明、龙万明、应　斌、常　山、曾志新、杨泽新、邓晓鹏、向　颢、蒋邦龙、张文灿、李　越、林艳华、付晓妮、段志勇、欧　健、刘建勇、付新民、赵渊博、陈辉国、李朝彬、刘其宪、崔建萍、张　勇、梁学友、曾万学、彭红军(2022.01)

重庆市教师教育专家:吴丹丹(2011.04),张万国(2015.05)

重庆市教师培训专家:吴丹丹、张万国、代　宇(2015.05)

重庆市"未来教育家"(教育家型教师和校长)培养对象:张万琼(2012.03),黄仕友(2018.06),梁学友(2023.04)

重庆市院士专家科普讲师团成员:罗　键(2019.05)

重庆市课程改革学科指导教师:万礼修、邓晓鹏、张万琼、谢世正

重庆市教师教育教学信息化活动专家:黄仕友(2018.09)、付晓妮(2021.04)

重庆市学生信息素养提升实践活动专家:潘玉斌(2021.04)

重庆市中小学生艺术素质测评专家:张　宏(2022.01)

重庆市大中小学心理健康教育专家:秦绪宝(2023.12)

后记

《西南大学附属中学史》终于定稿,就要付梓面世。回首编写过程,历历如昨,感慨万端!

"欲知大道,必先为史。"西南大学附中致力于办一所面向未来的开放、健康、智慧的大学附中。面向未来,首先应"不忘本来"。走进漫长的历史长河,探索一所学府百余年薪火相传的文脉支点,每一朵浪花都承载着学校的辉煌与梦想;每一份回忆、每一张照片、每一段文字,都是学校宝贵的精神财富。它们汇聚成了一部生动的历史长卷,一所学校的成长、发展以及其思想精华、价值理念得以呈现,得以流传,得以光大。以此厚植百年附中生生不息、蓬勃发展的历史底蕴,增强千秋学府凝聚一统、阔步向前的历史自觉。

西南大学附中校史编写组以唯物史观为指导,遵循"承敝通变"的理念,努力做到秉笔直书、客观公正、主次分明、详略得当,以"对得起学校历史,对得起现在的学生,对得起后来的人"。具体来说,校史的编写大致经历了以下三个阶段:

一是挖掘、搜集、梳理资料阶段。追溯学校办学历史渊源,确定校史起始时间。这一阶段的工作开始于2011年春。这一时期,学校张万琼校长先后派出付新民、何健、杨森、张爱明、陈铎、聂义荣、刘晓陵等老师在市内外相关档案馆查阅资料,实地考察走访,近则沙坪坝、江津,远则江苏、台湾,他们对确定以国立女子师范学院附中为主的办学渊源,做了大量的奠基工作。

二是初步汇编阶段。校史编写组依据附中留存资料和一些记述(主要有白瑞琪、金云栋、聂义荣、付新民几位老师编写的三个版本的校史资料),结合附中实际情况,经深入思考和研讨分析,草拟出方案,又几经修改,后决定以时间为经、史实为纬,按编、章、节的体例,亦即传统编年体的方式编写,并初步拟出各编的起止时间和章、节题目。此后,多次组织专项研讨会,调整结构,确定"目"次,反复修改。这个阶段的工作一直持续到2016年春,始告一段落。

三是文本定稿阶段。2018年以来,在学校党政领导的高度重视下,校史编写组以打造一部具有附中特色的精品力作为己任,高质量、高标准开展校史纂修工程。2024年,值学校办学110周年之际,由欧健书记、张勇校长挂帅,校史编写组依据原有三个版本校史资料,组织了徐川、杨泽新、秦耕、夏万芳、汪建华、马桂星、马彬琼、谢康、付新民、杨森、肖鹏程、黎杨杨、许亚丽等教师具体承担执笔、修订、审读等工作。为校史编写提供资料的还有段志勇、邓静、罗键、蒋邦龙、于佩、郭鹏杰、王芳等各校区、各部门的相关人员和退休同志。

含弘光大,继往开来。"对历史最好的继承就是创造新的历史,对人类文明最大的礼敬就是创造人类文明新形态。"站在新的历史起点上,习近平总书记发出了新时代的最强音,也为校史修订工作提供了根本遵循。附中的昨天,历历在目,附中的明天,正由一代代附中人继续书写。讲好附中故事,传播附中人的声音,深刻把握一所大学附中的根和魂,传承百十附中最醇厚的基因谱系,系著于历久弥新的精神塑造,以此感召一代附中人、激励一代附中人,为学校的未来发展注入更为强大的动能,这就是我们编撰和出版《西南大学附属中学史》的初衷和最大的心愿。由于时间和水平所限,全书定有未臻完善之处,恳请广大读者批评指正。

编写组
2024年9月28日